—

Peter Sodann

Keine halben Sachen

Peter Sodann
mit Jens-Uwe Korsowsky

Keine halben Sachen

Erinnerungen

Ullstein

Wir danken allen Rechteinhabern für die Erlaubnis zum
Abdruck der Abbildungen. Trotz intensiver Bemühungen war
es nicht möglich, alle Rechteinhaber zu ermitteln. Wir bitten
diese, sich an den Verlag zu wenden.

ISBN 978-3-550-08721-9

Lektorat: Claudia Schlottmann und Angela Troni
Gesetzt aus der Minion und Frutiger bei
LVD GmbH, Berlin
Druck und Bindung: Bercker, Kevelaer
Printed in Germany

Dann lernst du laufen,
und dann lernst du leben,
und was daraus entsteht,
heißt Lebenslauf.
Erich Kästner

Die Erinn'rung ist eine mysteriöse
Macht und bildet den Menschen um.
Wer das, was schön war, vergißt, wird böse.
Wer das, was schlimm war, vergißt, wird dumm.
Erich Kästner

»Junge, lies nicht so viel!«

Die Straße, in der ich aufgewachsen bin, hat mehrmals ihren Namen geändert. Zuerst hieß sie Wilhelm-Gustloff-Straße, nach dem ermordeten und zum »Blutzeugen der Bewegung« stilisierten NSDAP-Gründungsmitglied. Im Jahr 1945 wurde sie eilig in Karl-Marx-Straße umbenannt. Und als müsse sie sich von der Last der Vergangenheit erholen, heißt sie heute nur noch unverfänglich Siedlerstraße. Es ist eine kleine, unscheinbare Straße, gemessen an ihren einstigen gewichtigen Namensgebern. Die wenigen Häuser wurden alle zur gleichen Zeit gebaut und sehen alle ähnlich aus. Typische Einfamilienhäuser, Doppelhaushälften mit zwei Etagen, Schrägdach und jeweils einem länglichen Garten an der Rückseite, wo man Obst und Gemüse für die Selbstversorgung anbauen kann. Die Siemens-Schuckert-Werke hatten die Siedlung damals für die eigene Belegschaft bauen lassen.

Alle in Weinböhla und Umgebung gingen in dem Werk arbeiten, in dem Bügeleisen, Kochherde, Küchenmaschinen und sonstige Haushaltsgeräte hergestellt wurden. Mein Vater Willy war dort Stanzer. Mein Onkel arbeitete ebenfalls dort, genau wie die Väter meiner Freunde. Ich machte in diesem Werk später eine Lehre, aber das war einige Zeit nach dem Krieg, da war es längst ein volkseigener Betrieb.

Siemens-Schuckert profitierte in den dreißiger Jahren von dem enormen wirtschaftlichen Aufschwung in Deutschland. Überall wurden solche funktionalen Siedlungen aus dem Boden gestampft. Der deutsche Arbeiter sollte es wohnlich haben. Keine Mietskasernen mehr. Derart vorbildliche Wohnprojekte nährten die Illusion einer Teilhabe am Fortschritt und der gleichberechtigten Stellung im neuen »Volksstaat«. Die Tage der unheilvollen Volksgemeinschaft waren bereits heraufgezogen.

Doch für einen einfachen Arbeiter wie meinen Vater waren diese Häuser unbezahlbar. Der kinderlose Bruder meiner Mutter, der ein wenig besser gestellt war, nutzte die Gelegenheit und kaufte so ein Haus, als man es ihm anbot. Wir sollten dann bei Onkel Kurt und seiner Frau Gertrud, die alle nur Trudel nannten, zur Miete einziehen. Doch mein Vater hatte den unbedingten Traum, später auch einmal ein solches Arbeiterhäuschen zu besitzen, und fortan kam jeder entbehrliche Groschen auf ein »Eisernes Sparbuch«. Das war eine seltsame Sache, denn bei diesen »Eisernen Sparbüchern« handelte es sich um indirekte Reichsanleihen zur Finanzierung des Krieges. Hätte mein Vater das damals geahnt, er hätte wohl die Finger davongelassen. So war es aber die einzige Möglichkeit, in dieser Zeit ein wenig Vermögen anzusparen.

Im Jahr 1937 zogen wir also alle gemeinsam in das Siedlungshaus in der Wilhelm-Gustloff-Straße. Wir passten nicht in diese Gegend, und wir passten nicht zu diesen Leuten. Unsere Nachbarschaft bestand aus Parteigängern und Funktionären der NSDAP oder besseren Angestellten bei Siemens. Wir waren fast die einzigen Arbeiter in der Arbeitersiedlung. Und mein Vater war der einzige Kommunist.

Im Erdgeschoss wohnten meine Tante und mein Onkel. Obendrüber befand sich unser übersichtliches Zuhause, achtundzwanzig Quadratmeter, auf drei Zimmer verteilt, die erste eigene Wohnung meiner Eltern. Sie war so eng, dass ich immerzu irgendwo anstieß. Die gute Stube sah eher aus wie ein Wartezimmer. Um einen Holztisch standen vier Stühle, sonst war nichts in dem Raum. Das Schlafzimmer ähnelte mit seinen drei schneeweißen Betten einem Krankenhauszimmer, und in der Küche standen ein Buffet, ein Tisch mit Waschschüsseln und eine gemütliche Ofenbank.

Ich liebte es, auf einer Fußbank vor dem kleinen eisernen Ofen in der Küche zu sitzen und stundenlang zu lesen. Ich las alles, was mir in die Finger kam: deutsche Heldensagen, Wilhelm Hauffs Märchen, Karl May, Robinson Crusoe, Tarzans Abenteuer im Dschungel. Mit den Helden dieser Bücher fieberte ich immer derart hingebungsvoll mit, dass meine Mutter regelmäßig einen Schreck bekam, wenn sie mich wieder einmal tränenfeucht am Ofen sitzen sah. Sie vermutete wahrscheinlich, ich sei verrückt geworden, weil ich abwechselnd grundlos vor mich hin kicherte, dann wieder ein entsetztes Gesicht machte und nicht ansprechbar war. So sehr ließ ich mich von den Geschichten gefangen nehmen und aus der kleinen Küche in unbekannte Abenteuer entführen.

Meine Mutter machte sich ernsthaft Sorgen um mich. »Junge, lies nicht so viel! Du wirst ja noch ganz dumm davon im Kopf«, rief sie eines Tages bekümmert aus. Ein großartiger Satz. Ein Satz, der von wunderbar entwaffnender Bodenständigkeit zeugte, ein Satz, wie nur meine Mutter ihn sagen konnte. Sie befürchtete wahrscheinlich, dass die Büchergeschichten bleibende Flausen in meinem Kopf hinterlassen könnten. Dass ich zum einfachen Leben nicht mehr taugen würde. Sie war eine sehr praktische Frau. Für einen Tagträumer, der in Gedanken mit Rittern, roten Brüdern und Glückssuchern vagabundieren ging, brachte sie eher begrenztes Verständnis auf.

Mein Lieblingsbuch damals hieß *Steppke zieht in die Welt* und handelte von einem Waisenjungen, der aus dem Heim ausreißt, um sein Glück zu finden. Er gerät in die Fänge einer Diebesbande, für die er stehlen muss. Weil er sehr klein ist, kann er ohne Schwierigkeiten überall klauen. Er ist sogar so klein, dass er durch die winzige Öffnung eines Hühnerstalls passt, um Eier zu stehlen. Das hat mich sehr beeindruckt, vielleicht weil ich auch nicht eben groß geraten bin. Nach längerem Umherirren landet er auf einem Bauernhof an der Nordsee, und der Bauer und seine Frau nehmen ihn als ihren Sohn auf. Dort ist der Waisenjunge endlich glücklich. Mich rührte diese Geschichte jedes Mal so sehr, dass ich Rotz und Wasser heulte. Dass sich die Gerechtigkeit am Ende auf die Seite des Schwächeren schlägt, fand ich anständig, ahnte aber bereits damals, dass sich daraus keine sichere Regel fürs Leben ableiten lässt. Was ich wiederum ungerecht fand. Ich war eben schon früh ein sentimentaler Hund.

Von meiner Mutter konnte ich das nicht haben. Elsa Sodann war von ernsthafter Natur. Strebsam, aber nicht selbstsüchtig. Beliebt, aber keinesfalls eitel. Genügsam, aber nicht anspruchslos. Sie war mit einem bewundernswert natürlichen Pragmatismus ausgestattet. Mit dem manövrierte sie meinen Vater und mich instinktiv durch die unruhigen Zeiten. Als Willy Sodann 1934 während einer Razzia verhaftet wurde, dachte er, dass man ihn ins Gefängnis stecken würde, weil er der verbotenen KPD angehörte. Er war seit vielen Jahren Mitglied der Kommunistischen Partei, wie so viele in Triebischtal, dem roten Viertel von Meißen, in dem meine Eltern damals wohnten. Das Parteiabzeichen trug er immer bei sich, im Portemonnaie versteckt. Als er auf dem Revier durchsucht und vernommen wurde, schwitzte er Blut und Wasser. Doch sie fanden das Abzeichen nicht und ließen ihn laufen. Noch aufgewühlt von der Tatsache, einer großen Gefahr auf unerklärliche Weise entronnen zu sein, erzählte er seiner Frau anschließend von dem Erlebnis. »Du Dussel«, rief sie, »das Parteiabzeichen habe ich dir längst aus dem Portemonnaie genommen und versteckt.«

So war meine Mutter. Sie wusste immer instinktiv, was zu tun war. Politik interessierte sie allerdings nicht sonderlich. Das war etwas für Männer, die zusammensaßen, Bier tranken und dabei die Welt veränderten. Für Elsa Sodann verlief die natürliche Trennlinie in der Gesellschaft zwischen Obrigkeit und Nicht-Obrigkeit, auch noch in der DDR, wo erklärtermaßen alle Unterschiede aufgehoben waren, außer jenem zwischen Mann und Frau.

Mein Vater war ein ausgesprochen fröhlicher Mensch. Einer, der immer vorneweg war. Der Mann an der Spritze, wie es hieß, der, wenn es brennt, als Erster am Brandherd ist und löscht. Auf alten Fotografien prostet er meist mit verschmitztem, unternehmungslustigem Gesichtsausdruck dem Fotografen in die Kamera, während meine Mutter mit betont verständnisvoller Miene der Szenerie beiwohnt. Weil er ebenso klein geraten war wie ich und von geselliger Natur, hatte man Willy Sodann den Spitznamen »der Bär« verpasst. Er spielte Waldzither, ein heute in Vergessenheit geratenes Instrument, das wie eine Mandoline aussieht. Gemeinsam mit seinem Bruder, einem Trompetenspieler, zog er durch die Kneipen, wo sie sangen und spielten. Waldzither und Trompete – wie das zusammen klang, ist mir bis heute schleierhaft. Meine Mutter erduldete diesen Spaß meines Vaters tapfer, doch eigentlich mochte sie es nicht, wenn er durch die Gegend zog und sie allein ließ. Er hat ja nicht nur herzhaft musiziert, sondern auch herzhaft getrunken. Seine ausschweifende, heitere Sicht des Lebens teilte sie nicht unbedingt.

Das war alles noch vor meiner Geburt. Ich betrat erst am 1. Juni 1936 in Meißen-Triebischtal die Bühne des Lebens. Weniger programmatisch waren die Umstände, in die ich hineingeboren wurde. Meine Eltern bewohnten damals ein Zimmer in einem Keller, denn für eine eigene Wohnung hatten sie kein Geld. Der Keller war Teil einer klapprigen Mühle, in der meine Großeltern lebten. Ich war nach damaligem Ermessen ein spätes Kind. Mein Vater war schon sechsunddreißig Jahre alt und meine Mutter einunddreißig. Ein tückischer Mühlbach rauschte am Haus vorbei. Zweimal bin ich dort ins Wasser gefallen, und zweimal wäre ich beinahe ertrunken, hätte mich mein Großvater nicht beherzt herausgezogen. Seitdem habe ich ein eher zurückhaltendes Verhältnis zu Wasser. Ich kann bis heute nicht richtig schwimmen, mich aber einigermaßen über Wasser halten. Der Bach ist mittlerweile versiegt, doch die Mühle gibt es noch, auch wenn das Jahrhunderthochwasser von 2002 mächtig an ihren Mauern gefressen hat. Sie steht unter Denkmalschutz, was man dem Gebäude nicht ansieht, so altersschwach, wie es da auf der Wiese hockt. Gleich hinter der Mühle beginnt ein wunderbar erhabener Wald aus Buchen und Eichen. Als Kind habe ich manchmal so lange gelauscht, bis das Rauschen des Waldes mit dem Rauschen des Mühlbaches verschmolz und alles übertönt und verschluckt wurde von dieser lauten Stille.

Bei meinen Großeltern in der Mühle hing nach altem Brauch an der Lampe ein gepökelter Hering. An ihm wurden die Pellkartoffeln gerieben, des Salzes und des Geschmacks wegen. Es war eine schöne, verschnörkelte Jugendstil-Lampe, die zusammen mit dem Hering einen sonderbar surrealistischen Anblick bot. Meine Mutter empfand es später als Inbegriff des Fortschritts, dass bei uns kein Fisch mehr an der Lampe hing.

Als ich ein Jahr alt war zogen meine Eltern von Meißen in das dreißig Kilometer entfernte Weinböhla in jenes Siedlungshaus meines Onkels. Weinböhla ist ein zu groß geratenes, weitläufiges Dorf. Die Häuser ziehen sich von den Elbauen die kleinen Hügel hinauf bis in die Jagdwälder Augusts des Starken. Es hätte eine passable Kleinstadt abgegeben, wäre das Stadtrecht nicht vor langer Zeit leichtsinnig verkauft worden. Die Erde dort ist so sandig, dass man viele Jahre nur Spargel anbaute. In schnurgeraden Linien zogen sich die Spargelreihen kilometerlang bis zum Horizont. Akkurat aufgehäuft und sorgfältig ausgerichtet, als wäre jemand mit einem Kamm darübergegangen. Eine sonderbar geometrische Landschaft von spröder Poesie. Als die Erde für den Spargel zu müde wurde, pflanzte man Kirschbäume. Es waren so viele, dass der Duft der Blüten mich im Mai regelrecht besoffen machte.

Zu jung fürs Jungvolk

Im Jahr 1942 kam ich in die Schule. Es war ein Tag wie im schönsten Frieden. Nichts deutete darauf hin, dass Deutschland einen selbstzerstörerischen Krieg führte. In Weinböhla gab es noch keinen Fliegeralarm, und das nahe gelegene Dresden wähnte sich in glücklicher Entfernung zu alliierten Bomberformationen. Krieg spielten nur wir Jungs. Ich hatte kleine Soldatenfiguren, Franzosen in blauer Uniform und Wehrmachtssoldaten in grüner. Keiner der Jungen aus meiner Straße wollte mit den Blauen spielen.

In kurzen Hosen und mit drei Zuckertüten im Arm paradierte ich am Tag der Einschulung stolz unsere kleine Straße auf und ab. Die drei Zuckertüten hätten leicht über die Tatsache hinwegtäuschen können, dass ich bescheidener Herkunft war. Aber ihr Inhalt erinnerte mich wieder daran. In einer der Tüten war ein Stück Kohle, ein Brikett für eine warme Wohnung. Die zweite war mit Kartoffeln gefüllt, die dritte mit Süßigkeiten, vor allem Bonbons. Meinem Vater kam es darauf an, dass ich mich nicht schlechter gestellt fühlte als die anderen Kinder in unserer privilegierten Siedlung. Auch wenn ich ein Arbeiterkind war, es mussten drei Zuckertüten sein.

Als unser Nachbar Lehmann, ein Nazi, seinem Sohn eine elektrische Eisenbahn schenkte, bekam ich kurz darauf auch eine geschenkt, obwohl das Geld dafür eigentlich nicht reichte. »Das gibt's doch gar nicht«, spielte mein Vater den Entrüsteten, »dass wir keine Eisenbahn haben!« Gleichzeitig sah er es nicht gerne, wenn ich mit den Kindern von NSDAP-Mitgliedern spielte. Er gab mir zu verstehen, dass ich nicht zu denen passte. Meine Eisenbahn bestand aus einem einfachen Kreis, einer Lokomotive, elf Hängern und zwei Weichen. Lehmanns Sohn hatte immerhin sechs Weichen. Er ging auf eine dieser Adolf-Hitler-Schulen außerhalb von Weinböhla. Dort wurde der nationalsozialistische Nachwuchs für zukünftige Parteifunktionen herangezogen. Wenn er an den Wochenenden zu Hause war, stolzierte er ordentlich selbstbewusst in der Uniform der Hitlerjugend und mit einer Art Germanenspeer in der Hand durch die Siedlung. Auf uns Kinder machte das mächtig Eindruck. Ich wollte auch unbedingt Pimpf werden. Das braune Hemd mit dem adretten Schlips, die sportlichen kurzen Hosen, der kämpferisch wirkende Lederriemen quer über der Brust, die robusten Halbschuhe, das blank polierte Koppelschloss – das war eine imposante und verführerische Aufmachung. Aber ich war zu jung dafür. Erst mit zehn Jahren konnte man dem Jungvolk beitreten und Pimpf werden.

Bei uns zu Hause wurde nie über Politik und über Hitler gesprochen. Schon möglich, dass meine Eltern befürchteten, ich könnte in der Schule leichtsinnig die ketzerischen Stubengespräche ausplaudern. Sie wollten die Familie und mich schützen. Ich erinnere mich, dass wir ein Bild von Adolf Hitler in der Wohnung hatten, so ein silbern glänzendes Relief, aber ich habe nie erlebt, dass es irgendwo an der Wand hing. Es lag eigentlich meist im Weg herum. Ein Staubfänger, den man auch schnell wieder loswerden konnte.

Einmal habe ich dennoch mitbekommen, wie die politische Realität in unsere gute Stube eindrang und meine Eltern miteinander stritten. Bei Siemens-Schuckert wurde eines Tages ein Lager für russische Zwangsarbeiterinnen eingerichtet, die Patronenhülsen und andere kriegswichtige Dinge herstellen mussten.

Die Mädchen und Frauen bekamen wenig zu essen und waren kümmerlich gekleidet. Mein Vater mochte das nicht einfach so hinnehmen. »Elsa«, sagte er einmal und blickte meine Mutter vorsichtig an, »die Nina, die hat nicht mal ein Paar Strümpfe zum Anziehen. Könntest du nicht ein Paar von deinen abgeben?« Meine Mutter war im Besitz eines gut gehüteten kleinen Kartons, dessen einzelne Fächer man herausklappen konnte. In jedem dieser Fächer befand sich ein Paar Strümpfe. Wenn meine Mutter sie gewaschen hatte, wurden sie sorgsam zusammengerollt und wie seltene Kostbarkeiten einzeln in die Fächer gelegt. Beim ersten Mal zögerte sie nicht lange, holte die Kiste hervor und suchte geeignete Strümpfe heraus. Bald darauf fragte mein Vater wieder. Die Natascha brauche bei diesen Temperaturen dringend ein paar Strümpfe, und ob Elsa noch einmal so freundlich sein könne. Meine Mutter holte den Karton und warf ihn wütend auf unseren Wohnzimmertisch. Wie viele sie denn noch verschenken solle, entrüstete sie sich. Dann könne mein Vater die Strümpfe doch gleich alle für seine Russenmädchen mitnehmen. Und tatsächlich, mit der Zeit wurde die kostbare Kiste immer leerer. Außer Strümpfen nahm mein Vater auch noch Esspakete mit. Da habe ich gemerkt, dass in unserer Umgebung etwas geschah, was den inneren Überzeugungen meines Vaters widersprach. Geredet haben wir darüber allerdings nie.

Seit Jahren war Krieg, und immer mehr Väter von Schulkameraden verschwanden darin. Aber der Himmel über Weinböhla schien so unerschütterlich freundlich, als könnte niemand und nichts seine Ruhe stören. Dann und wann zogen vereinzelte Jagdflieger ihre Kreise. Manchmal trafen sich wie zufällig zwei am Himmel, die nicht zusammengehörten. Dann setzte eine wilde Verfolgungsjagd durch das Elbtal ein, so lange, bis der fremde Eindringling abdrehte. Das Dröhnen und Heulen, das Auf und Ab der Motoren begleiteten wir Jungen jedes Mal mit einem siegessicheren Johlen. Es war für uns ein Spektakel, eine gelungene Darbietung, die wie Krieg aussah, aber glücklicherweise ohne Folgen blieb.

Bei einem der Bauern arbeitete ein italienischer Fremdarbeiter. Sobald ein alliiertes Flugzeug am Himmel auftauchte, rannte er durch die Felder, schrie und wedelte mit den Armen, als wolle er Zeichen zum sofortigen Landen geben. Er hoffte wohl, bald nach Hause zu können. Auf uns wirkte er kurios und exotisch. Wir verstanden seine Sprache nicht, und er trug seltsame Kleidung. Ein wenig unordentlich und abgerissen, wofür er ja nichts konnte. Dadurch hatten wir das Gefühl, er sei eine andere Art Mensch als wir. Wir nahmen das als gegeben hin und fragten nicht weiter nach.

Den richtigen Krieg kannten wir nur aus der *Wochenschau*. Mehrmals im Monat war in unserem Dorf Kinovorführung, eine Attraktion, über die schon Tage vorher geredet wurde. Alle zogen sich ein bisschen feiner an, alle hofften, einen Blick auf die Welt fernab von Weinböhla zu erhaschen. Wenn das Licht allmählich erlosch und gespannte Erwartung das Getuschel im Raum verstummen ließ, war ich der Leinwand jedes Mal augenblicklich verfallen. Schon mit den majestätischen Klängen der Liszt'schen Eröffnungsmusik wurde mir offenbar, gleich würde ich Großartiges zu sehen bekommen. Auf der Leinwand wirkte der Krieg ganz einfach. Es gab jede Menge Heldentaten zu erledigen, und tot waren immer nur die anderen, nie die deutschen Soldaten. Ein zuversichtliches Lied bestimmte den Takt beim Marschieren durch halb Europa, immer von links nach rechts gefilmt, denn es ging ja unablässig vorwärts. Das war unser Krieg. Und bisher betraf er mich nicht.

Der Krieg kommt näher

Im Frühling 1944, die Obstbäume in unserem Garten blühten, wurde mein Vater zur Wehrmacht eingezogen. Mit seinen vierundvierzig Jahren war er nicht gerade im vorteilhaftesten Soldatenalter. Er und seinesgleichen stellten praktisch das vorletzte Aufgebot für den Führer. Mein Vater kam an die Ostfront, aber das wussten wir noch nicht, als wir ihn nach Glauchau zum Zug begleiteten. Auf dem Bahnhof standen lauter Männer mit ihren Familien. Wie angewurzelt standen sie da, Väter und Mütter und Kinder, die sich immerfort umarmten und auf das Unausweichliche warteten, auf das endgültige Kommando zum Einsteigen in den Zug. Manche waren so inbrünstig aneinandergeklammert, als hofften sie, die bevorstehende Reise könne sich zu guter Letzt noch als Missverständnis herausstellen. Die gefasste, um Haltung bemühte Atmosphäre befremdete mich. Es wirkte alles so eigenartig gezwungen und diszipliniert im Gegensatz zu diesem wunderbar offenherzigen Frühlingstag.

Ich hatte mir Soldatenverabschiedungen bis dahin ein wenig feierlicher vorgestellt. Die Lokomotive schnaubte träge. Vater sagte, was alle sagten: »Ich bin bald wieder da.« Das klang sonderbar sachlich, wie eine Feststellung. Es sollte aber tröstend sein. Mutter weinte. Ich weiß nicht, ob er wirklich daran geglaubt hat. Sie umarmten sich, und mein Vater hob mich hoch und drückte mich. Ich sagte, dass er schnell wiederkommen solle, und er strich mir über den Kopf, dann stieg er in den Zug. Wir winkten, bis der Zug nicht mehr zu sehen war. Manchmal kam ein Brief von ihm, aber leider sind diese Briefe nicht erhalten. Irgendwann später, als meine Mutter mit ihrem Leben aufräumte, hat sie den gesamten Stapel entsorgt.

Ich hatte keine Vorstellung davon, was »Ostfront« bedeutete, dieses Wort, vor dem die Erwachsenen erschauderten, sobald es im Raum stand. Ich wusste nur, dass Vater an der Ostfront kämpfte und als Gebirgsjäger ausgebildet wurde. Ich war acht Jahre alt, ein Kind. Ich war stolz auf meinen Vater, der nun helfen würde, den Krieg zu gewinnen.

Allmählich kroch dieser Krieg näher an uns heran. Am Himmel über Weinböhla häuften sich die überraschenden Besuche feindlicher Flugzeuge. Und immer heftiger wurden sie gejagt und beschossen. Einmal wurde ein Fieseler Storch, ein deutsches Aufklärungsflugzeug, beim Luftkampf mit Amerikanern so stark beschädigt, dass der Pilot bei uns auf dem Acker notlanden musste. Die Maschine ruckelte und holperte manövrierunfähig über das Feld, krachte mit den Vorderrädern in einen Graben, überschlug sich und blieb wie ein hilfloser Vogel auf dem Rücken liegen. Der Pilot befreite sich umständlich aus dem Cockpit und floh in den Wald. Ich rannte mit ein paar Jungen aus meiner Siedlung neugierig zum Unglücksort. Gerade wollten wir das Flugzeug einer ausgiebigen Untersuchung unterziehen, als sich aus den Wolken amerikanische Tiefflieger auf uns stürzten. Sie schossen aus Bordkanonen auf die am Boden liegende Maschine, und sie schossen auf uns. In wilder Panik stolperten wir schreiend über das Feld. Ich klammerte mich an einen Baum und drückte mich in der Hoffnung, unsichtbar zu werden, so fest gegen die Rinde, dass ich mir das Gesicht zerkratzte. Wie festgenagelt klebte ich an dem Stamm und zitterte um mein Leben. Die Geschosse krachten und knallten um uns herum und erledigten ziemlich gründlich den kostbaren Bestand einer nahe gelegenen Hühnerfarm. Wir hatten Glück. Niemandem sonst passierte etwas. Einzig die armen Hühner sagten keinen Mucks mehr und ernährten die Leute aus der Gegend noch eine gute Woche. Sie waren eine willkommene Abwechslung auf unserem eintönigen Speiseplan.

Mein Onkel Kurt war der Erste aus der Familie, der aus dem Krieg zurückkam. Man hatte ihn aus Frankreich nach Hause geschickt, weil er an TBC litt. Er war so schwer krank, dass wenig Aussicht auf Besserung bestand. Manchmal hörte ich ihn nachts vor Schmerzen stöhnen und schauderhaft schreien: »Ich will nicht sterben! Ich will nicht sterben!«

Aber dann starb er doch, und nach seiner Einäscherung schickten meine Tante Trudel und meine Mutter mich nach Meißen ins Krematorium, um die Urne abzuholen. Ich fuhr mit dem Fahrrad, was in jenen Zeiten, in denen so viele starben, ganz normal war. Autos und Benzin waren während des Krieges rar. Die Leute erzählten sich jenen üblen Witz, in dem ein Bestatter den toten Ehemann einer Frau zum Krematorium transportieren soll. »Guten Tag, ich möchte Ihren verstorbenen Mann abholen«, sagt der Bestatter, »aber bitte in zwei Päckchen, ich bin mit dem Fahrrad da.« Das war der verzweifelte Humor derer, die mit dem Leben rangen.

Ich packte Onkel Kurts sterbliche Überreste in meinen Rucksack und radelte zurück nach Weinböhla. Die Urne drückte mir in den Rücken, und ich hatte Angst, dass die Urne umkippen und sich die Asche in meinen Rucksack verteilen könnte. Mir war unheimlich zumute, so mit meinem Onkel auf dem Rücken. Aber es ging alles gut, und wir brachten ihn dann angemessen in Weinböhla unter die Erde.

Das war meine erste Begegnung mit dem Tod. Ich bin das Bild nicht mehr losgeworden, wie mein Onkel im Bett lag und sich verbissen an den ihm verbliebenen Rest Leben klammerte. Ich konnte zusehen, wie das Leben allmählich aus ihm schwand. Obwohl zu jener Zeit noch selbstverständlicher gestorben wurde, war ich von der Unumgänglichkeit des Todes beeindruckt.

Wenn jemand starb, war das ein öffentliches Ereignis in Weinböhla. Der Leichenwagen, eine Kutsche mit zwei herausgeputzten Pferden, holte den Sarg mit dem Toten ab. Der Wagen war mit einem schwarzen Baldachin überdacht, und der Kutscher trug einen Hut und einen Umhang. Solcherart ausstaffiert, zog der Leichenzug bedächtigen Schrittes durchs Dorf. Einige folgten ihm, andere standen am Zaun und verbeugten sich oder lüfteten den Hut und sahen zu, wie erneut jemand abfuhr und nicht wiederkam. Wir Kinder liefen meistens nebenher und versuchten, noch einen Blick auf den Toten im Sarg zu erhaschen. Doch der festsitzende Sargdeckel verdarb uns die Neugierde.

Die Hiobsnachricht

Einige Monate nachdem mein Vater zur Front eingezogen worden war, sagte meine Mutter, dass sie unruhig sei, da die Nachbarn ihr aus dem Wege gingen, ihrem Blick auswichen und merkwürdig ernst schauten. Sie glaube, sagte sie ängstlich, mit Vater sei etwas. Vielleicht liege er verwundet in einem Lazarett.

Es war Ende August 1944, ein wunderbar durchscheinender Sommerabend. Mutter hackte Holz, und ich schichtete die Scheite neben dem Schuppen zu einer Feime auf. Das war die hohe Schule des Holzschichtens. Um einen Pfahl herum wurden die einzelnen Scheite so aufeinandergelegt, dass am Ende eine Pyramide entstand. Das waren kleine, beachtlich anzusehende Bauwerke. Natürlich beurteilte ich insgeheim die Qualität der Feimen in der Nachbarschaft und wollte den gelungensten in nichts nachstehen.

Ich war fast fertig, als plötzlich unser Pfarrer Leuner mit bleicher Miene die Straße heruntergeschlichen kam. Vor unserem Gartentor blieb er unschlüssig stehen. Er sah hilflos in Richtung meiner Mutter. Sie ging ihm mit dem Beil in der Hand entgegen. Leicht drohend hob sie es gegen den verdutzten Pfarrer und zischte ihn unerwartet energisch an: »Wenn Sie jetzt nicht weitergehen, dann …« Pfarrer Leuner versuchte sich in Sicherheit zu bringen. Er trat einen Schritt zurück, sackte dann entschuldigend und mitfühlend in sich zusammen und stammelte betroffen: »Es tut mir leid, es tut mir ja so leid, Frau Sodann, aber … Ihr Mann … Ihr Mann … ist …« Er brauchte den Satz nicht zu beenden. In diesen Jahren wusste jeder, wenn der Pfarrer vor einem Gartentor stehen blieb, drohte Unheil. Er war ein Unglücksbote.

Mutter erstarrte. Sie rührte sich nicht von der Stelle. Mit einem Mal hatte sie eine alles beherrschende Traurigkeit in den Augen, sodass ich nicht wagte, irgendetwas zu ihr zu sagen. Was hätte ich auch sagen sollen? Ich wusste kein Wort, das geeignet gewesen wäre, sie aus ihrer tiefen Traurigkeit herauszuholen. Ich verstand nicht einmal richtig, was genau passiert war. Gerade eben war es noch so ein verschwenderisch schöner Sommerabend gewesen, warum konnte das nicht so bleiben? Was hatte sich geändert? Eigentlich hätte ich losheulen müssen und meine Mutter losschreien, stattdessen standen wir wie betäubt da, an diesem lichtprallen, stummen Augustabend.

Ich konnte mir nicht vorstellen, meinen Vater nie wiederzusehen. Und auf eine kindliche Art erschien es mir komisch, dass meine Mutter jetzt plötzlich eine Witwe sein sollte, eine Soldatenwitwe, und ich ein Halbwaisenjunge. Ich hatte immer geglaubt, solche entscheidenden Wendungen im Leben müssten von irgendeinem dramatischen Brimborium begleitet werden, der Blitz müsste in die Erde fahren, die Erde beben, ein toter Vogel vom Himmel fallen. Doch nichts. Das Leben setzte unbeeindruckt seinen Fluss fort. Ich konnte die Endgültigkeit, die mit dieser traurigen Nachricht verbunden war, nicht fassen. Erst viel später verstand ich, was es bedeutete. Die Väter meiner Freunde kamen alle aus dem Krieg zurück. Und ich träumte immer davon, dass mein Vater eines Tages unerwartet wieder auftauchen, mir auf die Schulter klopfen und sagen würde: »Peter, komm, lass uns in die Kneipe gehen, ein Bier trinken und über das Leben reden.«

Einige Tage später kam mit der Post der übliche Brief von der Wehrmacht. Es war gewissermaßen die amtliche Beglaubigung, dass Willy Sodann nicht wiederkehren würde:

»Sehr geehrte Frau Sodann!

Am 20. August 1944 war unsere Kompanie bei Wiktorow zum Stellungsbau eingesetzt. Dabei wurde Ihr Gatte, unser guter Kamerad Willy Sodann, beim feindlichen Artilleriebeschuß durch einen Granatsplitter an der linken Brustseite schwer verwundet und ist auf dem sofort erfolgten Transport zum Hauptverbandsplatz gestorben. Am Abend dieses Tages haben wir ihn bei sinkender Sonne auf dem Ehrenfriedhof in würdiger Form zur ewigen Ruhe gebettet. Durch sein ehrliches, aufgeschlossenes Wesen, seine stete Hilfsbereitschaft und seine tapfere soldatische Haltung war er bei allen Kameraden beliebt und bei seinen Vorgesetzten geschätzt und geachtet. Zu dem schweren Schicksalsschlag, der Sie durch den Verlust Ihres Gatten getroffen hat, spreche ich Ihnen zugleich im Namen der Kameraden mein tiefempfundenes Mitgefühl und herzliches Beileid aus. Möge Ihnen das Bewußtsein, das höchste Opfer für Volk und Vaterland gebracht zu haben, einen Trost in Ihrem Schmerz bedeuten, und möge Ihnen der Himmel die Kraft schenken, diesen Schmerz mit Würde zu tragen.

In mitfühlender Trauer begrüße ich Sie ergebenst,
Ihr Bürk, Oberleutnant und Kompaniechef«

Ich war wütend auf diesen Oberleutnant wegen des durchsichtigen Schmarrens, den er verfasst hatte. Warum sollte man mitten im Krieg ausgerechnet die untergehende Sonne abwarten, um jemanden zu begraben? Ich konnte das nicht glauben. Und ich fühlte mich um meinen Vater betrogen, um meinen Abschied von ihm. Je mehr ich im Laufe der Jahre darüber nachdachte, desto mehr wurde mir klar, dass der Brief trösten sollte, aber diese routinierte Betroffenheit, dieses geschulte Beileid machten mich nur wütend. Andererseits, was hätte der Oberleutnant sonst schreiben sollen? Es wird nicht der einzige Brief gewesen sein, mit dem er eine Frau zur Witwe machte. Wahrscheinlich wäre es noch weniger tröstlich gewesen, wenn er geschrieben hätte, dass der Splitter dem geschätzten Kameraden, geliebten Ehemann und Vater die Brust zerrissen habe, er qualvoll daran krepiert sei und in aller Hast während des Rückzugs habe verscharrt werden müssen.

Der Brief und ein Nassrasierer samt Rasierpinsel, die der Kompaniechef uns noch korrekterweise als persönliche Überbleibsel von der Front schickte, waren die einzigen Dinge, die von meinem Vater und seinem Eingreifen in den Endsieg übrig blieben. Den Rasierer habe ich später, als der erste Flaum in meinem Gesicht spross, hervorgeholt und benutzt. An Willy Sodanns Grab war ich nie. Ich weiß nicht einmal, ob es ein Grab gibt.

Nach dem Tod meines Vaters fing ich an, Männer, die aus dem Krieg heimgekehrt waren, zu fragen, was sie im Krieg gemacht und ob sie einen Menschen getötet haben. Weit über hundert ehemalige Soldaten habe ich mit der Zeit gefragt, und ich habe nie einen getroffen, der unumwunden sagte, ja, ich habe getötet. Die meisten wichen einer Antwort aus und flüchteten sich in Nebensächlichkeiten. Da seien sie gar nicht im Einsatz gewesen, oder sie hätten viel im Lazarett gelegen, drucksten sie herum. Noch Jahre nach dem Krieg beschäftigten mich diese Fragen. Ich wollte unbedingt wissen, wie ein Soldat mit der ständigen Angst umgeht, töten zu müssen. Fügt er sich, wie bei einer schmutzigen, aber notwendigerweise zu verrichtenden Arbeit?

Mit meiner Mutter sprach ich nicht über den Krieg. Sie ging dem Thema aus dem Weg. Sie war vierzig Jahre alt und hatte nachher nie wieder einen anderen Mann. Wenn zufällig die Rede auf meinen Vater kam, füllten sich ihre Augen regelmäßig mit Tränen. Deswegen war es wie ein stilles Einverständnis zwischen uns, darüber nicht zu sprechen.

Jetzt waren wir zu zweit. Eine lückenhafte, kümmerliche Familie. Ich schenkte meiner Mutter, um sie etwas aufzuheitern, zum Muttertag ein Gedicht, das ich irgendwo abgeschrieben hatte:

> »Lieb Mütterlein, lieb Mütterlein,
> ich will dir Blumen schenken.
> Du sollst sie dir beschauen
> und an ein Gärtlein denken.
> Der Garten ist ein Herz,
> darin die Liebe blüht.
> Und immer bet ich,
> Gott mein Mütterlein behüt.«

Eine Ohrfeige bekam ich dafür nicht, aber das Gedicht gefiel ihr auch nicht gerade. »Was soll das?«, fragte sie mich verständnislos. Eigentlich war es eher eine Feststellung: »Was soll das!« Damit war für sie die Sache erledigt. Ich fühlte mich in meiner schöpferischen Naivität verkannt und war ob der Wirkung meines Trostes bestürzt.

Einmal noch reagierte meine Mutter ähnlich unwirsch auf einen Versuch von mir, ihr meine Sohnesliebe offenherzig zu zeigen. Von meinen eisern ersparten Groschen kaufte ich ihr ein Bild mit einem Gartenzwerg, der selig unter einem Märzenbecher lag und schlief. Darunter stand in Schönschrift geschrieben: »Erst die Arbeit, dann das Vergnügen.« Keinen unnützen Augenblick lang würdigte sie das Bild. Stumm nahm sie es entgegen und entfernte es allmählich immer weiter aus dem Gesichtskreis, bis es eines Tages gänzlich verschwunden war.

Das erste Weihnachten ohne meinen Vater war schrecklich. Tante Trudel war verreist, und so saßen wir betreten zu zweit in der guten Stube und weinten hemmungslos. Dieses Erlebnis verschreckte uns derart, dass wir später an Heiligabend immer zur Familie meines besten Freundes Golle flüchteten. Sie wohnten drei Häuser neben uns. Frau Köhler war nach dem Krieg mit ihren vier Söhnen allein geblieben. Ihr Mann war nicht gefallen. Er hatte sich der Gefangennahme durch die Russen entzogen und das Tohuwabohu der letzten Kriegstage genutzt, um sich nach Westen durchzuschlagen. Tief im Westen zog er es vor, sich nicht nur vom Faschismus, sondern auch von seiner Familie befreien zu lassen. So versammelten wir uns schließlich zu Weihnachten regelmäßig bei Köhlers vaterlos um den Baum und versuchten, alle sentimentalen Anwandlungen zu verhindern. Golle und ich, seine drei Brüder und unsere beiden Mütter.

Pippin der Kurze

Mit Golle ging ich zusammen in die Schule. Wenn wir morgens dorthin aufbrachen und das Angebot in den Gärten der Gegend gerade vielversprechend war, scharwenzelten wir unterwegs noch ein wenig umher. Alles, was unsere Wege kreuzte – Süßkirschen, Sauerkirschen, Äpfel, Birnen, Kohlrabi, selbst unreife Quitten –, fand in uns interessierte Abnehmer. Wenig später, in der Schule, tauschten wir mit den besser ernährten Kindern der Klasse Äpfel gegen Butterbrote oder Kirschen gegen Brötchen.

Ich war ein eher durchschnittlicher Schüler. Gut, aber unruhig sei ich, lautete für gewöhnlich das Urteil der Lehrer. In einer meiner ersten Zeugnisbeurteilungen stand: »Peter ist oft unaufmerksam und macht gern Faxen.« Als meine Mutter das las, war sie verzweifelt, und zu meiner Verwunderung fing sie an zu weinen. Sie fürchtete, ich würde missraten. Mit Späßen könne ich mich vielleicht bei meinen Freunden beliebt machen, aber auf Dauer würde ich es damit nie zu etwas Ordentlichem bringen, meinte sie. Die Nachbarsjungen aus besserem Hause galten in der Siedlung als fleißig, klug und erfolgreich. Da wollte meine Mutter auf keinen Fall, dass der eigene Sohn, der Proletenjunge, sich als Faxenmacher hervortat. Ihrem eigenen Wesen war es fremd, Aufmerksamkeit erregen zu wollen. Das Leben war schließlich keine Kleinigkeit, sondern bestand aus ernst zu nehmenden Pflichten. Mit Sorge beobachtete sie meine schwer zu kontrollierende Lebendigkeit, die sie für reichlich übertrieben hielt.

Ich war schon aus dem Kindergarten geflogen, weil ich, wie es hieß, mit meiner unternehmungslustigen Art schwer zu beaufsichtigen sei und meine Umgebung mit allerhand Flausen in Atem halte. Als drastische Methode, mir die unschönen Folgen meines Verhaltens spielerisch vor Augen zu führen, hatten die Erzieher ein Kinderlied ausgesucht. Dabei standen die Jungen im Kreis den Mädchen gegenüber und sangen werbend um deren Gunst: »Mädel, heirat' mich, ich bin ein Bäcker. Backe Kuchen, der ist süß und lecker …« Und so ging das immer weiter mit solch attraktiven Berufsgruppen wie Klempner und Feuerwehrmann, um deren Strophen sich die Jungen drängelten. Die letzte Strophe dieses Reigens allerdings galt als die unattraktivste: »Mädel, heirat' mich, ich bin ein Lump. Hab nur einen Schuh und einen Strumpf …« Das war mir vorbehalten. Ich war immer der Lump. Während Bäcker und Klempner mühelos ihre Mädels bekamen, blieben die Werbungen des Lumpen erfolglos. Die subtile Disziplinierung verfehlte dennoch ihr Ziel. Es machte mir wenig aus, der Lump zu sein, da ich diese Rolle für die bessere und gestalterisch aufregendere hielt. Lump, das hörte sich verwegen und nach Abenteuer an.

Wohl oder übel musste ich schließlich die Gemeinschaft der Kinder verlassen. »Der stört«, hieß es. »Der macht die anderen Kinder verrückt, es tut uns leid, Frau Sodann.«

Beinahe schon traditionell zogen sich durch meine Zeugnisse Formulierungen wie: »Peter zeigt zwar Interesse und hat ein aufgeschlossenes Wesen, er muss aber seinen Körper besser beherrschen lernen.« Oder: »Peter lässt sich zu leicht ablenken.« Bei mir funktionierte nun einmal alles über den Mund. Ich war körperlich klein geraten, und um nicht übersehen zu werden, brauchte es eine große Klappe.

»Pippin der Kurze« riefen mich meine Klassenkameraden in der Schule. Wir sprachen im Unterricht über Karl den Großen und über seinen Vater, jenen Pippin, genannt »der Kurze«. Als die Rede auf ihn kam, drehte sich wie auf Kommando die gesamte Klasse nach mir um und starrte mich mit diebischer Freude an. Ich war fällig.

Wenngleich ich für meine Lebhaftigkeit von meiner Mutter kein uneingeschränktes Verständnis erwarten konnte, hat sie mich nicht streng erzogen. Sie war bestimmt, aber nicht von scharfer Strenge. Geschlagen hat sie mich höchstens mal aus Versehen. Doch, ein einziges Mal hat sie mich richtig verdroschen. Nach dem Krieg, an einem 1. Juni, meinem Geburtstag. Es gab die ersten Erdbeeren, und wir hatten zur Feier des Tages auf einen Tortenboden gespart. Ich sollte mit unserer Lebensmittelkarte alle möglichen Zutaten besorgen, doch unterwegs wurde mir die Karte geklaut. Eine Katastrophe. Wie sollten wir ohne Lebensmittelkarte den Juni überleben? Meine Mutter griff vor Schreck den erstbesten Knüppel und zog ihn mir kräftig über den Rücken. Eine neue Lebensmittelkarte konnte sie aber nicht aus mir herausprügeln. Über die Heftigkeit ihres Ausbruchs war sie so entsetzt, dass sie mich danach nie wieder schlug. Es passte auch überhaupt nicht zu dieser zartbesaiteten Frau.

Mittlerweile zog der Krieg seine Kreise immer enger um Weinböhla. Die Erwachsenen steckten jetzt häufig die Köpfe zusammen, und ich schnappte Wörter wie Flucht und Niederlage auf. Es sah ganz so aus, als würde der Endsieg vorerst ausfallen. Doch wie verheerend das alles werden würde, konnte sich noch keiner ernsthaft vorstellen. Unsere kleine braune »Goebbelsschnauze« verkündete stoisch, das Blatt des Krieges werde sich alsbald wenden, oder tat so, als lebten wir in Zeiten seligen Friedens. Mein Vater hatte den Volksempfänger angeschafft, der jetzt bei uns in der Küche ein eher beiläufiges Dasein als normales Möbelstück fristete. Ich kann mich nicht erinnern, dass meine Mutter sonderlich interessiert den Verlauf der Front im Radio verfolgt hätte. Die wesentlichen Informationen wurden sowieso hinter vorgehaltener Hand weitergegeben.

Am Abend des 13. Februar 1945 kam der Himmel über uns nicht zur Ruhe. Ein gleichmäßiges, unaufhörliches Brummen erfüllte die Nacht. Wie ein endloser Schwarm Krähen zogen die fremden Bomber durch die Dunkelheit in Richtung Dresden, wo gerade der Ausklang der Faschingssaison gefeiert wurde. Die schwarzen Silhouetten der Flugzeuge zeichneten sich überdeutlich gegen den Abendhimmel ab. Es war gespenstisch und faszinierend zu sehen, wie unausweichlich sich die Katastrophe ankündigte.

In jener Nacht schwebten brennende Christbäume langsam vom Himmel auf die Stadt Dresden hinunter. Sie wurden von den Flugzeugen abgeworfen, um für die Bomberpiloten die Ziele zu markieren. Es war ein seltsam poetischer Anblick, wie diese lichterloh brennenden Bäume den Abendhimmel schmückten. Der Schein der Flammen war so hell, dass die Häuser in Weinböhla Schatten warfen. Die Leute stiegen auf ihre Dächer, um besser sehen zu können, was am Horizont passierte. Die Dächer waren voller Menschen. Schaulustige, die atemlos zusahen, wie ihr Elbflorenz in Bombenhagel und Feuersturm verging. Ein makabres Schauspiel. Wenn plötzlich Flammen in die Höhe schossen oder regelrechte Feuerfontänen in die Luft jagten, riefen die Leute auf den Dächern »aah« und »ooh«.

Welcher Tragödie wir in nur fünfzehn Kilometern Entfernung wie Zuschauer beigewohnt hatten, davon bekamen wir erst in den nächsten Tagen eine Ahnung. Erschöpft, mit schreckensbleichen Gesichtern und zum Teil voller Brandwunden kamen die Ausgebombten aus Dresden nach Weinböhla. Sie erzählten vom unheimlichen Heulen des Feuersturms, von verkohlten Leichen in den Straßen, von wahnsinnig gewordenen und umherirrenden Menschen auf der Suche nach Angehörigen, von erstickten Familien in den Kellern, von zu Staub gebombten Straßenzügen und geschmolzenen Feuerwehrlöschzügen. Was wir zu hören bekamen, war grauenhaft.

Es kursierten auch immer besorgniserregendere Gerüchte über den Ausgang des Krieges. Die Russen seien jetzt schon kurz vor Bautzen, hieß es. Sie würden sich rechts der Elbe festsetzen und die Amerikaner links der Elbe. So sei der Grenzverlauf zwischen den Alliierten abgesprochen. Die Angst vor den Russen war groß. Wo sie hinkämen, wüteten sie wie die Barbaren, hieß es weiter, sie sännen auf Rache, vergewaltigten die Frauen und plünderten nach Herzenslust.

Meine Vorstellung von den Russen war im Wesentlichen durch einen Lexikoneintrag in *Dollheimers Großem Buch des Wissens* geprägt. Das war ein nationalsozialistisches Nachschlagewerk, das mir unter rassischen Gesichtspunkten ein bisschen was über die slawischen Völker zu erklären versuchte. Die Abbildung des Russen war dergestalt, dass ich infolge des ausgefallenen Endsiegs nun mit dem Schlimmsten rechnen musste. Das Bild zeigte keinen vertrauenswürdigen, mit Verstand und Mitleid ausgestatteten Menschen, sondern ein nur den eigenen Trieben gehorchendes Wesen. Ich glaubte das. Ich war ein Kind der Zeit. In der Schule hatte man uns Lieder eingetrichtert, die wenig kindgerecht waren, aber eine wunderbar eingängige Melodie hatten:

»Totenköpfe rollen, Totenköpfe rollen, Totenköpfe rollen auf der Kegelbahn. Blut, Blut, Blut muss fließen knüppelhageldick. Wir pfeifen auf die Freiheit der Sowjetrepublik, wir pfeifen auf die Freiheit der Sowjetrepublik.« Ich habe dieses Lied bis heute nicht vergessen können. Gedankenlos übernahmen wir die Ideologie.

Für meine Mutter stand fest, dass wir uns auf die amerikanische Seite durchschlagen mussten. Sie vergrub das gute Geschirr im Garten, damit wir nicht mit leeren Händen dastünden, falls wir zurückkämen. Es wurde seinerzeit viel Familiensilber und Tafelgeschirr vergraben. Jede Menge davon muss sich noch heute in der Erde befinden.

Mit einem Handwagen voller Habseligkeiten flüchteten wir zu meiner Tante Martha, die auf der linken Seite der Elbe wohnte. Dort warteten wir in aller Ruhe auf die Amerikaner und auf das Ende des Krieges. Das Ende des Krieges kam aber nicht. Und auch die Amerikaner kamen nicht. Weder die Amerikaner auf der linken noch die Russen auf der rechten Elbseite. Offenbar ließen sie sich mit dem Siegen noch Zeit. Wir warteten eine Woche, wir warteten zwei Wochen, aber nichts tat sich. Das Warten auf die Sieger wurde mir langweilig. Eines Abends machte ich eine ungeheure Entdeckung. Tante Martha hatte leuchtend rote Haare. Es war ein auffälliges Rot, das gleichzeitig etwas zu verbergen schien, ein Geheimnis, das nur sie kannte. Vielleicht war sie eine Magierin. Ich stellte mir vor, wie sie über wundersame Fähigkeiten verfügte, die sie niemandem anvertrauen durfte, wie sie diese Begabung unbemerkt zu unserem Schutz einsetzte. Eines Abends also beobachtete ich heimlich, wie sich Tante Martha mit ihren roten Haaren in das Schlafzimmer zurückzog. Ich sah bestürzt, wie sie diese Haare auf einmal vom Kopf nahm und einfach ablegte. Tante Martha hatte plötzlich keine Haare mehr. Ich erschrak. Niemals zuvor hatte ich eine Frau mit einer Glatze gesehen. Sie sah unheimlich aus, die Magierin hatte sich mit einem Male in ein Gespenst verwandelt.

Die Tage in unserem Unterschlupf bei Tante Martha gingen dahin, ohne dass eine fremde Uniform gesichtet wurde. Verspätete sich der Frieden nur empfindlich oder hatte der Krieg gar eine Pause eingelegt? Nach drei Wochen des Wartens hatten wir Heimweh, also packten wir unseren klapprigen Handwagen wieder und flüchteten nach Hause zurück, auf die rechte Seite der Elbe. Meine Mutter grub das gute Geschirr aus und stellte es zurück in den Schrank. So erwarteten wir in stiller Furcht die Ankunft der Russen in Weinböhla, meine Mutter, meine Tante Gertrud, ihre Schwester und ich.

Der Russe und der Gänsebraten

Anfang Mai kamen die Russen schließlich. Eines schönen Morgens waren sie plötzlich da, als wären sie vom Himmel gefallen. Wie eine unwirkliche Erscheinung aus einer anderen Welt standen sie in unserer Straße. Ein LKW nach dem anderen, ordentlich hintereinander aufgereiht wie zu einer Parade, die ganze Wilhelm-Gustloff-Straße entlang. Von unserem Fenster aus hatte ich einen hervorragenden Überblick. Die Mannschaftswagen waren mit Planen bedeckt. Darunter saßen Soldaten, jede Menge aneinandergedrängte Soldaten, einer neben dem anderen, nur zwischen ihren Knien war ein wenig Platz für ihre Maschinenpistolen.

Die Autokolonne mit den regungslosen Russen stand eine Ewigkeit still. Nichts rührte sich. Keiner stieg aus. Niemand rief irgendwas. Absolute Ruhe. Bis sich eine Wagentür langsam öffnete und eine riesenhafte Gestalt ausstieg. Ich wunderte mich, dass solch ein Hüne in diese kleine Fahrerkabine passte. Seinen prächtigen Schulterstücken nach zu urteilen, musste er ein

Offizier sein. Der Mann stand genau vor unserem Haus und schaute suchend zu unserem Fenster hoch. Ich hielt den Atem an. Meine Mutter erstarrte. In der Hoffnung, er könne uns vielleicht übersehen, bewegten wir uns nicht. Er ging zu unserer Gartenpforte und versuchte, sie zu öffnen. Sie hatte einen Drehknopf, mit dem der russische Offizier offenbar nicht zurechtkam. Sichtlich ungehalten rüttelte er daran herum. Mutter und ich hofften, er würde schnell aufgeben, das schlichte Tor würde sich als unüberwindliches Hindernis für den Abgesandten der Roten Armee erweisen. Er würde die Lust verlieren und einfach woanders hingehen. Aber im nächsten Moment hörten wir seine schweren Stiefel auf unserer Holztreppe.

Wir standen ehrfurchtsvoll in der Küche aufgereiht, die drei Frauen und ich. Der Russe hatte ein fremdes, mongolisches Aussehen, genau so, wie ich es aus meinem Nazilexikon kannte. Er musterte uns kurz, ging schnurstracks zum Herd, öffnete die Ofenklappe und gestikulierte im Hinausgehen mit den Händen, wir sollten Feuer machen. »Dawai, dawai!« Wir sagten keinen Mucks, sondern versuchten, so unauffällig wie nur möglich seinem Befehl nachzukommen. Als er zurückkam, hatte er eine gerupfte und ausgenommene Gans im Arm und zwei Einweckgläser mit Birnen und Pflaumen. Es waren deutsche Einweckgläser, wie sie auch meine Mutter benutzte. Er musste sie aus irgendeinem Keller mitgenommen haben. Jetzt standen sie hier unerhört appetitanregend auf unserem Küchentisch.

»Kartoschka, kartoschka!«, rief der russische Offizier unentwegt. Er wies meine Mutter in seiner Sprache an, Kartoffeln zu schälen und die Gans zu braten. Wir verstanden ihn irgendwie. In dieser Situation versteht man wohl jede Sprache.

Draußen herrschte nach wie vor Totenstille. Nichts regte sich. Niemand außer unserem stattlichen Offizier war ausgestiegen. Die Wagenkolonne stand wie vor Erschöpfung eingeschlafen vor unserem Haus. Wir mussten den Tisch decken, als erwarteten wir liebe Gäste, und uns zu ihm setzen. Die drei Frauen und ich nahmen auf der einen Seite des Tisches Platz, der Russe mit seiner gebratenen Gans auf der anderen, und gemeinsam aßen wir dieses unerwartet üppige Mahl. Während er auf dem Gänsefleisch herumkaute, zog der Russe ein Foto aus seiner Uniformjacke. Darauf war ein Steg zu sehen, der auf einen See hinausführte und idyllisch von Schilf eingerahmt war. Das Foto musste an irgendeinem fernen Sommertag entstanden sein. Auf dem Steg stand eine junge Frau in einem leichten, bunten Sommerkleid und neben ihr ein kleiner Junge. Der Offizier zeigte auf meine Mutter und mich und dann auf sein Foto. Er sagte noch etwas auf Russisch, aber in dem Moment war uns schon klar, dass das auf dem Foto seine Frau und sein Sohn waren. So viel Familiensinn wirkte beruhigend auf uns. Vielleicht kamen wir ja glimpflich davon, und es blieb bei der Verköstigung eines hungrigen russischen Offiziers und Familienvaters.

Plötzlich wurde draußen Leuchtspurmunition abgefeuert. Unser Besucher riss den Topf mit der halben Gans vom Tisch, rannte die Treppe hinunter und verschwand mitsamt der Beute in seinem Auto. Die Wagenkolonne setzte sich in Bewegung und verließ unsere Straße. Der Krieg hatte für den Offizier wohl nur diese kleine Pause eingelegt. Das war unsere erste Begegnung mit einem Russen. So wurde Weinböhla von Hitler befreit.

Einige Tage später rückte die Rote Armee bei uns ein. Von Pferden gezogene Panjewagen voller russischer Soldaten holperten durch die Straßen. Verstaubte, abgekämpfte, düster aussehende Gestalten, die Tausende Kilometer hinter sich gebracht hatten, bevölkerten den Ort. Der Duft nach russischem Machorkatabak erfüllte die Luft. Wir Kinder wurden vorsichtshalber von der Straße hereingeholt, was uns jedoch nicht passte, da wir neugierig waren.

Die fremden Soldaten fuhren am liebsten Fahrrad. Das war die Attraktion der ersten Wochen. Da, wo sie herkamen, gab es offenbar keine Fahrräder. Sie freuten sich wie die Kinder, wenn sie damit umherfuhren. Begleitet vom Gepfeife und Gejohle ihrer Kameraden, fielen einige regelmäßig damit um. Andere wiederum stellten sich recht geschickt an. In jenen Tagen wechselten viele Fahrräder mehrmals den Besitzer. Ein Fahrrad war kostbar. Es war die einzige Möglichkeit, sich fortzubewegen, etwas zu besorgen, zur Arbeit zu fahren oder Dinge zu transportieren.

Meine Familie besaß drei Fahrräder. Das blieb den Soldaten natürlich nicht verborgen. Zum Leidwesen meiner Mutter jagten sie damit in der Gegend herum. Doch abends sammelte Elsa Sodann die Räder immer wieder ein. Sie stellte sich auf die Straße, stoppte die jungen Rotarmisten und machte ihnen verständlich, dass bald die Sonne untergehen und die Nacht hereinbrechen würde. Dann ließ sie die überraschten Soldaten der Reihe nach die Fahrräder bei sich abgeben. Einmal ging das sogar so weit, dass wir vier Räder hatten, eins zu viel. Mutter war zwar eine einfache Frau, aber sie war ausgesprochen praktisch veranlagt.

Hungerjahre

Die Angst vor den Russen wurde abgelöst durch die Angst vor dem Hunger, der bald zum alles bestimmenden Lebensgefühl wurde. Der Hunger begann uns zu beherrschen. Er trieb uns um, er ließ uns fortwährend nach Essbarem suchen, er ließ uns schwer schlafen. Die Leute streunten auf der Suche nach Nahrung wie Tiere durch die Gegend.

Wenn wir zum Ährenlesen loszogen, postierten die Bauern ihre Knechte mit Knüppeln und Peitschen um die Felder. Sie trugen die Knüppel nicht nur als martialischen Ausdruck der Abschreckung. Wer einem Feld zu nahe kam, wurde verprügelt.

Zu Hunderten standen wir um die halb abgeernteten Felder herum und warteten darauf, dass sie endlich freigegeben wurden. Es war unheimlich. Und es war demütigend: die hungrige Menschenmenge, die langsam immer weiter auf die Felder zudrängte, die Knechte, die schreiend mit den Knüppeln drohten und die Menge zurückhielten, die Bauern, die verächtlich die Ernte einfuhren. Die Menschen kamen von überall her, selbst aus Dresden strömten sie in der Hoffnung herbei, etwas für den leeren Magen zu ergattern. Wenn die Felder freigegeben wurden, stürmten alle wie von Sinnen auf die Äcker. Nicht ein Korn blieb liegen. Restlos wurden die Felder abgesammelt.

Meine Mutter arbeitete damals beim Bauern Marx als Landarbeiterin. Der Bauer war ein rotwangiger, auffällig sparsamer Mann. Tagein, tagaus trug er dieselbe braune, leicht verschlissene Mütze, eine Art Skimütze, wie sie früher üblich war, mit Ohrenschützern, die man herunterklappen konnte. Im Sommer setzte er sie gegen die Sonne, im Herbst gegen den Wind auf. Die Mütze hinterließ vom vielen Tragen einen tiefen Abdruck in seinem Gesicht. Wie eine Ackerfurche zog sich der Abdruck von links nach rechts quer über seine Stirn. Er wirkte damit mürrischer und sorgenvoller, als er eigentlich war.

Wenn der Bauer meiner Mutter und mir für unsere Arbeit auf seinem Hof etwas zu essen gab, grub sich die Falte noch verzweifelter in seine Stirn. Er befürchtete, die Zeiten könnten schlechter werden, als sie ohnehin schon waren, und er sei bisher zu großzügig gewesen. Obwohl ich viele Stunden hart arbeitete, winkte als Lohn meistens nur eine Fettbemme. Ich war froh über dieses gut riechende, dicke Stück Bauernbrot, empfand es aber trotzdem als ungerecht. Bauer Marx sagte im Vorübergehen sonderbare Sachen zu mir, die ihn selbst amüsierten. »Du bist mir schon der Richtige, während der Arbeit frieren und beim Essen schwitzen.« Ein alter Spruch. Er gefiel mir, und ich beschloss, ihn bei Gelegenheit irgendwo anzubringen.

35

Neulehrer in der Schule

Die Rotarmisten verschwanden allmählich von der Straße in ihre Kasernen. In Weinböhla wurden die Uhren nach Moskauer Zeit gestellt, und die neue Ordnung organisierte sich, so gut es ging. Eine bescheidene Normalität.

Bald kamen neue Lehrer an unsere Schule. Bruno Hänßgen, der wie mein Vater in der KPD gewesen war und vor dem Krieg im selben Betrieb gearbeitet hatte, wurde mein Klassenlehrer. Er war kein Pauker alten Stils, sondern hatte eine offene, herzliche Art, mit Kindern umzugehen. Er war ein groß gewachsener, drahtiger Mann, dem die Haare auf dem Kopf allmählich knapp wurden. Seine wuchtige Nase wurde besänftigt durch freundliche Augen und einen akkuraten, sportlichen Gang. Bruno Hänßgen legte Wert auf Manieren, tobte aber genauso gut in kurzen Hosen mit uns durch die Botanik. Von Huflattich bis Spitzwegerich erklärte er uns jedes Kraut und jede Pflanze. Er konnte Vogelstimmen nachahmen und problemlos Sternbilder bestimmen. Jeder Ausflug mit ihm wurde zur Entdeckungsreise in unbekannte Gefilde.

Manchmal traf ich ihn auf dem Schulweg, und wir gingen gemeinsam auf den Gleisen der Straßenbahn, die immer dann nicht kam, wenn wir auf sie warteten. Er schritt so freudig und tatkräftig aus, dass ich Mühe hatte, ihm zu folgen. Ich rannte halb. Kein Wort wollte ich von dem verpassen, was mir Bruno Hänßgen über die geheimnisumwitterte Welt zu verraten hatte.

Unterwegs kamen wir an einer ansehnlichen, mächtigen Eiche vorbei. Um meinem Lehrer zu zeigen, wie sehr ich seine mitreißend-freundliche Sicht auf das Leben teilte, rief ich begeistert in angestrengtem Hochdeutsch: »Schauen Sie doch einmal, Herr Hänßgen!« Dabei spitzte ich die Lippen, damit sich kein ordinärer sächsischer Laut dazwischenschummeln konnte. Ich stieß die

Silben einzeln und übertrieben betont hervor. Das sollte kultiviert und poetisch klingen, so wie bei ihm: »Schauen Sie doch einmal, Herr Hänßgen! Was für ein schöner Boom.« Zu guter Letzt war mir das Wort »Baum« doch noch ins breite Sächsisch entglitten. Die gespitzten Lippen hatten sich als unüberwindbare Hürde für das »au« erwiesen, und nun stand der »Boom« in seiner unüberhörbaren Vulgarität zwischen uns. Die ganze erhabene Feststellung war im Eimer, und ich schämte mich. Dabei wollte ich meinem Lehrer doch imponieren, ihm nacheifern.

Bruno Hänßgen war Werkzeugmacher und Graveur von Beruf. Mit der gleichen Exaktheit, mit der man ein Werkzeug millimetergenau herstellt, schrieb er Zahlen und Buchstaben an die Tafel. Er hatte ein Schriftbild von einschüchternder Eleganz, und es war ihm ein Gräuel, wenn wir schmierten. Ich schmierte zwar nicht, aber im Unterrichtsfach »Schönschrift« waren meine Leistungen auch nie so ganz nach seinen Vorstellungen.

Mein Lieblingslehrer hatte eine Schwäche: Er pflegte einen kleinen, unscheinbaren Dünkel. Seine bevorzugten Schüler waren zufällig die Sprösslinge aus besserem Hause. Ihre Benotungen fielen regelmäßig ein wenig günstiger aus als die aller anderen, wobei ich häufiger zu den anderen gehörte. Manchmal beschwerte ich mich vor versammelter Mannschaft bei ihm. Es sei eine himmelschreiende Ungerechtigkeit, platzte es aus mir heraus, zwischen den Leistungen sei überhaupt kein Unterschied zu erkennen. Ich kämpfte verbissen und ließ keinen Zweifel daran, dass ich mich im Recht fühlte. Selbst wenn ich vielleicht nicht im Recht war, zauderte ich keinen Augenblick. Ausgestattet mit einem fixen Mundwerk und einem ausgeprägten Sinn für Gerechtigkeit, trat ich unaufgefordert für schwächere Mitschüler ein. Das gefiel ihm. Gleichzeitig ahnte er wohl, dass ich mit dieser Eigenheit zukünftig nicht überall auf Sympathie stoßen würde. »Weißt du, dass du manchmal rechthaberisch bist, Peter?«, gab er mir wohlweislich mit auf den Weg.

Bruno Hänßgen war ein außergewöhnlicher Lehrer, der seinen Beruf mit Idealismus ausübte. Er lernte Griechisch, als nach dem Militärputsch in Griechenland die ersten politischen Flüchtlinge zu uns kamen. Sie wohnten in Radebeul, und Bruno kümmerte sich um ihre Kinder. Er lernte Spanisch, als nach der Ermordung Allendes die ersten Chilenen zu uns ins Exil kamen. Er lernte Portugiesisch, als die ersten Angolaner in Dresden arbeiteten.

Bevor ich die Schule verließ, schenkte mir Bruno einen Vierzeiler. Den rahmte ich ein, und er hängt noch heute bei mir zu Hause an der Wand:

> »Lass die Leute reden, sie reden über jeden.
> Lass dir nicht den Geist verwirren,
> jeder Mensch wird einmal irren.
> Denk selber über alles nach,
> beschließ in Frieden jeden Tag.«

Ich verehrte Bruno Hänßgen sehr. Fast fünfundvierzig Jahre später gab ich dem von mir verkörperten Kommissar im ARD-*Tatort* den Vornamen Bruno. Eine Huldigung, die ihm hoffentlich nicht entgangen ist.

Im Jahr 1986 besuchte Bruno mich noch einmal. Wir hatten uns lange nicht gesehen, und er wirkte erschöpft und resigniert. Seine herausfordernde Zuversicht hatte sich in Nachdenklichkeit verwandelt. Er müsse mit mir reden, sagte er, und dann fragte er mich halb aufgebracht, halb entmutigt, warum es mit der DDR zu Ende gehe. Das war Jahre bevor Erich Honecker mit seinem denkwürdigen Satz »Den Sozialismus in seinem Lauf halten weder Ochs noch Esel auf« die DDR unfreiwillig zum Kalauer der Geschichte erklärte.

Ich sagte zu Bruno, er sei doch viel gebildeter als ich und habe früher immer auf alles eine Antwort gewusst. »Was hast du eigentlich studiert, um zu so viel Weisheit zu gelangen?«, fragte ich ihn.

»Alles, was uns nützt«, erwiderte Bruno leichtfertig.

Das sei möglicherweise das Problem, gab ich zu bedenken. Vielleicht hätte er sich auch einmal mit dem befassen sollen, was nicht so nützlich ist. Der Mensch lebe schließlich nicht vom Brot allein.

Das war natürlich eine spitzfindige Antwort. Das Land lag schon in einer Art Totenstarre, und der Kommunist Bruno, der aus dem Krieg gekommen und in die SED eingetreten war, um ein antifaschistisches, menschliches neues Deutschland aufzubauen, sah jetzt seine Ideale in einem Kleinbürgersozialismus versickern. Es ist die Tragik seines Lebens, dass er das, wofür er eingestanden hatte, verfallen sehen musste. Rückblickend sind die vielen gescheiterten Brunos wohl nur über ihre gelebte Utopie in der DDR zu verstehen.

Ein Büstenhalter für Lenin

Am Ende der Schulzeit wusste ich lange nicht, welchen Beruf ich erlernen sollte. Tischler wäre vielleicht eine Möglichkeit, dachte ich. Wie sich herausstellte, war ich dafür aber zu klein. Ich hätte auf Zehenspitzen an der Hobelbank arbeiten müssen, in der Hoffnung, dass ich bald über mich selbst hinauswachsen würde. Dem Tischlermeister war das jedoch zu unsicher. Was sollte ich also tun? Ich machte schließlich das Naheliegende für einen Jungen aus Weinböhla und wurde Werkzeugmacher im größten Betrieb der Gegend.

Später erläuterte ich in einem Bewerbungsschreiben meine subtile Berufsfindung ganz pragmatisch so: »Die Wahl meines Berufes fiel mir sehr schwer. Eigentlich wollte ich Jockey werden, denn das entsprach meinen Interessen und schimmerte auch ein wenig abenteuerlich. Nur durch Zureden meiner Mutter ließ ich mich bewegen, den ihr sicherer erscheinenden Beruf des Werkzeugmachers zu erlernen.«

Die zahlreichen Kaderleiter, die das zu lesen bekamen, wenn ich mich irgendwo bewarb, müssen sich über eine derart unverstellte Sicht auf die Welt gefreut haben.

So wurde ich Werkzeugmacher im selben Betrieb, in dem schon mein Vater gearbeitet hatte. Viele kannten ihn noch: »Du bist doch der Junge vom Willy Sodann.« Mit den Jahren hatte sich dort nicht viel verändert, lediglich der Name hatte mit der Zeit Schritt gehalten. Aus den Siemens-Schuckert-Werken war der volkseigene Betrieb Elektrowärme Sörnewitz geworden. Das Werk lag unterhalb von Weinböhla, in Richtung Elbe. Aus den Schornsteinen quoll gleichmütig der Rauch, und die Schwaden hüllten die Elbauen in einen trüben Dunst. Es war ein großes Werk, aus schönen roten Klinkern gebaut, die in der Sonne leuchteten. Tausend Beschäftigte arbeiteten dort, und ich war wahrscheinlich der kleinste Lehrling in der Geschichte des Betriebes. Damit ich überhaupt am Schraubstock arbeiten konnte, hatte der Meister mir einen Tritt, eine Art Fußbank, besorgt.

Die meisten Menschen haben keine Vorstellung davon, was ein Werkzeugmacher überhaupt tut. Sie glauben, er stellt Zangen, Bohrer und Schraubenzieher her, doch dem ist nicht so. Er fertigt stattdessen die Gussformen dafür, und das ist viel mühsamer. Dazu bekommt er zunächst eine Zeichnung, auf der ein bestimmtes Werkzeug mit allen Maßen abgebildet ist. Dann sucht er sich ein passendes Stück Eisen und baut daraus ein Stanzwerkzeug, mit dessen Hilfe das eigentliche Werkzeug ausgestanzt werden kann. Ich lernte die Geduld aufzubringen, mit einer kleinen Nadelfeile Hundertstelmillimeter um Hundertstelmillimeter abzutragen. Das war eine aufreibende, nervtötende Arbeit. Viel später einmal sollte mir diese erlesene Fertigkeit, aus allem etwas machen zu können, sehr von Nutzen sein, als es nämlich galt, den Mangel in der DDR durch ein Übermaß an Improvisation auszugleichen.

Als Lehrling führte ich ein Berichtsheft, in das ich mein Tagwerk eintragen musste. Auf der linken Seite standen die Wochentage, und daneben befand sich eine mehr oder weniger anschauliche Beschreibung der jeweiligen Beschäftigung. Einmal musste ich für eine Leninbüste, die in der Betriebsberufsschule feierlich auf ein Wandbord gestellt werden sollte, eine Halterung bauen. In mein Berichtsheft schrieb ich: »Montag von 9 Uhr bis 11 Uhr: Büstenhalter für Lenin gedreht.« In der Sache war die Mitteilung natürlich richtig, doch die Formulierung stieß auf unterschiedliche Resonanz. Ich bekam Ärger und wurde vom Parteisekretär zurechtgewiesen, als hätte man mich beim Kirschenklauen erwischt. Mit Rücksicht auf meine politische Unbefangenheit erklärte er mir, dass man so etwas nicht mache, dass so etwas schlechterdings mächtig ins Auge gehen könne. Bei dieser Gelegenheit wurde mir klar, dass es Menschen gibt, die weniger Spaß verstehen als ich.

Ich war noch zu unerfahren und zu unruhig, um ein bedeutender Werkzeugmacher zu sein, aber meine Arbeit machte mir durchaus Spaß. Das harte Scheppern des Metalls in der Werkhalle, das emsige Surren der Bohrer, das gleichmäßige Rumoren der Maschinen wurden bald vertraute Geräusche für mich. Doch ich spürte, dass ich meine Jahre nicht unbedingt in diesen Werkhallen vergehen sehen wollte. Ich war einfach zu neugierig, welche Überraschungen das Leben für mich noch bereithielt.

Ungefähr zu dieser Zeit tauchte Goldzahn, ein ehemaliger Schulkamerad, wieder in Weinböhla auf. Seinen Spitznamen verdankte er zwei außerordentlich schillernden goldenen Schneidezähnen, die ihm ein höchst auffälliges Aussehen verliehen. Seine richtigen Zähne hatte er auf einem Flüchtlingstreck verloren, woraufhin sein Vater die geretteten familiären Goldreserven einsetzte, um seinem Sohn ein ansprechendes Äußeres zu verpassen.

Goldzahn war Matrose auf einem Schiff der kasernierten Volkspolizei, des Vorläufers der Nationalen Volksarmee, und spazierte in einer beneidenswert schicken Uniform in seinem Urlaub durch unser Dorf. Über der Brust spannte sich sein Matrosenhemd, das weiß war wie die Schaumkronen der Ostsee. Seine blaue, weite Hose hatte einen solch abenteuerlichen Schlag, dass man hätte meinen können, er wolle Rock-'n'-Roll-Tanzmeister im Zentralgasthof werden. Zu allem Überfluss trug er um den Hals ein verwegen geknotetes Schiffertuch. Er sah ein bisschen aus wie Wolf Larsen aus Jack Londons *Seewolf*. Für mich stand fest, ich werde auch Matrose. Die Genossen freute es, denn die junge Republik brauchte begeisterte Freiwillige für den Aufbau einer Armee.

Ich traf die nötigen Vorkehrungen, und schon bald sollte ich mich in Stralsund melden. Am Abend vor meiner Abreise weihte ich meine Mutter in meine hochfliegenden Pläne ein. Sie war fassungslos und konnte nicht begreifen, was ich ihr da erzählte. Mit fragenden Augen sah sie mich stumm an. Ihr Blick hatte wieder diese abgrundtiefe Traurigkeit, die mich schaudern ließ. Warum reagierte sie nur so verzweifelt? Ich schämte mich, wusste aber im ersten Augenblick nicht so recht, wofür. Meine Mutter fing an zu weinen und sagte: »Vater ist schon im Krieg gefallen, und jetzt gehst du auch in den Krieg.«

Der Gedanke kam mir widersinnig vor. Was hatte ein Matrose bei der kasernierten Volkspolizei mit dem Krieg zu tun? Ich träumte davon, auf den Meeren umherzufahren und allerhand Abenteuer zu bestehen. Doch für Elsa Sodann war eine Uniform eine Uniform, egal, ob man damit zur See fuhr oder auf dem Lande paradierte. Weniger aus Einsicht als vielmehr aus dem Wunsch heraus, meine Mutter zu trösten, nahm ich Abstand vom geplanten Matrosendasein. Mit großer Wahrscheinlichkeit wäre ich sowieso zu klein gewesen.

Pech mit den Mädchen

Ich sah auch als Jugendlicher noch lange Zeit aus wie ein Kind. Mit sechzehn Jahren maß ich kümmerliche eins zweiundvierzig. Zu wenig, um den Mädchen in die Augen zu fallen. Die anderen Jungen meines Alters erkundeten schon ihre ersten körperlichen Regungen beim Gedanken an die Liebe. Unbefangen onanierten sie nach der Schicht kollektiv unter der Dusche des VEB Elektrowärme Sörnewitz. Wie bei einer Art Initiationsritual hießen sie die Lust an ihrer erwachten Männlichkeit selbstbewusst willkommen. Für mich dagegen war es eine Pein. Ich drehte mich immer weg, zur Wand. Bei mir wäre damals nicht einmal der Verdacht angemessen gewesen, mir könnte jemals so etwas wie eine Schambehaarung wachsen.

Irgendwann zu der Zeit kaufte ich mir einen Hut. Einen schönen dunkelblauen, breitkrempigen Hut, der nicht nur für Aufsehen sorgen sollte, sondern seinen Träger auch vorteilhaft kleiden. Während ich im HO-Kaufhaus Vier Jahreszeiten in Radebeul vor einem großen Spiegel das Angebot an Hüten probierte, bildete sich eine schaulustige Menschentraube, die mir ihre nicht ganz ernst gemeinten Kommentare zu den Modellen zurief: »Nimm den, der sieht aus wie ein Kaffeewärmer.« – »Der graue, flache ist auffälliger.« – »Wo will denn der Hut mit dem Kind hin?« Mit den meisten Hüten sah ich aus wie eine Vogelscheuche, zum Davonlaufen. Die Leute hatten sichtlich ihren Spaß am Beratschlagen, und ich kostete meinen Auftritt vor Publikum weidlich aus. Meiner Mutter war das ganze Schauspiel peinlich. Schließlich fand ich einen Hut, der seine Wirkung nicht verfehlen sollte. Freund Golle wollte sofort auch einen und Walter Waz etwas später ebenfalls.

Die Hüte spielten für uns beim Erwachsenwerden eine nicht unerhebliche Rolle. Solcherart herrschaftlich ausgestattet, betraten wir in Anzug und Krawatte den größten und schönsten Vergnügungstempel unserer Gegend, den Zentralgasthof. Ein Jugendstilbau, verborgen hinter einer gealterten Fassade, mit einem hohen, eleganten Ballsaal. Auf halber Höhe und getragen von Säulen durchlief eine Galerie den Saal. Es war ein wunderbar erhabener Raum, ein Überbleibsel der Goldenen Zwanziger. An den Seiten standen Tische, dort richteten wir unser Hauptquartier für den Abend ein. Wir behielten die anwesenden Fräuleins im Auge und tranken, was der Zapfhahn hergab. Fast jedes Wochenende spielten Mitteldeutschlands berüchtigtste Big Bands, Josef Ihm oder die EW-Combo, mit prächtigen Bläserbesetzungen die Schlager der Fünfziger rauf und runter, und unter der Flammenkugel trafen sich die liebeshungrigen Herzen.

Ich sah nicht aus wie ein Herzensbrecher, und ich war auch keiner. Wenn einer von uns es schaffte, ein junges Fräulein nach dem Tanz nach Hause zu begleiten, galt das als besonderer Erfolg. Ein Wettstreit, an dem ich verlässlich außer Konkurrenz teilnahm. Ich gab den Verschmähten, was mich nicht kaltließ, denn ich war von Natur aus ein verliebter Junge. Aber es fand sich einfach keine, die mir einen kleinen Platz in ihrem Herzen einräumen wollte. Trost suchend stürzte ich mich in die Poesie und dichtete gegen meine Einsamkeit an. Ein einziger Vierzeiler ist mir erhalten geblieben:

>>Emsig, einer Biene gleich,
flog er von Blume zu Blume.
Sein Herz war an Liebe so reich,
doch reichte ihm dies nicht zum Ruhme.<<

Ich hatte damals ein übertrieben romantisches Bild von der Liebe. Das andere Geschlecht erschien mir als etwas Unberührbares, Hehres, das, empfindlich wie Porzellan, bei der ersten unachtsamen Berührung zerspringen würde. Von den schnellen Gefühlen meiner Artgenossen, die sich bei der erstbesten Gelegenheit in ein neues Abenteuer stürzten, hielt ich nichts, und so blieb ich lange Zeit jemand, dem die Liebe in Gedanken alles war.

Als einmal doch ein Mädchen mit mir tanzte, verliebte ich mich sofort in sie. Ein zierliches, blasses, fast durchscheinendes Wesen. Ich war auf der Stelle so hingerissen, dass wir uns für den nächsten Tag verabredeten, obwohl meine Freunde auf mich einredeten, dass sie viel zu dürr sei, was ich denn mit so einem Hungerhaken wolle, ich sei wohl völlig verblendet und so weiter. Durch die Warnungen verunsichert, versteckte ich mich am nächsten Tag im Gebüsch und wartete mit klopfendem Herzen auf mein erstes Rendezvous. Tatsächlich, meine Freunde hatten recht gehabt, bei Licht besehen entsprach die Ärmste ganz und gar nicht meinen Vorstellungen. Aber ich den ihren vielleicht auch nicht.

Wie ich schon am 15. Juni für den 17. Juni 1953 streikte

Der 15. Juni 1953 versprach ein schöner Sommertag zu werden. Die Frühschicht begann um halb sechs, und ich fuhr mit dem Fahrrad Richtung Sörnewitz. Es ging bergab, und die Reifen aus Hartgummi nahmen zuverlässig jede Unebenheit mit, sodass ich ordentlich durchgeschüttelt wurde. Die Sonne schob sich gemächlich durch den Morgennebel, die Wolken trieben wie Schiffe dahin, auf den Elbauen flimmerte silbrig der Tau. Die erwachten Vögel begleiteten mich lärmend zur Arbeit, und im Werk blies der Schornstein der Gießerei träge seinen Rauch in den Himmel. Ich war allein in der Werkhalle und arbeitete an der Graviermaschine, meine Arbeitskollegen würden erst gegen sieben Uhr, mit Beginn der normalen Schicht, eintreffen. Irgendwann kam ein Arbeiter zu mir und sagte: »Peter, heute wird nicht gearbeitet, heute wird gestreikt.«

Gestreikt? Schon einmal hatte ich die Gelegenheit, an einem richtigen Streik teilzunehmen, knapp verpasst. Im Ruhrgebiet streikten die Bergarbeiter, und ich war gemeinsam mit der Volkstanzgruppe des VEB Elektrowärme Sörnewitz dorthin aufgebrochen. Wir wollten die streikenden Kumpel im Westen mit einer solidarischen Tanzaufführung bei ihrem Ausstand unterstützen. Mit drei Bussen fuhren wir kämpferisch in Hof über die Grenze. Kaum drüben, wurden wir verhaftet und von der Polizei aufs Revier nach Nürnberg eskortiert. Unsere Busse sahen altmodisch und technisch überholt aus, sodass man uns nachrief: »Die Russen kommen.« In Nürnberg wurden unsere Namen aufgeschrieben, und wir bekamen ein Butterbrötchen und eine Tasse Kakao. So endete meine erste Streikbeteiligung mit einem Imbiss bei der Polizei und einer ermüdenden Busfahrt zurück über die Grenze.

Nun sollten wir also selber streiken? In den Romanen von Willi Bredel hatte ich einiges über das Streiken gelesen und wusste, dass das zu einem richtigen Arbeiterleben dazugehörte. Ich fand es eine tolle Sache, hatte jedoch keine Ahnung, wofür oder wogegen wir streikten.

Die Arbeiter strömten aufs Werksgelände. Es gab zwei Redner, Adam aus der Gießerei und einen Fräser aus dem Werkzeugbau, an dessen Namen ich mich nicht erinnere. Anschließend erklärte der Werkleiter, die Norm bestimmten die Arbeiter selbst.

Einige Wochen vorher hatte es im Werkzeugbau schon einmal einen Aufruhr gegeben. Der blonde Kretzschmar weigerte sich, ein bestimmtes Metallteil anzufertigen, weil es sich dabei um den Verschluss für ein Gewehr handelte. »Wir bauen nicht schon wieder Waffen«, hatte Kretzschmar, der im Krieg gewesen war, kategorisch erklärt. Es gab eine heftige Auseinandersetzung, die damit endete, dass das betreffende Teil nicht mehr in Sörnewitz hergestellt wurde. Dafür wahrscheinlich in irgendeinem anderen Betrieb.

Am Nachmittag des 15. Juni kam eiligst eine Abordnung aus Berlin nach Sörnewitz. Im Speiseraum verkündeten sie, dass die Normerhöhungen zurückgenommen werden. Das war fürs Erste unser Aufstand.

Am nächsten Morgen standen drei russische Panzer auf dem Werksgelände. Sie waren über Nacht gekommen und verharrten jetzt reglos und abwartend auf ihren Plätzen, wie schlafende Ungeheuer. Eine nicht zu übersehende Warnung. Die Arbeiter erzählten sich, dass der Gießer Adam, einer der Anführer des Streiks, in den Westen geflüchtet sei. Der Fräser, der ebenfalls eine Rede gehalten hatte, wurde verhaftet, vorgeblich wegen des Verdachts auf Kindesmissbrauch. Von beiden hörten wir nie wieder etwas.

Ein Arbeitskollege fragte mich, warum ich noch Mitglied in der »Deutsch-Sowjetischen Freundschaft« sei. Ohne nachzudenken sagte ich, weil die Russen unsere Freunde seien. Schöne Freunde hätte ich, entgegnete er bitter und zeigte abschätzig auf die Panzerrohre, die direkt auf unsere Halle gerichtet waren. Ich fand, er hatte recht mit seinem Einwand. Freunde sollten sich nicht so drohend gebärden. Also marschierte ich postwendend zum Parteisekretär und warf ihm mit empörter Geste und einem entsprechenden Hinweis auf die Panzer meinen Mitgliedsausweis der »Deutsch-Sowjetischen Freundschaft« auf den Tisch. Er war klug genug zu wissen, dass er an diesem Tag die schlechteren Argumente hatte, und versuchte erst gar nicht, mich umzustimmen.

Viele Wochen später, die russischen Panzer waren längst wieder in ihren Kasernen, nahm er mich beiseite und fragte mich, wie ich gedächte, es zukünftig mit der »Deutsch-Sowjetischen Freundschaft« zu halten.

»An meiner Entscheidung hat sich nichts geändert«, erwiderte ich forsch.

Der Parteisekretär schaute mich listig an. »Das ist aber schade«, sagte er in einem Tonfall, als hätte ich gerade eine ungeheure Chance in den Wind geschlagen.

Ich war irritiert. Worauf wollte er mit seinem väterlichen Gehabe hinaus?

»Peter, jetzt mal im Ernst. Du bist nicht konsequent«, belehrte er mich. Ich verstand nicht recht, denn ich fand mich ziemlich konsequent. »Wenn du aus der DSF ausgetreten bist«, argumentierte er raffiniert, »musst du auch aus der Gesellschaft für Sport und Technik austreten, denn das eine hängt schließlich mit dem anderen zusammen.« Ich wusste zwar nicht, was da genau miteinander zusammenhängen sollte, befand mich dennoch zielsicher in der Bredouille. Zu dieser Zeit war ich in der Motorsportgruppe der GST, und der Mann, der mich gerade für die »Deutsch-Sowjetische Freundschaft« zurückgewinnen wollte, war mein Fahrlehrer. Er brachte mir das Motorradfahren bei, und ich fuhr für mein Leben gern Motorrad.

Es gibt ein aufschlussreiches Foto, das mein geradezu anhängliches Verhältnis zu diesen Maschinen zeigt. Da sitze ich sichtlich stolz auf einer riesigen AWO, die ich derart fest umklammert halte, als wollte ich sie nie wieder loslassen. Die Proportionen zwischen der Maschine und mir sind sehr ungleich. Es könnte der Eindruck entstehen, als habe ein Sportsfreund seinen kleinen Bruder zum Motorradfahren mitgebracht.

Im Augenblick stand meine große Liebe auf dem Spiel. Motorradfahren für die »Deutsch-Sowjetische Freundschaft«? Ein Mensch ist anfällig, wenn er Wünsche hat. Ich trat also wieder ein.

Die neue Elite

Zwei Jahre später wurde meine Freundschaft zur Sowjetunion erneut auf eine harte Probe gestellt. Ich ging bereits auf die Arbeiter-und-Bauern-Fakultät in Dresden, wo ich das Abitur nachholen und mich auf ein Studium vorbereiten konnte. Zu meiner prosaischen Welt gesellte sich eine schöngeistige, zu Willi Bredel Heinrich Heine.

An der ABF lernten bevorzugt all jene, die aus sozial benachteiligten Verhältnissen stammten, deren Eltern Arbeiter waren oder einfache Bauern. Wir waren dazu ausersehen, das bürgerliche Bildungsprivileg aufzubrechen und die neue Elite im neuen Staat zu werden. Als Arbeiterkind und gelernter Werkzeugmacher war ich genau der Schüler, den man sich wünschte.

In einem Unterrichtsfach allerdings wollte es mir partout nicht gelingen, das Bildungsdefizit des Proletariats positiv nach oben zu korrigieren. Russisch bereitete mir unerwartete Schwierigkeiten. Die Vokabeln nisteten sich einfach nicht bleibend in meinem Gedächtnis ein, und dass ich faul war, machte die Sache nicht besser. In der Benotung schwankte ich verlässlich zwischen den Zensuren Vier und Fünf. Bald galt ich als hoffnungsloser Fall.

An der ABF ging das Gerücht, mit einer Vier in Russisch könne man das Abitur nicht bestehen. Unmut machte sich breit, und ich begann, meine Mitschüler gegen diese, wie ich fand, völlig überzogene Anforderung aufzuwiegeln. Ich verfasste einen Protestbrief an das Ministerium für Volksbildung, in dem ich schrieb, ich hätte zwar nicht grundsätzlich etwas gegen den Russischunterricht, fände aber, dem Fach würde bei Weitem zu viel Bedeutung beigemessen. Anschließend sammelte ich Unterschriften. Ich hatte ungefähr siebzig zusammen, als ich zu Herrn Richter gerufen wurde, dem Rektor der ABF. Er wirkte bestürzt und herrschte mich an, ob ich übergeschnappt sei, solch ein großspuriges Pamphlet in die Welt zu setzen. Ich verstand seine Aufregung nicht.

Ob ich mein Abitur machen wolle, fragte er mich, als wäre ich auf den Kopf gefallen.

»Ja, ich würde schon gern mein Abitur hier ablegen«, antwortete ich folgsam.

»Dein Abitur kannst du vergessen, wenn du Unterschriften gegen den Russischunterricht sammelst«, lautete die unmissverständliche Antwort.

Was ich nicht wusste: Für mein spontanes und naives Aufbegehren hatte ich mir mit dem Jahr 1956 einen weltpolitisch ungünstigen Zeitpunkt ausgewählt. Nikita Chruschtschow hatte zwar spektakulär mit dem Stalinismus abgerechnet, aber bald darauf die »Russen raus!«-Rufe in Budapest mit dem Einmarsch sowjetischer Panzer erwidert. Meine Unterschriftensammlung hätte leicht als Aktion eines politischen Hitzkopfes missverstanden werden können.

Doch der Rektor war ein umsichtiger Mann und nahm mir das heikle Problem kurzerhand ab. Der Brief ans Ministerium blieb in der Schublade, stattdessen wurden die dreihundert Schüler und Lehrer zu einer Versammlung einberufen. Darin beschlossen wir einmütig, dass die Benotung im Fach Russisch zukünftig für alle um eine Zensur besser ausfallen sollte. Urplötzlich verbesserten sich auf diese Weise die Russischkenntnisse der gesamten Arbeiter-und-Bauern-Fakultät, sehr zur Freude der führenden Genossen der SED-Bezirksleitung in Dresden.

Was soll bloß aus mir werden?

Kurz vor dem Abitur stand ich abermals vor der Aufgabe, mir zu überlegen, was ich in Zukunft mit mir anfangen wollte. An Ideen hatte ich keinen Mangel, doch vielleicht waren es mehr Flausen? Ich liebäugelte mit einem Studium an der Deutschen Hochschule für Körperkultur und Sport. In Körpererziehung hatte ich mein einziges, einsames »Sehr gut« auf dem Abschlusszeugnis stehen. Ich war ohnehin ständig in Bewegung, warum sollte ich nicht, meiner Natur folgend, eine Profession daraus machen? Ich fuhr also zum Eignungstest nach Leipzig. Laufen und Geräteturnen verliefen unproblematisch, das Schwimmen allerdings geriet zum Fiasko. Ich hatte gehofft, mit einigen improvisierten Bewegungen überspielen zu können, dass Schwimmen keine von mir beherrschte Variante der Fortbewegung war. Doch kaum war ich im Wasser, kamen mir die anderen schon wieder entgegengeschwommen. »Lass mal gut sein«, sagte der Prüfer nur, und ich konnte gehen.

Das war eine Niederlage, die mir schwer zu schaffen machte. Doch über einen verlorenen Traum hilft am besten ein neuer hinweg. Für mein diesbezügliches Abtauchen bevorzugte ich die Schauburg in Dresden Neustadt. In diesem anheimelnden alten Kino, in dem es immer etwas staubig und miefig roch, verbrachte ich leidenschaftlich gern meine freien Nachmittage. Ich mochte es, wenn der Projektor zu rattern begann, der Vorführer nach den ersten bösen Zwischenrufen hektisch die Bildschärfe neu einstellte und ich allmählich in eine unbekannte Geschichte hineingezogen wurde. Ich sah mir alles an, was das Kino in dieser Zeit hergab: Heinz-Rühmann-Filme, Konrad Wolfs *Genesung*, den Politthriller *Der Rat der Götter* von Kurt Maetzig, sowjetische Revolutionsschinken, Herzschmerzschnulzen und *Alarm im Zirkus* mit Erwin Geschonneck in der Hauptrolle.

Warum, dachte ich eines Tages, sollte ich nicht auch auf solch eine Leinwand passen? Hatten meine Mitschüler nicht gemeint, ich hätte eine komische Begabung? Kurzerhand beschloss ich, Schauspieler zu werden und mich an der Schauspielschule in Leipzig zu bewerben. Ich schrieb eine überaus offenherzige Begründung für meinen Berufswunsch, wobei mich bis heute wundert, dass ich daraufhin nicht gleich abgelehnt wurde:

»Warum ich Schauspieler werden will? Sehen Sie, so haargenau weiß ich es selbst nicht. Ich würde ebenso gern ein Komiker oder ein Clown, ein Redner oder ein Schriftsteller sein, kurz gesagt, ein Mann, der seine Mitmenschen zum Lachen oder zum Weinen, zum Mitleiden oder zum Nachdenken bringt.«

Nachdem ich noch kurz meine Ansichten über die Strapazen dieses Berufes geschildert hatte, fuhr ich fort: »Ich glaube, daß der Beruf des Schauspielers Abwechslung in sich birgt. Gerade das benötige ich, es entspricht meinem Wesen. Ich könnte keinen Beruf ergreifen, der eine geregelte und gleichförmige Tätigkeit verlangt. Leidenschaftlich gern versetze ich mich in eine Person, die in einer anderen Zeit gelebt hat oder irgendwelche charakteristische Eigenschaften besitzt. Mit ihr werde ich zum Forscher, zum König, zum Bettler und Vagabunden. Mein Wunsch wäre es nun, diese Träumereien, anders kann man dies ja nicht bezeichnen, Wirklichkeit werden zu lassen.«

Offensichtlich wirkte mein Brief überzeugend, jedenfalls wurde ich tatsächlich zum Vorsprechen eingeladen, für Sonnabend, den 26. Januar 1957, um neun Uhr. Ich sollte jeweils eine Figur aus einem klassischen und einem moderneren Stück vorspielen und entschied mich für Roller, einen Draufgänger aus Karl Moors Bande in Schillers *Die Räuber*, und für Nil aus Maxim Gorkis Theaterstück *Die Kleinbürger*.

Am Tag des Vorspiels waren die Gänge der Theaterhochschule in Leipzig erfüllt vom Durcheinander der Vorsprechenden. Einige saßen wie selbstvergessen über ihren Textbüchern und übten leise flüsternd für den finalen Auftritt. Das gedämpfte Murmeln waberte wie Nebel durch die Flure. Ich versuchte, einzelne Laute aufzuschnappen, um so auf die Rollen meiner Konkurrenten schließen zu können, doch ich war zu aufgeregt. Es herrschte eine betont kunstsinnige Atmosphäre, die mich ein wenig anstrengte. Man redete über Theaterbesuche und gelungene Inszenierungen, ich dagegen war bisher höchstens mal aus Versehen im Theater gewesen. Die Mädchen gaben sich sehr weiblich, sie waren nicht zu übersehen. Manche Anwärterin strahlte eine Selbstsicherheit aus, als wäre sie bereits Schauspielerin. Ich strahlte allerhöchstens aus, dass ich Werkzeugmacher mit Abitur war.

Meine Rollen spielte ich anständig und, den Gesichtern der Prüfungskommission nach zu urteilen, weitgehend ohne Höhepunkte. Die Reaktion war verhalten. Genau genommen gab es gar keine Reaktion. Die Damen und Herren saßen in ihren Stühlen, nickten mir, ohne eine Miene zu verziehen, wie zur Verabschiedung zu und baten den nächsten Kandidaten herein. Ich wusste in dem Moment nicht, wie ich das deuten sollte. War ich nun angenommen?

Vier Tage später ging ein Brief von der Theaterhochschule beim Studiendirektor der ABF ein, dessen knappe Notiz mich zum Gegenstand hatte: »Wir bedauern, Ihnen heute mitteilen zu müssen, dass eine Aufnahme des Studierenden Sodann in unserer Schauspielabteilung leider nicht möglich ist, da er keinerlei Begabung zeigt.« Fünf Dozenten hatten in der Prüfungskommission gesessen, und auf jeder der persönlichen Einschätzungen stand geschrieben: »Völlig untauglich«.

Meine künstlerische Talentfindung erwies sich als niederschmetternde Erfahrung, dennoch wähnte ich mich in schauspielerischer Hinsicht nicht hoffnungslos. Zunächst jedoch standen handfestere Fragen an. Ich musste mich entscheiden, wohin die Reise mit mir gehen sollte. Die Herrschaften von der Abteilung Studienlenkung an der ABF bedrängten mich. Man ließ nicht einen Arbeiterjungen das Abitur ablegen, damit er anschließend einfach so in den Tag hineinlebte. Die Beurteilung, die sie mir ausstellten, zeigte, was für einen rechtschaffenen Menschen die ABF aus mir gemacht hatte: »Er hat sich während der 3 Studienjahre positiv entwickelt. Seine Unausgeglichenheit in fachlicher und politischer Hinsicht, sein teilweise undiszipliniertes Verhalten hat er zum größten Teil abgelegt. (...) Um seine Verbundenheit zum Arbeiter-und-Bauern-Staat zu beweisen, meldete er sich freiwillig zu einem 14tägigen Einsatz für die Erfüllung des Energieprogramms.«

Solch einem Bewerber stand die Welt offen. Da alle meine eigenen Wünsche beängstigend gescheitert waren, schloss ich mich der allgemeinen Studienfachwahl von einem halben Dutzend meiner Klassenkameraden an und nahm ein Jurastudium an der Karl-Marx-Universität Leipzig auf. Die Sache hatte noch einen entscheidenden Vorteil: Das Mädchen aus meiner ABF-Klasse, in das ich schon ein Weilchen verliebt war, wollte ebenfalls Jura studieren. Ich behielt sie also fürs Erste in meiner Nähe.

Verschmähte Liebe in Leipzig

Gertraude war eine anmutige Erscheinung, die sich zu bewegen wusste. Alles an ihr wirkte bereits damenhaft, die leicht gewellten Haare, der Gang, wenn sie lotrecht und unerreichbar über den Flur schwebte. In ihren kastanienbraunen Augen hatte ich mich leichtfertig verfangen. Im Grunde hatte ich jedoch keine Chance. Ich war ihr zu klein, nicht schillernd genug. Sie wollte nicht solch einen Flaps wie mich, obwohl ich unterhaltsamer war als all die großen Schweiger an ihrer Seite.

In Leipzig fühlte sich Gertraude einsam. Ich vertrieb ihr die

Einsamkeit mit meiner Verliebtheit, sie ließ es sich gefallen, und mir war es mehr als recht. Unversehens führte sie mich in die Liebe ein. Mit meinen einundzwanzig Jahren war ich ein reichlich später Junge. Anschließend war ich froh und ernüchtert zugleich. Ich hatte es hinter mich gebracht, war endlich meinen Altersgenossen ebenbürtig. Andererseits war nun das Geheimnis der körperlichen Liebe entzaubert und hatte sich als flüchtig-feuchte Angelegenheit erwiesen.

Es dauerte etwa zwei Monate, dann fand Gertraude einen neuen Freund, einen, der größer war und mehr ihren Vorstellungen entsprach. Ich war verzweifelt. Voller Sehnsucht taumelte ich des Nachts durch Leipzig und dachte, mir bricht das Herz. Das änderte sich später mit der Vielzahl der Niederlagen – das Herz setzte sich bald realistischer ins Verhältnis zu den Erfolgsaussichten entflammter Gefühle.

Die verschmähte Liebe linderte ich indes mit Heinrich Heine, den ich einwandfrei als meinen Seelenverwandten erkannte. In Gedanken schleuderte ich Gertraude den Schmerz mit seinen Worten souverän vor die Füße:

> »Ein Jüngling liebt ein Mädchen,
> Die hat einen andern erwählt;
> Der andre liebt eine andre,
> Und hat sich mit dieser vermählt.
>
> Das Mädchen heiratet aus Ärger
> Den ersten besten Mann,
> Der ihr in den Weg gelaufen;
> Der Jüngling ist übel dran.
>
> Es ist eine alte Geschichte,
> Doch bleibt sie immer neu;
> Und wem sie just passieret,
> Dem bricht das Herz entzwei.«

Stilberatung in der Juristenfakultät

An der Karl-Marx-Universität Leipzig herrschte zu dieser Zeit ein erstaunlich freies und geistig waches Klima. Sie war ein intellektuelles Kraftzentrum, wo sich die jungen Eliten tummelten oder all jene, die vorhatten, es zu werden. Ernst Bloch lehrte Philosophie und das *Prinzip Hoffnung*, der Germanist Hans Mayer zog die Studenten mit seinen atemberaubenden Vorlesungen scharenweise an. Allerdings war der schillernde Stern dieser Universität, als ich 1957 mein Jurastudium antrat, schon arg im Verblassen begriffen. Die Erwartungen, die sich mit Chruschtschows angetäuschtem Tauwetter und einem viel beschworenen »menschlichen Sozialismus« verbanden, erwiesen sich als kurzlebiger Frühlingseinbruch. Davon blieb die Universität nicht verschont. Ernst Bloch wurde kaltgestellt, und Hans Mayer konstatierte eine um sich greifende geistige Hoffnungslosigkeit. Die Klassiker hätten offensichtlich vergessen, resümierte Bloch bissig, in den Klassenkampf eine Sicherung einzubauen, die verhindert, dass die Diktatur des Proletariats unvermittelt in eine Diktatur des Parteiapparats umschlägt.

Wie zur Bestätigung residierte über allem der Genosse Paul Fröhlich als Erster Sekretär der SED-Bezirksleitung Leipzig und Mitglied des Zentralkomitees. Ein alter Kämpfer, der sich zum stalinistischen Bürokraten qualifizierte und so lange um Ulbricht herumscharwenzelte, bis er endlich im Politbüro, der Machtzentrale schlechthin, angekommen war. Den gutgläubigen Enthusiasmus der Anfangsjahre für ein besseres, neues Deutschland presste er unverdrossen in ein starres ideologisches Korsett. Fröhlich, ein »fürchterlicher Gauleiter«, wie Bloch und Mayer ihn nannten, sollte sich zu gegebener Zeit noch unliebsam in den weiteren Verlauf meines Lebens einmischen.

Kaum in der Juristenfakultät angekommen, wurde ich von

der Parteileitung einbestellt. Ich trug ein Jackett mit reichlich großen Karos, sehr auffällig, sehr extravagant. Ich mochte das Jackett, es war allerdings auch mein einziges. Gewiss, nüchtern betrachtet sah ich darin aus wie eine Mischung aus einem englischen Adligen und einem Zirkusclown. Dazu trug ich eine schwarze Nietenhose und eine schnittige Igelfrisur. Die gesamte Prominenz der Fakultät hatte sich eingefunden, um mich in Augenschein zu nehmen. Die Herren machten ernste Gesichter, als hätten sie es mit einer schwerwiegenden Störung der öffentlichen Ordnung zu tun. Sie erklärten mir, dass ein Jurastudent nicht in so einem lächerlichen, groß karierten Jackett herumlaufen könne. Ein Jurastudent trage auch keine Nietenhose, die an amerikanische Moden erinnere. Und die Haare lasse sich ein Jurastudent zu einer ordentlichen Frisur schneiden.

»Geben Sie mir mal die Hand«, forderte der Parteisekretär zu guter Letzt. Als ich ihm meine Hand entgegenstreckte, zog er sie grob an sich und begann, auf meinen Fingernägeln herumzukratzen. »Nein, sind nicht lackiert«, sagte er nach einer Weile erleichtert.

Ich hatte von Natur aus sehr glänzende Fingernägel, und die Parteileitung hatte offenbar angenommen, ich würde sie lackieren. Nietenhose und dazu lackierte Fingernägel – das wäre an der Karl-Marx-Universität untragbar gewesen. So ging die Sache glimpflich aus, wie bei einer Stilberatung. Am Ende hatten mich die Genossen in Gedanken neu eingekleidet. Die Zeit war vollkommen übergeschnappt.

Das Jurastudium hielt mich nicht unbedingt in Atem. Das Bürgerliche Gesetzbuch wurde gerade aussortiert, und in Ermangelung eines neuen, sozialistischen nahmen wir abwechselnd die Geschichte der Arbeiterbewegung durch oder lösten Straffälle: »Eine HO-Kassiererin stiehlt aus der Kasse, an der sie arbeitet, fünfzig Mark. Wie beurteilen Sie ihr Vergehen?« Ich warf eine Münze in die Luft: Zahl bedeutete schuldig, Wappen unschuldig. Der Rest war eine Frage geschickter Argumentation. Die Sache langweilte mich bald.

Zu dieser Zeit suchte das Studentenkabarett »Rat der Spötter«, benannt nach dem Film Rat der Götter, neue Mitspieler. Das Kabarett war landesweit berüchtigt für seine treffsicheren Pointen, und wer dazugehörte, genoss einiges Ansehen unter Studenten und Professoren. Ich musste zum Nachweis meiner Brauchbarkeit jemanden vorspielen, der an der Straßenbahnhaltestelle wartet. Es war anscheinend überzeugend, jedenfalls wurde ich genommen. Mit dem »Rat der Spötter« begann ein neues Leben für mich, und ich hatte zum ersten Mal das Gefühl, dass dieses Leben ganz und gar mir entsprach. Viele meiner späteren Freunde lernte ich bei den »Spöttern« kennen: Rolf Herschel, unseren Grafiker, Ernst Röhl, Peter Seidel, Heinz-Martin Benecke, allesamt Journalistikstudenten, die ihr trockenes Studium mit Humortraining aufbesserten. Und mit Manfred Albani hatte ich schon in der Zeit an der ABF viel zu lachen gehabt.

Wir zogen landauf, landab und spielten, bis sich die Balken bogen. Eine wild entschlossene Schar trinkfester Satiriker, die aus allem, was bei drei nicht auf den Bäumen war, eine messerscharfe Pointe machte. Ohne nennenswerte Gegenwehr meinerseits bestimmte die Truppe mich alsbald zu ihrem Anführer.

Mit der Zeit verlor ich das Studium aus den Augen, das Studium mich aber nicht. An der Fakultät sprach sich herum, dass ich meine Aktivitäten ins Studentenkabarett verlagert hatte. Vermutlich um mir einen Gefallen zu tun, verfiel man auf die grandiose Idee, ich könne doch den Fasching der Juristen organisieren, schließlich sei das auch eine ästhetische Herausforderung, »damit kennen Sie sich doch aus, Sodann«.

Zuvor gab mir die Parteileitung rührend fürsorglich ihre konkreten Vorstellungen für eine klassenbewusste Kostümierung bekannt. »Genosse Sodann«, ermahnte mich der Parteisekretär, »achten Sie darauf, dass die Leute nicht in Trapper-, Cowboy-

oder sonstigen amerikafreundlichen Kostümen herumlaufen.«
Ich fragte gespannt, wie die Leute stattdessen erscheinen sollten.
Der Parteisekretär überlegte nicht lange und schlug vor, man
könne doch, die sozialistische Umgestaltung in der Landwirt-
schaft unterstützend, als Maiskolben oder alternativ als Zucker-
rübe oder Kartoffel verkleidet gehen.

Meine innere Fassung hatte ich schnell wiedererlangt.

Wie zu erwarten, kam nicht ein einziger Student als Maiskolben verkleidet. Die Partei grollte mir, und ich hatte das Gefühl,
bei den Juristen eine Fehlbesetzung zu sein.

Nach zwei Jahren musste sich jeder Jurastudent vor einer
Kommission zu seinen zukünftigen Berufsvorstellungen äußern.
Ich bestand auf meinem Wunsch, Bürgermeister in einem Dorf
zu werden. Großspurig beschwor ich ein kulturbesessenes Stra-
ßendorf in Mecklenburg herauf, mit Kneipe, Bücherei, Theater,
Galerie und Selbstverwaltung. Die Kommission starrte mich mit
verkniffenen Gesichtszügen an wie einen übrig gebliebenen
Trotzkisten, der das fröhliche Kommunenleben propagierte.

Daraufhin trennten die Kommission und ich uns in beidersei-
tigem Einvernehmen und beschlossen, fortan unterschiedliche
Wege zu gehen. Jura sei nichts für mich, ich solle endlich Schauspieler werden, überredete mich Professor Arzinger, der freundlicherweise die Studienlenkung übernommen hatte. Ein Wech-
sel war kompliziert und wurde nicht gern gesehen, aber Arzinger
ließ seine Kontakte spielen und machte das Unmögliche möglich.

Der wunderbare »Rat der Spötter«

Für die Aufnahmeprüfung an der Schauspielschule, die mich einst so überaus nüchtern wegen Talentlosigkeit von dannen geschickt hatte, vereinbarte ich einen Gastauftritt der »Spötter«. Wir brachten den Saal zum Toben und sicherten mir damit den erhofften Studienplatz.

Zwar absolvierte ich alle Seminare, von Sprecherziehung über Theaterwissenschaft und Szenenstudien bis hin zum praktischen Teil, doch meine Seele gehörte in dieser Zeit schon vollständig dem »Rat der Spötter«. Wir waren eine verschworene Gemeinschaft, die gemeinsam die Programme entwarf, die Texte schrieb und alles, was in der Welt aus den Fugen geraten war, beharrlich anprangerte. Unserem jugendlichen Selbstverständnis nach waren wir ein unerschrockenes politisches Kabarett – einer für alle, alle für einen. Zu unseren besten Nummern im Programm gehörte »Mei Oddo und mei Rischard«, das sich mit der Zeit zu einem echten Liebhaberstück entwickelte.

Oddo und Rischard trinken sich am Stehtisch einer Kneipe regelmäßig in den Feierabend und lamentieren währenddessen in erlesenstem Sächsisch über die Widrigkeiten des sozialistischen Alltags.

Heinz-Martin Benecke stand als Rischard am Biertisch, ich kam als Oddo jedes Mal mit einem anderen überraschenden Requisit auf die Bühne. Einmal schleppte ich einen Beerdigungskranz mit, den ich mir zuvor bei Blumen-Hanisch, dem berühmtesten Leipziger Blumengeschäft, besorgt hatte.

Der verstörte Rischard fragte mich: »Is' eener gestorben bei dir, mei Oddo?«

»Nee, sind noch alle munter wie am ersten Tach, mei Rischard.«

»Aber es muss doch eener bei dir tot sein, mei Oddo?«, fragte Rischard, schon genervter.

»Nö, is' aber keener tot«, sagte ich.

Daraufhin wurde Rischard ungehalten: »Nu sag endlich, warum du den Beerdigungskranz gekauft hast, wenn keener tot is?«

»Na, es gab gerade mal welche, mei Rischard«, platzte Oddo mit der Wahrheit heraus.

Das Publikum bog sich vor Vergnügen. Solch spitzfindigen Realitätssinn ließ man sich gerne vorspielen. Der in Alltagsdingen leidgeprüfte DDR-Bürger wusste nämlich sofort, was gemeint war. Nahm er doch in seinem zuverlässig unterversorgten Land auf Verdacht immer das mit, was er gerade bekommen konnte, auch wenn er es augenblicklich nicht brauchte: Winterreifen im Sommer, Zement ohne Haus, Fliesen ohne Badezimmer. Das sogenannte befreiende Lachen, es schien wie gemacht für das DDR-Kabarett.

»Mei Oddo und mei Rischard« sei sogar als Witz der Woche im RIAS gesendet worden, erzählten uns gute Freunde hinter vorgehaltener Hand. Wir staunten nicht schlecht über unsere kabarettistische Reichweite.

Lange Zeit waren wir ein Studentenkabarett ohne richtiges Dach über dem Kopf. Das sollte sich nun ändern, und so suchten wir nach einer geeigneten festen Adresse, vorzugsweise etwas im Untergrund, einen Keller, in den nicht so viel ungebetenes Licht hereinfiel. Wir bekamen die erhoffte Unterkunft zugesprochen, ein Kellergewölbe in der reizvollen Umgebung der weltlichen Karl-Marx-Universität und der himmlischen Nikolaikirche. Diese Dreieinigkeit von Heiligem Geist, heiligem Klassiker und heiligem Witz war nach unserem Geschmack. Für einen Erfolg versprechenden »Rat der Spötter«, dachten wir uns, sollte der beste Ort der zwischen Karl Marx und Kirche sein.

Fast täglich lief ich wie ein Lumpensammler mit einem zweirädrigen Karren durch Leipzig, auf der Suche nach passendem Inventar. Ich hackte Türen aus den Kriegstrümmern der Stadt und riss müde Mauern ein, um sie tragfähiger in unserem Keller wieder hochzuziehen. Mein Selbstverständnis in diesen Tagen entsprach mehr dem einer Trümmerfrau als dem eines Schauspielstudenten.

Unser schönster Coup allerdings war das Ergaunern eines leuchtend roten Teppichs. Die Karl-Marx-Uni feierte das fünfhundertfünfzigste Jahr ihres Bestehens mit einem prachtvollen Festakt, für dessen Teilnehmer ein ebenso prachtvoller roter Teppich ausgerollt wurde. Der Rektor, die Professoren und der Senat der Universität schritten genießerisch über den hundert Meter langen roten Läufer, als wären sie bei den Filmfestspielen in Cannes. Der Star des Abends indes war der Teppich. Solch ein exklusives Stück bekam man in der ganzen DDR nicht.

An der Universität sprach sich schnell herum, dass dieser sagenhafte Teppich nach seinem ehrenvollen Einsatz bei diesem Festakt unter den Fakultäten zum Ausschlachten freigegeben werden sollte. In aller Bescheidenheit wurden bereits Tage vorher die Claims abgesteckt: zwölf Meter roter Teppich für die Mediziner, wo er sich im Büro des Dekans ausnehmend repräsentativ machen würde, sieben Meter für die Juristen als Schmuckstück im Eingangsbereich, elf Meter fünfzig für die Philosophen und so weiter. Säuberlich listeten die Fakultäten ihre Ansprüche auf und hinterließen sie wie Bestellzettel an der Teppichrolle.

Wir waren auf diesen feuerroten Teppich ebenso scharf, denn für unseren kahlen Keller fehlte uns genau dieses gediegene, ansprechende Stück Gewebe, das jedem Staatsbesuch zum Ruhme gereicht hätte. Aber bitte schön die gesamten hundert Meter. Was tun? Hartmut Hommel, ein weiteres Mitglied unserer Truppe, und Albani brachten uns auf die Idee, die Bestellzettel auszutauschen gegen Schilder, auf denen unübersehbar zu lesen war, dass der Teppich unverzüglich an den »Rat der Spötter« abzugeben sei. Die Gaunerei klärte sich nie auf, nur am Tag der Eröffnung des »Spötterkellers« müssen einige Gäste das Gefühl gehabt haben, diesem erlesenen Bodenbelag irgendwo schon einmal begegnet zu sein.

Bevor das gute Stück jedoch seiner dekorativen Bestimmung in unserem Keller überlassen wurde, klopften wir es noch einmal kräftig aus. Wir verabredeten dreizehn Schläge, unsere Glückszahl, und knüppelten nach Herzenslust und auf Kommando den Staub aus dem Teppich. Bald stellte sich heraus, dass das zu wenig Schläge waren, und aus reinem Unfug dachten wir uns ein neuartiges Zählsystem aus: »Rali« und »Pieschen« wurden als zusätzliche Schläge erfunden. Die beiden Wörter hatten nichts zu bedeuten, es handelte sich lediglich um hochprozentigen Nonsens.

An jenem Abend hallte es durch die Leipziger Innenstadt: eins, zwei, drei, vier, fünf, sechs, sieben, Rali, acht, neun, zehn, elf, Pieschen, zwölf, dreizehn. Eine fatale Entscheidung! Eine aufmerksame Leipziger Bürgerin korrigierte unsere Zählweise schreiend aus ihrem Fenster. Da wir nicht daran dachten, unsere eigenartige Zählweise aufzugeben, rief die Dame entnervt die Polizei. Wir konnten die einsichtigen Polizisten jedoch von der Notwendigkeit überzeugen, dass der Teppich geklopft werden muss, zu welcher Zeit und mit welchem Zählsystem auch immer. Wie wir später erfuhren, sprach sich dieser Unfug sogar bis zum Geheimdienst herum. Hellhörig wie immer, vermuteten die Herren dahinter einen Geheimcode oder Funksprüche. In endlosen Verhören wurde ich zwei Jahre später immer wieder gefragt, was »Rali« und »Pieschen« bedeute. Nichts bedeute das, erwiderte ich. »Rali« sei die Zahl nach sieben und »Pieschen« die Zahl nach elf. Der Offizier der Staatssicherheit glaubte mir nicht: Nach der Sieben habe gefälligst die Acht zu kommen, und nach der Elf die Zwölf, schnauzte er mich wiederholt an. Der Nonsens ließ sich nicht erklären, und der Spaß wurde durch die Wiederholung nicht staatsfeindlicher. Doch da man in jenem Moment dringend Staatsfeinde gebrauchen konnte, waren wir verdächtig. Und das alles, weil wir Jahre zuvor übereifrig einen prächtigen roten Teppich ausgeklopft hatten.

Zur Eröffnung unserer Spielstätte im Keller bekamen wir die Aufbaunadel in Gold, und die namhafte Prominenz aus Leipzigs hoch geschätztem Kabarett »Pfeffermühle«, Helga Hahnemann und Edgar Külow, zeigte sich von der unverfälschten Atmosphäre im »Spötterkeller« persönlich berührt: »Kindas, wat ihr hier uff die Beene jestellt habt, is echt dufte.« Wir platzten vor Stolz.

Ich wohnte zu dieser Zeit bei Frau Liebing in der Crusiusstraße 2 a im Leipziger Süden, einer Riesenmatrone mit einem stillen Mann. Sie war fünfzig, sah allerdings deutlich älter aus, und trug die Haare immer zu einem kleinen Dutt hochgesteckt, der ihre fülligen Proportionen liebevoll unterstrich. Einmal in der Woche rutschte sie auf Knien durch die Wohnung und wienerte energisch den Boden. Dabei gerieten ihre Kittelschürze und ihr Rock derart in Unordnung, dass der Blick auf die Beine und die dort ansässigen Strumpfhalter frei wurde. Frau Liebing war das egal, sie hatte nichts zu verlieren. Für gewöhnlich gab es gegen solch zufällige Einsichten auch nichts einzuwenden, aber hier war das anders. Dort, wo ansonsten vielversprechend die Strumpfhalter platziert sind, saßen bei ihr Einweckgummis. Einweckgummis, das wusste ich, sind zum luftdichten Verschließen von Einweckgläsern da. Doch Einweckgummis als Strumpfhalter? Vermutlich war das bei ihren sehr umfangreichen Schenkeln die einzig probate Möglichkeit, die Strümpfe an Ort und Stelle zu halten. Ich beneidete mich nicht um diese Erkenntnis, fand es aber dennoch bemerkenswert praktisch.

Frau Liebing war nicht nur praktisch veranlagt, sie war auch eine geschäftstüchtige Frau. Im Hinterhof hielt sie Hühner, weshalb hin und wieder ein Frühstücksei für mich heraussprang. Zu Leipziger Messezeiten vermietete sie Zimmer an Messegäste, die nach einer günstigen Übernachtungsmöglichkeit suchten. Ich musste dann mein Zimmer räumen und wurde zusammen mit ihrem Mann, der ein unermüdlicher Schnarcher war, in die Wohnstube verlegt. Es waren kurze, entbehrungsreiche Nächte. Bald gewöhnte ich mir an, vor ihm ins Bett zu gehen. Somit blieben mir ein paar Minuten, um in den Schlaf zu finden, bevor er dazu ansetzte, unerbittlich die Nacht zu zersägen.

In meiner Lebenssituation war es nicht einfach, zeitig schlafen zu gehen, immerhin war ich Schauspielstudent und leitete ein Kabarett. Nicht von ungefähr nannten mich meine Freunde »schwarzer Gomorrha«: Ich war der Rädelsführer eines laster- und lästerhaften Haufens von Jungkomikern, und wir gingen unserer Profession bevorzugt nach Einbruch der Dunkelheit nach. Dabei erfreuten wir uns allgemeinen Zuspruchs, und zwar sowohl seitens der weiblichen Studentenschaft als auch seitens der Universitätsleitung. Unser Verhältnis zum Rektor war so gut, dass wir sogar am Demonstrationszug der Universität anlässlich des zehnten Jahrestags der DDR teilnehmen durften. Wir, nicht kleinlich, zeigten uns mit einem eigenen Transparent dankbar: »Zehn Jahre DDR – zehn Jahre Satire« war darauf zu lesen.

Da wir das offizielle Studentenkabarett der Universität waren, wurden wir viel umhergeschickt. Überall im Lande sollten wir davon künden, wie in Leipzig gedacht und vor allen Dingen gelacht wurde. Unser Humor kannte bald keine Grenzen mehr: Man lud uns in den Westen ein.

Mäusezirkus in Marbach

Wir waren aufgekratzt wie kleine Kinder, die zum ersten Mal ohne Eltern verreisen dürfen. Auf dem Autobus, der uns erbärmlich durchschüttelte, leuchtete großspurig eine Aufschrift in geschwungenen Buchstaben. »Reisebüro Leipzig« stand da, als wäre diese Reise das Normalste von der Welt und bei jedem x-beliebigen Veranstalter zu buchen. Aber nein, wir waren in besonderer Mission unterwegs. Es war der 5. Juni 1961, ein Montag, und der »Rat der Spötter« fuhr nach Marburg an der Lahn. »Wir machen nach Deutschland-West rüber«, alberten einige im Bus. Es sollte der erste öffentliche Auftritt eines Kabaretts aus der DDR in der Bundesrepublik werden.

Ob wir dem gewachsen sein würden, scherte uns im Augenblick wenig. Wir waren auf Westkurs und fühlten uns ausreichend gefestigt, um jedwede Herausforderung anzunehmen. Peter Seidel, von allen kumpelhaft nur »Schnafte« genannt, hatte ursprünglich gar nicht mitreisen sollen. Politisch schwankend sei er, behauptete die Universitätsleitung, und ein unsicherer Kandidat. Aber nicht mit uns. Entweder fahren alle oder keiner, ließen wir die Parteileitung wissen und kämpften Schnafte frei. So saßen wir denn im Bus: Ernst Röhl, Schnafte, Heinz-Martin Benecke, kurz HM gerufen, Manfred Albani, unser Grafiker Rolf Herschel, Hubert Laitko, Elfriede Ewald und einige mehr. Aber vor allem drei Begleitpersonen von der Universität, die wir zur besseren Unterscheidung nur »die drei Geheimnisvollen« nannten. Sie waren uns vorsichtshalber an die Seite gestellt worden, damit wir vor lauter kabarettistischem Übermut nicht plötzlich durchbrannten.

Guter Dinge und tatendurstig fielen wir, ein ohrenbetäubendes Quodlibet aus Heimat- und Kampfliedern johlend, in den Westen ein. Eingeladen hatte uns ein gewisser Klaus Horn, ein Jungliberaler, der zur Leipziger Frühjahrsmesse 1961 in den »Spötterkeller« hereingeschneit war und unser Programm derartig anregend gefunden hatte, dass er es seinen Landsleuten im Westen auf gar keinen Fall vorenthalten wollte: Was die Leipziger nicht alles zu lachen haben! Zu unserem Erstaunen wurde die Reise genehmigt.

Politisch waren die Deutschen hüben auf die Deutschen drüben und umgekehrt zu der Zeit nicht besonders gut zu sprechen.

Konrad Adenauer hatte Jahre zuvor mit seiner mathematischen Ungleichung »Lieber ein halbes Deutschland ganz als ein ganzes Deutschland halb« rechnerisch auf uns verzichtet, und Walter Ulbrichts listige Prophezeiung »Niemand hat die Absicht, eine Mauer zu errichten« war noch nicht ausgesprochen. Wenn schon offiziell kein einig Vaterland, dann sollte wenigstens eine harmlose Verbrüderung auf der Kabarettbühne und unter Studenten möglich sein.

Unser Gastspiel begann mit einer Panne. Der Besitzer des Kinosaals, in dem das Studentenkabarett aus der »Ostzone« ursprünglich auftreten sollte, fürchtete bei so viel politischer Schlagfertigkeit um seine Gesundheit, aber vor allem um seine Inneneinrichtung. Daher wurden wir umgeleitet ins nahe Marbach. Dort war schon vier Monate vor uns der DDR-Volkskammerpräsident Johannes Dieckmann an der heiklen Mission »Deutsche an einen Tisch« böse gescheitert. Eine wütende Menge hatte mit den Rufen »Dieckmann raus, hängt ihn auf!« drastisch zum Ausdruck gebracht, was sie von seinen Bemühungen hielt. Ein heißes Pflaster, auf das wir uns da begeben hatten.

Der Saal war gefüllt bis auf den letzten Platz, und Störer waren keine in Sicht. Trotzdem fühlten wir uns doch etwas mulmig. Wie würde unser Programm »Odyssee mit Humor« ankommen? Nichts ist entsetzlicher als ein Kabarettprogramm mit Pointen, die in einem müden Schweigen verpuffen. Einmal hatte ich diese schauderhafte Erfahrung gemacht, bei einer Premiere in Leipzig. Wir hatten nicht einen einzigen Lacher aus dem Publikum während der gesamten Aufführung. Ich wollte auf der Stelle sterben, im Boden versinken. Stattdessen schloss ich mich in unserer Garderobe in einen Schrank ein und blieb für mehrere Stunden verschwunden.

In Marbach stand ich jetzt allein auf der Bühne und sang, eine etwas schiefe Nickelbrille auf der Nase, voller Hingabe mein Stück über die Nöte eines Knaben in der Pubertät:

»Ich möchte gern ein schöner, junger Herr sein,
ein Held wie im Roman, die Nacht im Fieberwahn.
Ich möchte Graf, vielleicht auch etwas mehr sein,
auf jeden Fall ein richtig toller Mann.«

Während der dritten Strophe breitete sich plötzlich ein vernehmliches Kichern von den hinteren in die vorderen Sitzreihen aus. Die entscheidenden Stellen zum Amüsieren kommen doch erst noch, dachte ich leicht irritiert. Das Kichern schlug jäh um in ein hysterisches Kreischen. Die Frauen standen jetzt auf ihren Stühlen. Ich fragte mich allmählich, was los war, denn so viel entfesselte Begeisterung brachte ich beim besten Willen nicht mit mir und auch nicht mit unserem Programm in Verbindung. Hilfe suchend drehte ich mich zum Rest der Gruppe um, und da sah ich, wie eine weiße Maus hinter mir über die Bühne rannte. Im Saal wimmelte es plötzlich von weißen Mäusen. Es müssen Hunderte gewesen sein, und sie sorgten für einen außerordentlichen Tumult. Die Mädchen auf den Stühlen beruhigten sich gar nicht mehr. Jemand hatte offensichtlich die Mäuse in den Saal geschmuggelt und auf uns gehetzt. Lauter kleine Sabotagemäuse, die gegen unsere Anwesenheit Sturm liefen. Eine wirklich tierische Variante des Klassenkampfes.

Mit der ungeteilten Aufmerksamkeit für unser Gastspiel war es erst einmal vorbei, weshalb wir spontan eine Pause ausriefen und die umherirrenden Störenfriede einfingen.

Als Reaktion auf die niedliche weiße Provokation verabredeten Schnafte, Röhl, HM und ich eine Stegreifnummer mit Nagetier: Heinz-Martin kam als »mei Rischard« auf die Bühne und hielt mir als »mei Oddo« eine weiße Maus unter die Nase.

Ob ich schon gehört hätte, dass die Medizinische Fakultät in Marburg pleite sei, fragte er mich.

»Donnerwetter, das kann doch nicht möglich sein«, staunte ich.

Daraufhin HM: »Na, die haben doch keine weißen Mäuse mehr fürs Labor …«

Der Saal freute sich über diese spontane Einlage, und wir hatten die Sympathien zurückgewonnen.

Glücklicherweise übernahm an den nächsten Tagen eine schlagende Verbindung die Saalwache, und zwar die Burschenschaft Germania, die uns zusammen mit dem Sozialistischen Deutschen Studentenbund und dem Initiator Klaus Horn eingeladen hatte. Zu Zwischenfällen wie mit dem Mäusezirkus kam es daraufhin nicht mehr. Ich besorgte mir jedoch als Andenken an die Saalschlacht eine weiße Maus. Sie sah sehr hübsch aus, und ich taufte sie Esmeralda. Unter Umgehung aller Pass- und Zollbestimmungen der DDR führte ich sie später illegal nach Leipzig ein. In unserem »Spötterkeller« wurde ihr ungefragt politisches Asyl gewährt. Leider ist mir Esmeralda später einfach abgehauen.

Die Kritiker des ortsansässigen Feuilletons behandelten uns wohlwollend und verfassten sogar eine ausführliche Rezension über »Die munteren Leute aus Leipzig«.

»Ein höchst vergnügtes Häuflein von Studikern«, begann der Autor der *Oberhessischen Presse* seine Besprechung und fuhr einfühlsam fort, »spielt gut und teilweise ausgezeichnet eine Reihe von mäßigen bis trüben Texten. So etwa müßte das Urteil lauten, gäbe es nicht mitten in Deutschland einen volkseigenen Zaun und eine anrüchige Geschichte, die Ostkontakte heißt. Vor diesem Hintergrund ist ein Gastspiel aus Leipzig keineswegs selbstverständlich, und wir müssen etwas dazu sagen, auch zu den Heldentaten, die sich am Rande abspielten. Das Programm war, so wurde mitgeteilt, das gleiche, wie es drüben zu sehen ist. Das wäre immerhin wichtig, denn das Programm bestand zu einem größeren Teil aus kritischen Betrachtungen der Zustände in der Zone …«

Wir fanden uns einigermaßen gut getroffen.

Nach den Vorstellungen hockten wir mit unseren Gastgebern zusammen und löschten die erhitzt diskutierte Frage nach Deutschlands Einheit bei der Burschenschaft Germania mit Bier und beim Sozialistischen Deutschen Studentenbund überraschend mit Coca-Cola. Inwieweit bei der Getränkeauswahl eine ideologische Unterfütterung der Argumente beabsichtigt war, vermochten wir nicht festzustellen. Erst ein leichter Silberstreif am Horizont, untrügliche Ankündigung des heraufziehenden Tages, trieb uns auseinander. Ich verließ die Gastwirtschaft immer als Letzter, um sicher zu sein, dass keiner von uns in Marbach absichtlich verloren ging. Bei der Rückkehr in Leipzig mit gelichteten Reihen vorzufahren, diese Schmach wollte ich mir als Leiter der »Spötter« auf jeden Fall ersparen.

Bei unserer Ankunft zu Hause wurden wir begrüßt wie eine siegreiche Olympiamannschaft. Hunderte Studenten umringten uns auf dem Nikolaikirchhof. Sie waren neugierig und wollten wissen, wie man uns im anderen Teil Deutschlands aufgenommen hatte und was dort über die Einheit gedacht wurde. Ich hielt Esmeralda in die Höhe und erzählte, wie unsere Vorstellung von weißen Mäusen gestürmt worden war. Esmeralda beäugte indes schüchtern ihre neue politische Heimat und fremdelte noch ein bisschen mit den Verhältnissen.

Auch unsere »drei Geheimnisvollen« waren im Großen und Ganzen zufrieden mit uns. »Insgesamt versuchten die Kabarettmitglieder durch ihr offizielles Auftreten für die DDR zu agitieren«, meldeten sie erleichtert nach oben, mussten aber ehrlicherweise hinzufügen: »Nicht parteimäßiges Verhalten zeigte sich durch das Mitbringen von Exemplaren des Hamburger Nachrichtenmagazins *Der Spiegel*, den Kauf des Buches *Die Pest* von Albert Camus durch Sodann und den Erwerb nahtloser Strümpfe.«

Nahtlose Strümpfe, eine Rarität für jede Frau in der DDR. Warum ausgerechnet die armen Strümpfe in die Mühlen der Systemauseinandersetzung gerieten, ist mir bis heute schleierhaft. Ernst wollte lediglich seiner Frau eine kleine Freude machen, offensichtlich eine nicht parteikonforme Freude.

Wo der Hund begraben liegt

Kaum zurück, begannen wir, ein neues Programm zu erarbeiten. Unser Erfolg hatte uns mutig gemacht, und nun wollten wir noch furchtloser, spitzzüngiger und kritischer die gesellschaftlichen Missstände aufgreifen.

Die Premiere planten wir für den 6. September, wenn sich anlässlich der Leipziger Herbstmesse internationales Publikum in der Stadt befand. Auf einen wirkungsvollen Titel hatten wir uns schon geeinigt: »Wo der Hund begraben liegt«.

Als am 13. August Walter Ulbricht das Land einmauern ließ, um die Bevölkerung an der Flucht zu hindern, witzelte Schnafte, Ulbricht habe auf der legendären Pressekonferenz die Weltöffentlichkeit rechtzeitig vor einem gewissen Niemann gewarnt: »Niemann hat die Absicht, eine Mauer zu bauen!«

Wir überlegten, was zu tun sei, und kamen zu dem Schluss: erst einmal nichts. Für uns lag der Hund weiterhin in der Misswirtschaft begraben, bei starrköpfigen Funktionären, überall dort, wo sich der Sozialismus selbst im Wege stand. Damit war die kritische Richtung des Programms vorgegeben.

Wir schrieben einen Sketch, der ein absurdes Gleichnis auf die DDR-Wirtschaft darstellte:

Ein Fußgänger kommt des Weges und sieht, wie eine funktionierende Ziegelei abgerissen wird. »He, was macht ihr denn da?«, fragt er.

Ein Arbeiter antwortet: »Wir reißen die Ziegelei ab.«

Der Fußgänger entsetzt: »Das könnt ihr doch nicht machen! Wir brauchen die Ziegel doch.«

Der Arbeiter erwidert: »Na, deshalb reißen wir sie doch ab!«

Wir schrieben außerdem eine heikle Szene über die Volkskammer der DDR. Darin sollte das stumme, gleichmütige Einverständnis unserer gewählten Volksvertreter mit allem, was im Parlament beschlossen wurde, auf die Schippe genommen werden:

Ein Toter liegt auf der Bühne. Sherlock Holmes und Dr. Watson finden ihn.

Watson fragt: »Mord?«

Holmes entgegnet: »Ach was!«

Watson fragt geheimnisvoll: »Politisch?«

Holmes nickt stumm und fühlt den Puls.

Watson fragt neugierig: »Todesursache?«

Holmes sagt nüchtern: »Hat sich zu Tode gewundert.«

Watson erstaunt: »Worüber?«

Holmes: »In der Volkskammer gab es einen Zwischenruf!«

Stand uns so viel Humor noch zu? Mir war klar, dass diese Nummer bei der Abnahme durch die Parteileitung nicht besonders gut ankommen würde. Wir hatten uns jedoch angewöhnt, für solche Abnahmen einen »weißen Elefanten« ins Programm einzuschleusen, also Szenen, an denen sich die argwöhnischen Gutachter für gewöhnlich festbissen und nicht eher lockerließen, bis sie humorfrei und damit mausetot waren. Den brisanten Rest des Programms manövrierten wir mit dieser Methode listig durch alle politischen Untiefen. Aber diesmal lief es anders.

»Wo der Hund begraben liegt« musste Klaus Höpcke, dem stellvertretenden Sekretär der Universitätsparteileitung, vorgelegt werden. Höpcke brachte es in späteren Jahren noch weit in der DDR, bis zum »Bücherminister«. Sich feinsinnig gebend, wachte er viele Jahre über den tadellosen Standpunkt der DDR-Literatur, so wie im Moment über unser Programm.

Höpcke war an der Alma Mater für Agitation und Propaganda zuständig und in dieser Funktion auch für die politische Zumutbarkeit unseres Humors. Wir hätten die Grenze überschritten, sagte er in vorwurfsvollem Ton und mit zerknittertem Gesicht, nachdem er das Programm gelesen hatte. So gehe das alles überhaupt nicht. Ob wir nicht wüssten, in welcher angespannten politischen Situation wir uns derzeit befänden. Er entwickelte eine Dramatik, als wäre sein Büro der einzige sichere Ort und vor den Türen lauere schon der Klassenfeind. Unser Programm sei geradezu eine Einladung an die Gegner der Republik, es spiele ihnen fahrlässig in die Hände, warnte Höpcke eindringlich.

Albani, Heinz-Martin und ich rätselten betroffen, worauf der Sekretär für Agitation und Propaganda hinauswollte. Wir hatten ein kritisch-satirisches Programm konzipiert und keinen Aufruf zum Umsturz. Zugegebenermaßen allerdings auch keine nette Parteitagsansprache.

Höpcke insistierte, wir sollten ändern und streichen. Zum Beispiel die Szene mit dem Zwischenruf in der Volkskammer. Das habe nichts mit der Wirklichkeit zu tun. »Freunde«, versuchte er es auf die verständige Art, »was wollt ihr mit dieser Szene ausdrücken?« Solle in der Volkskammer etwa ein jeder daherreden, wonach ihm gerade der Sinn stehe? Unsere Volksvertreter seien jedenfalls keine Schwadroneure wie die Herren Abgeordneten im Bonner Bundestag. »Ihr könnt ja Doktor Watson und Holmes sich zu Tode wundern lassen über die Politik der westdeutschen SPD«, rief er, ganz glücklich über seinen spontanen Einfall. Albani schaute entgeistert, als sei der Genosse Höpcke plötzlich übergeschnappt.

Der Szene kommt so zwar die Pointe abhanden, dachte ich, aber wenn es der Sache dient, meinetwegen. Hauptsache, wir bekommen das Programm durch. Ich schrieb um, Albani beschimpfte mich. Es blieb nicht die einzige Szene, die ich änderte. In wenigen Stunden sollte Generalprobe sein. Watson fragte nunmehr Holmes nach der Todesursache des Verstorbenen, und Holmes erwiderte, er habe sich zu Tode gewundert. »Worüber?«, fragte Watson. »Die SPD macht eine selbständige Politik«, lautete die Antwort. Kein Mensch würde sich darüber ausschütten vor Lachen. Immerhin könnten die anwesenden Funktionäre aber politisch korrekt und zufrieden nicken.

Den aufopferungsvollen Akt der Streichung kann man noch heute im inzwischen antiquarischen Textbuch der »Spötter« nachlesen. Die Stasi hat es für uns aufgehoben.

Zur Generalprobe am Abend rückte eine stattliche Kohorte aus Vertretern von Uni-Parteileitung und FDJ-Leitung an. Sie machten Gesichter, als wären sie zu einer Beerdigung geladen. Mit versteinerten Mienen saßen sie über die Sitzreihen verteilt. Hier war nicht die Neugier auf amüsante Spitzen zu Gast, hier saß der geballte Vorwurf.

Es war schwer, gegen diese frostige Wand anzuspielen und nicht sofort den Glauben an sich selbst zu verlieren. Niemand lachte, nicht einmal ein verhaltenes Kichern war zu hören. So schlecht konnten wir gar nicht sein. Ich spielte die Szene, in der ich einem Plüschhund das Zentralorgan *Neues Deutschland* aus dem Hintern ziehe und erschrocken feststelle, dass die Zeitung selbst für den Hund unverdaulich ist. Gemurre unter den Anwesenden. Wir spielten eisern weiter und waren dankbar, dass das Scheinwerferlicht uns blendete, so mussten wir wenigstens nicht in diese verkniffenen Gesichter blicken.

Ich war angespannt und nervös. Wie würde das Programm von der Abnahmekommission beurteilt werden? Der Vorhang fiel, das Licht ging an. Stille. Nichts, kein Laut. Niemand rührte sich, man konnte spüren, wie allen Mitwirkenden das Blut in den Adern gefror. Wir standen betreten auf der Bühne und warteten auf eine Reaktion. Endlich erhob sich Gottfried Handel von der SED-Kreisleitung der Universität von seinem Platz. Mit bebender Stimme fällte er in der hölzernen Sprache des Funktionärs das Urteil über das, was man ihm soeben »zugemutet« hatte. Das Programm, sagte er, sei konterrevolutionär und könne in dieser Form nicht aufgeführt werden. Das war kein Urteil, es war eine Verurteilung.

Ich traute meinen Ohren nicht. Was hatte er da gerade behauptet? Konterrevolutionär? Unser Programm? Träumte ich? Der Raum begann vor meinen Augen zu verschwimmen. Nur mit großer Anstrengung konnte ich die Tränen zurückdrängen. Jetzt bloß nicht heulen, dachte ich. Konterrevolutionär! Das Wort hing bedeutungsschwer in der Luft und war nicht mehr fortzuschaffen.

Der Genosse Handel verstieg sich in seiner Abrechnung gar zu der Aussage, er wolle uns am liebsten ohrfeigen. Albani regte sich furchtbar auf: »Jetzt reicht's mir aber!«, schrie er und drohte der Kommission Prügel an. Mit vereinten Kräften konnten wir ihn im letzten Moment daran hindern, seine Drohung in die Tat umzusetzen.

Am nächsten Tag sollte die Premiere sein. Überall in der Stadt hingen Plakate. »Wo der Hund begraben liegt« – was für einen traurigen Klang der Titel mit einem Mal hatte. Die Vorstellung war ausverkauft, und jetzt verbot man uns? Warum? Wir waren keine Feinde des Sozialismus, eher eine Spur zu naiv begeistert. Ich ahnte, dass die Sache Kreise ziehen würde. Frisch gekürte Konterrevolutionäre überließ man nicht einfach sich selbst, ihrem Kummer und ein paar Gläsern Bier. Nicht jetzt, nicht in dieser klassenkämpferisch aufgeladenen Situation.

Nach dem 13. August hatten sich die Genossen besorgt gezeigt, dass die aus der Sommerfrische an die Universitäten zurückkehrenden Studenten meutern könnten. Ulbricht bemängelte die ausbleibenden Beifallsbekundungen zu seiner Sommerüberraschung, der Errichtung des antifaschistischen Schutzwalls.

»Bei euch herrscht wohl ideologische Windstille«, lautete der sehr anschauliche Verdacht gegenüber den Unis. Leipzig war die zweitgrößte Universität im Land, von hier erwartete man mehr als ein laues Lüftchen. Nicht, dass man das Schweigen noch als stummen Protest verstehen musste. Ein aufmunterndes Zeichen an Partei und Regierung in dieser Phase des verschärften Klassenkampfes war doch wohl das Mindeste.

Ausgerechnet in diese Phase platzten wir mit unserem neuen Programm. Unser Verbot war eine willkommene Gelegenheit für die Universitätsleitung, Folgsamkeit zu demonstrieren. Im Bericht an die Staatssicherheit über unsere Generalprobe stand wenig zimperlich formuliert: »Der Gesamteindruck war bei allen fortschrittlichen Kräften übereinstimmend: So sieht die Konterrevolution aus! Ekelerregend! Beschämend! Künstlerisch völlig schwach. Zwei Stunden Schmutz und Dreck.«

Wer diese Einschätzung zu lesen bekam, musste zwingend den Eindruck gewinnen, eine Art Haftbefehl in Händen zu halten. In unserer Umgebung begann man zu arbeiten. Erkundigungen wurden eingeholt, Informationen verglichen, Ermittlungsberichte verfasst. Bald waren wir keine unbeschriebenen Blätter mehr. So erfuhr der beim MfS angestellte Unterleutnant Günther, offenbar von meiner Vermieterin Frau Liebing, dass ich in Bezug auf Frauenbekanntschaften angeblich die Abwechslung liebte: »Oftmals bringt er weibliche Personen abends mit in sein Zimmer und verläßt dann dieses mit der betreffenden Frau gegen 22:00 Uhr wieder.«

Viel rätselhafter wäre es aber gewesen, ich hätte ohne die betreffende Frau das Zimmer wieder verlassen. Bis heute weiß ich nicht, ob die Ermittler meine vermeintlichen Techtelmechtel als herzensbrecherische Eskapaden verbuchten und wie sie meine zeitliche Präzision beurteilten. Im Nachhinein glaube ich, dass es sich bei den abwechslungsreichen Bekanntschaften um ein und dieselbe Frau gehandelt hat, nämlich um Monika. Ich hatte sie kurz zuvor kennengelernt und war sehr verliebt, was mich jedoch vor organisatorische Schwierigkeiten stellte. Sie musste zeitig zu Hause sein, da ihr Vater wie ein Schießhund über sie wachte. Unsere Beziehung passte ihm nicht.

Einige Wochen vor dem niederschmetternden Verbot unseres Programms schauten Ernst Röhl und ich uns im Leipziger Theater eine Aufführung von Schillers *Don Carlos* an.

Der Vorhang hebt sich, Szene königlicher Garten, Domingo betritt die Bühne, gefolgt von Don Carlos. Domingo ein wenig niedergeschlagen zu Carlos: »Die schönen Tage in Aranjuez sind nun zu Ende. Eure königliche Hoheit verlassen es nicht heiterer. Wir sind vergebens hier gewesen …«

Es war merkwürdig. In diesem Moment wusste ich, irgendetwas würde passieren, irgendetwas würde sich verändern. »Die schönen Tage in Aranjuez sind nun zu Ende.« Der Satz klang wie eine Prophezeiung.

Besuch in der Frühe

Am 9. September klingelte es in aller Herrgottsfrühe an der Wohnungstür. Es war kein zaghaftes Klingeln, das vielleicht Rücksicht darauf genommen hätte, dass ich noch schlief. Schließlich war es nicht einmal sechs Uhr, und als Student nahm ich mir die Freiheit auszuschlafen. Nein, es war ein ziemlich unverschämt eindringliches Klingeln. Frau Liebing kam in mein Zimmer und sagte, draußen seien zwei Herren, die mich unbedingt sprechen wollten. Im nächsten Moment standen die Herren auch schon im Zimmer.

»Ja«, sagte ich knapp, ohne irgendeine Erklärung für ihr Erscheinen abzuwarten, »ich ziehe mich nur noch an.«

Ihre typisch beigefarbenen Trenchcoats mit herausnehmbarem Futter, die klassische Kleiderordnung in jedem ordentlichen Agentenfilm, sowie die reglosen Mienen verrieten mir sofort, mit wem ich es zu tun hatte. Es war nicht mehr nötig, dass sie sich als Herren von der Staatssicherheit auswiesen. Ich ging ins Badezimmer, um mir die Zähne zu putzen und etwas Zeit zu gewinnen. Einer von den Trenchcoats kam mir hinterher. Er ließ mich nicht aus den Augen, nicht beim Pinkeln auf dem Klo, nicht beim Waschen, so als könnte ich noch schnell wichtige Beweismittel beiseiteschaffen.

An der Wohnungstür stand noch ein Dritter im Trenchcoat, der Wache hielt. Offensichtlich sollte er jedweden Fluchtversuch vereiteln. Drei Leute allein für mich. Das war eine stattliche Eskorte für einen Schauspielstudenten.

Im Grunde hatte ich mit ihrem Kommen gerechnet. Seit unser Programm von der Abnahmekommission der Universität so einzigartig verdammt worden war, hatte man auch uns, die Mitglieder des Kabaretts, wie Aussätzige behandelt. Zudem hatte sich Paul Fröhlich, der SED-Bezirkschef von Leipzig, auf einer Versammlung des Zentralkomitees in Berlin damit gerühmt, dass er den »konterrevolutionären Sauereien« mit aller Härte den Garaus machen werde. Es war also nur eine Frage der Zeit, bis es an der Tür klingelte und der angekündigte Garaus drohte.

Ich zog den orangefarbenen Pullover an, den mir meine Mutter gestrickt hatte, darüber eine Anzugjacke, und folgte den Herren widerspruchslos aus dem Haus.

Auf der Straße bugsierten sie mich in einen blauen EMW, der plötzlich auf ein Zeichen meiner Begleiter hin angefahren kam. Ich saß hinten im Wagen, eingeklemmt zwischen zwei Herren in Trenchcoats. Wir juckelten mit einem schwindelerregenden Tempo von ungefähr zwanzig Stundenkilometern durch das gerade erwachende Leipzig, zwei Stunden lang. Einmal linksherum, dann wieder rechtsherum, am Völkerschlachtdenkmal vorbei, über die Dörfer, wieder zurück in die Stadt. Irgendetwas werden sich die Genossen schon dabei denken, grübelte ich vor mich hin.

Im Auto herrschte Stille, die ganze Zeit. Keiner sprach auch nur ein Sterbenswort. Die geheimnistuerischen Trenchcoats schauten stur geradeaus. Diese Totenstille im Auto fand ich unerträglich. Vielleicht war das Schleichen durch die vertrauten Leipziger Straßen Teil einer raffinierten Zermürbungstaktik. Vielleicht sollte dem Frischverhafteten und sich ahnungslos gebenden Delinquenten durch diese demonstrative Stadtrundfahrt allmählich selbst dämmern, was er sich hatte zuschulden kommen lassen. Ganz im Sinne der plumpen Frage, die Volkspolizisten seinerzeit gern stellten: »Na, was haben wir denn falsch gemacht?« Das schlechte Gewissen würde den Ertappten verraten.

Um Punkt acht lieferten mich die Trenchcoats in der »Wächterburg« ab, wie das Untersuchungsgefängnis des Ministeriums für Staatssicherheit in Leipzig spitzfindig genannt wurde. Wahrscheinlich war um diese Uhrzeit Dienstbeginn, und vor der Zeit Verhaftete hatten keinen Zutritt zum Gefängnis.

Ich musste von einer Seitenstraße aus durch eine kleine Eisentür gehen und war plötzlich mitten im Knast, von dessen Existenz ich bisher nur gerüchteweise gehört hatte. Es blieb mir keine Zeit, mich umzusehen. »Ausziehen«, schnauzten mich augenblicklich drei in grauen Uniformen steckende Wärter an. Ich zog gemächlich meine Jacke aus. »Ausziehen, aber alles!«, schrien sie wie auf dem Kasernenhof immer wieder und hielten erst inne, als ich splitternackt vor ihnen stand. Mit einem unmissverständlichen »Gesicht zur Wand! Arschbacken auseinander!« wurde die Leibesvisitation angekündigt.

Bemerkenswert fand ich, mit welcher Sorgfalt man die Streichholzschachtel, die ich bei mir hatte, mit einer Rasierklinge regelrecht sezierte. Einer der Uniformierten nahm die Schachtel zwischen Daumen und Zeigefinger, fuhr mit der scharfen Klinge in den papiernen Boden und schnitt fein säuberlich ein Quadrat heraus. Das wiederholte er auf allen Seiten. Vielleicht nahmen sie an, dass ich die Streichholzschachtel präpariert und geheime Telefonnummern darin versteckt hätte.

Die grauen Uniformen protokollierten ordentlich jedes Stück, das sie mir abgeknöpft hatten: »1 Hose, 1 Unterhemd, 1 Paar Socken, 1 Taschentuch, einmal 19,11 Mark«. Exakt diese 19,11 Mark wurden mir bei meiner Entlassung in Form einer Quittung und eines einzigen Pfennigs zurückgegeben. Die akkurate Rechnung hätte jeder buchhalterischen Tiefenprüfung standgehalten:
»Eigengeld: 19,11 Mark
minus 19,00 Mark für Zigaretten
minus 00,10 Mark für Porto
Restbetrag: 00,01 Mark«
Es sollte niemand sagen können, im MfS-Gefängnis käme Geld weg, das wäre der Staatssicherheit doch gegen die Berufs-ehre gegangen.

Ich musste Häftlingskleidung überziehen, in der ich aussah, als hätte ich tatsächlich wer weiß was verbrochen. Der Gefäng-nisfotograf machte die üblichen Fotos, auf denen ich ziemlich düster dreinschaute. Ich gab mir Mühe, keine Emotionen zu zei-gen. Nicht vor denen. In dem Moment wurde mir schlagartig klar, dass es bei dem morgendlichen Besuch der geheimnistue-rischen Trenchcoats und der Ausgabe von Häftlingskleidung nicht bloß um die lapidare Klärung eines Sachverhaltes gehen konnte. Es würde kein kurzer Besuch im Knast werden. Ich war gefangen. Ich saß wahrhaftig ein. Mir kamen vor Zorn die Trä-nen, ich konnte nichts dagegen tun.

»Heul nicht«, sagte der Fotograf, der auch noch meine Finger-abdrücke nahm, was im Gefängnisjargon schön lakonisch mit »Klavier spielen« umschrieben wurde. »Mein Neffe sitzt auch.«

Im Handumdrehen war ich Untersuchungshäftling 72/3. 72, das war meine Zellennummer, und 3, das war die Pritschennummer.

Hatte ich nicht eben noch mit Ernst Röhl die *Don Carlos*-Vor-stellung besucht? War ich nicht gerade noch mit Monika verliebt und Händchen haltend durch die herbstlichen Straßen Leipzigs gezogen? Mir ging das einfach nicht in den Kopf, dass ich nunmehr Untersuchungshäftling 72/3 sein sollte. Träumte ich? Welche der Realitäten stimmte? Ich war doch kein Staatsfeind. Ich war Schauspielstudent und Kabarettist. Warum sperrten die eigenen Genossen mich ein und sprangen mit mir um wie mit einem Verbrecher?

Ich war seit mehreren Jahren Mitglied der SED, eingetreten in dem Glauben, in diesem Teil Deutschlands tatsächlich eine gerechte Gesellschaft aufbauen zu können. Ich hielt mich für ein überzeugtes Parteimitglied. Doch die Genossen, die hier ihren Dienst verrichteten, waren augenscheinlich nicht auf subtile Differenzierung aus. Wer erst einmal hier hereinkam, hatte etwas auf dem Kerbholz. Das war ihre Logik.

Verhöre am laufenden Band

Die erste Vernehmung begann unmittelbar nach der Einlieferung. Der Raum, in den ich geführt wurde, war weitestgehend kahl und in einem stumpfen Weiß gestrichen, das an ein Krankenhaus erinnerte. Nichts sollte vom Eigentlichen ablenken, nichts den Eindruck erwecken, als ginge es hier um eine gewöhnliche Unterhaltung.

Es gab einen Schreibtisch, der Arbeitsplatz des Vernehmers, und einen kleinen Schemel, der Sitzplatz des Häftlings. Der Schemel war fest im Boden verankert und ließ sich nicht von der Stelle bewegen. Mir wurde einigermaßen ruppig erklärt, wie ich darauf zu sitzen hatte. Die Füße aneinandergepresst und die Hände mit den Handflächen nach unten auf den Knien. So sitzen kleinlaute, dumme Jungen, die gerade bei etwas Verbotenem ertappt worden sind. Diese vorgeschriebene Körperhaltung war demütigend. Sie sollte die Machtverhältnisse klarstellen, wie eine Unterwerfungsgeste.

»Wissen Sie, warum Sie hier sind?«, fragte mich der Vernehmer kalt.

»Nee«, sagte ich etwas trotziger, als mir zustand, »weiß ich nicht.«

»Ach, Sie wollen nichts sagen«, entgegnete er mit gespielter Verwunderung. »Wenn Sie nichts sagen wollen, dann gehen Sie wohl besser in die Zelle. Wir haben Zeit.«

Dieser spitze, überhebliche Ton machte mich rasend. Ich wusste nicht, worauf er hinauswollte. Was sollte ich ihm sagen? Dass ich mich unschuldig fühlte, ungerecht behandelt, dass ich an einen kolossalen Irrtum glaubte? Ich wollte auf dem schnellsten Wege wieder nach Hause. Ich hatte keine Zeit zu verlieren.

Der Vernehmer indes wiederholte eindringlich, dass er sehr viel Zeit habe, wobei er die Wörter »sehr« und »viel« genüsslich dehnte. Das verfehlte nicht seine Wirkung auf mich, zumal mir klar wurde, dass er keineswegs bluffte. Vom zeitraubenden Warten auf die passende Gelegenheit, vom geduldigen Lauern lebte seine Beschäftigung.

Irgendetwas müsste ich ihm vielleicht gestehen, überlegte ich, damit er Stoff zum Ermitteln hat. Sicher könnte ich den Unsinn später widerrufen.

Die Vernehmungen mit Oberleutnant Hoffmann, wie der Offizier der Staatssicherheit hieß, der mich von nun an täglich verhörte, waren zäh und zermürbend. Das lag nicht in erster Linie an seinen unerbittlichen Fragen, es lag hauptsächlich daran, dass es einfach nichts zu verhören gab. Aus diesem Umstand entspannen sich die blödsinnigsten Dialoge.

Oberleutnant Hoffmann legte listig den Köder aus, mit einer klassischen Eröffnung: »Sodann! Sie waren doch gegen die Kulturpolitik der Deutschen Demokratischen Republik.«

Ich, verteidigend: »Ich war nie gegen die Kulturpolitik der Deutschen Demokratischen Republik.«

Hoffmann: »Doch. Als das Opernhaus in Leipzig gebaut wurde, haben Sie gesagt, es sei scheiße.«

Ich, entrüstet: »Nee, das habe ich nicht gesagt.«

Hoffmann, triumphierend: »Doch, wir haben Zeugen dafür.«

Ich, unsicher: »Meinetwegen, man sagt immer mal was. Es hat mir auch nicht richtig gefallen.«

Hoffmann, geschickt: »Meinen Sie denn, dass der Genosse Walter Ulbricht, der den Erbauern des Leipziger Opernhauses den Nationalpreis verliehen hat, meinen Sie, der Genosse Walter Ulbricht ist so dumm, für Scheiße den Nationalpreis zu verleihen?«

Ich war deutlich in Bedrängnis geraten. Wie sollte ich das entkräften? »Vielleicht ist der Genosse Walter Ulbricht falsch beraten worden«, entgegnete ich offensiv.

Hoffmann, jetzt deutlich frohlockend: »Ach, Sie meinen wohl, dass der Genosse Walter Ulbricht nicht selbst beurteilen kann, ob etwas gut oder schlecht ist.«

Ich, verzweifelt: »Nein, das wollte ich damit nicht sagen, aber man kann sich ja auch mal irren.«

Hoffmann, im Hochgefühl: »Wieso irrt sich der Genosse Walter Ulbricht?«

So ging das tagein, tagaus. Oberleutnant Hoffmann protokollierte haarklein, was er verhört hatte, ich unterschrieb anschließend jede Seite, damit eines Tages meine Anklage daraus formuliert werden konnte. Hoffmanns Ehrgeiz war beängstigend groß, er wollte nichts weniger, als mir und den anderen »Spöttern«, die man ebenfalls verhaftet hatte, wie ich erst einige Zeit später erfuhr, konterrevolutionäre Umtriebe nachweisen.

Zwölf Quadratmeter Heimat

»Häftling geht auf Transport«, rief der Uniformierte, dessen Aufgabe darin bestand, mich möglichst ungesehen vom Vernehmungstrakt in die Zelle zu bringen. Überall brannten rote Lampen, als Zeichen, dass ein Häftling unterwegs war, denn jede Begegnung mit anderen Insassen sollte unterbunden werden. Ich musste den Blick beim Gehen gesenkt halten.

Meine Zelle war ein dem Zweck des Aufenthalts angepasster Raum. Es standen drei Holzpritschen darin, zwei auf der linken Seite und eine auf der rechten, die Schlafplätze für die Häftlinge. Die Pritsche auf der rechten war meine. Direkt davor befand sich eine Art Lokus. Das war alles. Ein an der Wand befestigter Klapptisch, kein Stuhl, kein Waschbecken. Es überraschte mich nicht, dass die Zelle weitgehend in einem tristen Grau gehalten war. Das verstärkte den Eindruck des Verlorenseins und legte sich wie Raureif aufs Gemüt. An der Außenwand gab es ein schmales Fenster, das aus Glasbausteinen bestand. Man konnte nicht hindurchgucken, aber es ließ wenigstens so viel Licht herein, dass man wusste, ob es gerade regnete oder die Sonne schien.

An der Tür waren von außen drei Riegel angebracht. Sie wurden mit einem kalten, metallischen Klacken geräuschvoll geöffnet, klack, klack, klack, wenn es entweder etwas zu essen gab oder wieder eines der ewigen Verhöre anstand.

In der Tür befand sich ein Guckloch mit einem Blechdeckel. Dieser Blechdeckel wurde vom diensthabenden Aufpasser von Zeit zu Zeit geräuschlos beiseitegeschoben, um herauszufinden, was der Häftling aus lauter Langeweile in seiner Zelle alles veranstaltete. Auf der Pritsche zu liegen war verboten, Onanieren war unerwünscht, und den Kopf an die Wand zu lehnen wurde mit Anschreien geahndet, weil das unschöne Fettflecken an der grauen Wand geben könnte.

Als ich schon eine Zeit lang Gast in der Untersuchungshaft war, erlaubte ich mir bisweilen einen Spaß. Ich spürte mittlerweile die Wärter, sobald sie sich an die Zellentür schlichen und mich durch das Guckloch ausspionieren wollten. Seltsamerweise konnte ich sie durch die Tür hindurch riechen. Ein Instinkt, der sich in dem eingeschränkten, reduzierten Leben zwangsläufig entwickelte. Sobald sich nun einer von ihnen auf leisen Sohlen der Zellentür näherte, brachte ich mein Auge am Spion in Stellung. In Erwartung eines sich unbeobachtet gebenden Häftlings schob der Wärter voller Vorfreude den Deckel des Gucklochs ganz vorsichtig beiseite und schaute hindurch. Doch wessen der überraschte Wärter plötzlich gewahr wurde, war kein gepeinigter Häftling, sondern ein bewegungsloses, starres Auge, das ihn derart kalt anblickte, dass er vor Schreck augenblicklich einen Schritt zurückwich.

Es waren diese kleinen Triumphe, mit denen ich im Gefängnis versuchte, mich aufrecht zu halten.

Nach Bekanntwerden unserer Verhaftung begann sofort eine flächendeckende Absetzbewegung. Jene, die sich vor Kurzem noch mit uns geschmückt hatten, versäumten jetzt nicht, ihren tiefen Abscheu vor uns offiziell zum Ausdruck zu bringen. Stellungnahmen häuften sich, in denen erklärt wurde, wie schuftig wir die Sache der Arbeiterklasse verhöhnt hätten und wie notwendig wir eingesperrt gehörten. Aus der Partei flog ich unverzüglich hinaus. Klaus Höpcke, Stellvertreter des Ersten Sekretärs der Universitätsparteileitung, bezichtigte uns gar der Bürgerkriegsvorbereitung und beschimpfte uns als »Kellerasseln«. Das war nicht nur starker Tobak, das war vorsätzlicher Rufmord.

Die Mitglieder des Louis-Fürnberg-Ensembles der Universität wollten in diesen entscheidenden Tagen ebenfalls ein Zeichen setzen und schrieben höchst einfallsreich in ihrer Stellungnahme: »Wir fordern strenge Bestrafung der Provokateure, die

unsere Regierung und unseren Arbeiter-und-Bauern-Staat be-
schmutzt haben. Diese Vorkommnisse an der Universität sind
uns Anlaß, unsere künstlerische Haltung gründlich zu überprüfen.« Dem entrüsteten Wortschwall erlegen, formulierten sie un-
erschrocken weiter: »Im Ernteeinsatz werden wir nicht nur vor-
bildlich um die schnelle und verlustlose Bergung der Kartoffel
ringen, sondern auch um die politische Klarheit auf dem Lande.«
    Es gab in jenen Tagen in Leipzig eine regelrechte Flut von Er-
gebenheitsadressen. Die beargwöhnte ideologische Windstille
an der Karl-Marx-Universität anlässlich des 13. August 1961 ver-
wandelte sich durch unser unfreiwilliges Zutun in einen hüb-
schen Sturm der Bekenntnisse zu Partei und Staat.

»Meine liebe Monika«

Ausgerechnet am 7. Oktober, dem zwölften Geburtstag der DDR,
durfte ich, der vermeintliche Staatsfeind, meinen ersten Brief
schreiben. Einen Monat nach meiner Verhaftung, welch groß-
herziges Entgegenkommen.
    Es war den Untersuchungshäftlingen gestattet, einmal im Mo-
nat einen Brief zu verfassen, zwanzig Zeilen, die Schrift leserlich
und groß. Zu meinem Erstaunen bekamen wir als Briefpapier
Vordrucke alter Feldpostbriefe der Wehrmacht. Ich kannte sie
noch von meinem Vater. Beim Briefpapier für Konterrevolutionäre hörte der Antifaschismus aus lauter Sparsamkeit wohl oder
übel auf.
    Wem sollte ich diesen einen, ersten Brief schreiben? Meiner
armen Mutter, die plötzlich die Mutter eines Staatsfeindes geworden war? Für sie bestätigte meine Verhaftung zwar ihren still
gehegten Vorbehalt gegenüber dem allzu ausgeprägten Interesse

ihres Sohnes an Gesellschaftsdingen. Doch wie er plötzlich zum Konterrevolutionär werden konnte, wusste sie sich nicht zu erklären, sie spürte nur instinktiv, dass irgendetwas daran nicht stimmte.

Die Leute in Weinböhla tuschelten, ein Fünkchen Wahrheit müsse schon dabei sein, wenn einer ins Gefängnis kommt. Das kränkte meine Mutter. Ihr Sohn, ein Verbrecher? Elsa Sodann war eine Frau mit einem starken Gerechtigkeitssinn, und es war eine schwere, einsame Zeit für sie. Im Grunde hatte sie nie so ganz verstanden, warum ich unbedingt Schauspieler werden wollte, ihr wäre ein Werkzeugmacher weitaus lieber gewesen.

Oder sollte ich Monika schreiben? Die Herren von der Staatssicherheit hatten die Wohnung ihrer Eltern durchwühlt, aber nichts Auffälliges gefunden. Vielleicht hatten sie auch gar nicht gründlich gesucht. Möglich, dass sie meine Freundin nur einschüchtern wollten.

Ich hatte Monika beim Tanzen in der Studentenmensa »Kalinin« kennengelernt, einem bewährten Umschlagplatz für einsame Herzen. Sie stand mit einer Freundin auffallend befangen abseits des Geschehens und wartete. Ein zierliches, süßes, natürlich wirkendes Mädchen. Sie gefiel mir auf Anhieb, und ich dachte: Die könnte gut zu dir passen. Also forderte ich sie auf, obwohl ich nicht gerade das war, was man unter einem Tanzbodenkönig verstand. Außer beim Walzer, da gab es bei mir kein Halten mehr. Den Walzer konnte ich auch linksherum tanzen.

In der ersten Zeit unserer Bekanntschaft nötigte es mir einiges an Geschicklichkeit ab, mich mit Monika zu verabreden. Sie war erst siebzehn, und ihr Vater sorgte sich mehr, als uns lieb sein konnte, um ihre Unschuld. Lange nach dem ersten Tanzabend kamen wir uns hinter dem Rücken des Vaters vielversprechend näher.

Für Monika war die Zeit nach meiner Verhaftung alles andere als leicht. Abgesehen davon, dass in den Sternen stand, wann wir uns wiedersehen würden, hatte man ihr zu verstehen gegeben, sie solle besser auf Distanz zu mir gehen. Das sei für ihre weitere Zukunft vorteilhafter.

Ich beschloss, an Monika zu schreiben. Sie konnte ja für mich die Verbindung zu allen anderen halten. Sämtliche Briefe, die ich aus der Untersuchungshaft an sie schickte, habe ich noch. Die Stasi hat sich als sehr gründlicher Archivar erwiesen und vieles aus meinem Leben gesammelt.

»Meine liebe Monika«, schrieb ich mit Bleistift in die mir zugebilligten Zeilen. »Immer nur denke ich an Dich, an meine Mutter, Deine Eltern. Ich möchte Dich umarmen. Heute früh war es mit mir mal wieder schlimm. Draußen spielen Blaskapellen zum Tag der Republik, und wir sind getrennt, können uns nicht sehen (…) Es wird schon wieder alles gut werden. Sei bitte schön tapfer, ich bin doch kein schlechter Mensch. Jedes Lied, jedes Gedicht bekommt hier einen neuen Inhalt, man sieht alles mit anderen Augen (…) Goethes ›Willkommen und Abschied‹, die letzten beiden Zeilen vor allen Dingen, gehen mir nicht aus dem Kopf und lassen mich vieles leichter überstehen (…) Hilf bitte meiner Mutter (…) Und Du, liebe Monika, denke auch daran, daß man vom Weinen nicht schöner wird.«

Für das Zitat aus Goethes Gedicht fand sich kein Platz mehr. Briefe über zwanzig Zeilen wurden von der Anstaltsleitung kommentarlos eingezogen. Aber Monika kannte die beiden Zeilen: »Und doch, welch ein Glück, geliebt zu werden! Und lieben, Götter, welch ein Glück!« Damit machte ich mir selbst Mut, und es tröstete mich über viele stumpfsinnige, verlorene Minuten in der Zelle hinweg.

Hilferuf nach ganz oben

Ich hatte auch Angst im Gefängnis. Der Vernehmer machte sich dann und wann einen Spaß daraus, mich unvermittelt anzuschnauzen: »Du Schwein, du brummst hier!« Er wurde zwar nicht konkret, aber die Ankündigung ließ mich schaudern. Ein Jahr im Knast mag man unter Umständen überblicken können, das sind dreihundertfünfundsechzig Tage, die vergehen. Von jedem weiteren Jahr hinter Gittern fehlt einem jegliche genaue Vorstellung.

Eines Tages bekam ich meine Anklageschrift auf die Zelle. Sie lautete auf zehn Jahre wegen staatsgefährdender Hetze und konterrevolutionärer Umtriebe. Ich war fassungslos. Zehn Jahre! Bei meiner Entlassung wäre ich fünfunddreißig. Eine Jugend hinter Gittern, die besten Jahre. Zehn Jahre Haft, eine unendliche Zeit. Ich war jung, ich wollte leben, ich wollte zu Monika. Zehn Jahre für eine freche Kabarettnummer, ich konnte es nicht glauben. Vor meinem Vernehmer verbot ich mir jedoch jede Regung, er sollte nicht triumphieren können.

Viel später fand ich heraus, dass es sich wahrscheinlich um eine fingierte Anklageschrift gehandelt hatte. Es entsprach eher nicht den Gepflogenheiten im Knast, dass man seine Anklage auf die Zelle geschickt bekam. Offensichtlich hatte sich da jemand ein hübsches Nervenspiel ausgedacht, um einen starrköpfigen Häftling weichzukochen.

Die Verhöre drehten sich im Kreis. Die Fragen von Oberleutnant Hoffmann wiederholten sich. Vermutlich hoffte er, Widersprüche in den Aussagen des Häftlings durch diese Taktik messerscharf aufzudecken. Ich hatte das Gefühl, seit meiner Verhaftung sei eine Ewigkeit vergangen, und in meiner Hilflosigkeit kam mir die tollkühne Idee, dem Genossen Ulbricht von unserem Schicksal zu berichten. Vielleicht hatte er ja keine Ahnung von dem Unfug, den seine Funktionäre anrichteten, und würde staatsmännisch unsere sofortige Freilassung anordnen. Ich glaubte zwar nicht sonderlich fest daran, trotzdem schrieb ich in der Hoffnung, für meine Freunde und mich einiges ausrichten zu können.

»Sehr geehrter Herr Vorsitzender des Staatsrates, lieber Genosse Walter Ulbricht!«, begann ich ausgesucht höflich. »Heute wurde mir Gelegenheit gegeben, Ihnen schreiben zu dürfen. In größter Verzweiflung richte ich mich an Sie und bitte Sie inständig, meinem Brief Gehör zu schenken.

Ich schreibe Ihnen aus der Haftanstalt Leipzig. Am 9. September wurde ich mit einigen meiner Freunde inhaftiert. Der Grund ist Hetze gegen die DDR und ihre Staatsorgane, damit indirekte Vorbereitung der Konterrevolution. Ich möchte Ihnen versichern, daß wir nicht die geringste Absicht hatten, gegen den Staat, den wir lieben und verehren, vorzugehen.«

Nachdem ich noch einige ergebene Sätze formuliert und kleinlaut eingeräumt hatte, dass unser Programm sicherlich einige Leichtsinnigkeiten enthalte, appellierte ich an den Menschenfreund in Ulbricht. »Noch unverständlicher ist mir, daß man uns einsperren muß. Inzwischen bin ich ja etwas ruhiger geworden, aber das Grauen vor der Zelle, die Sehnsucht nach draußen, nach den Freunden, der Braut, der Arbeit, nach dem Leben ist so groß, daß ich Sie anflehe, uns die Freiheit wiederzugeben. Ich bin selbst Genosse, liebe meinen Staat über alles und werde plötzlich von den eigenen Genossen eingesperrt. Das Leben hat hier drinnen aufgehört, und das große Hoffen hat begonnen.

In großer Hoffnung grüßt Sie herzlich

Ihr Peter Sodann«

Ich hätte es mir denken können. Ich hätte es mir denken müssen. Der Hilferuf erreichte natürlich nicht den Genossen Staatsratsvorsitzenden, sondern Oberleutnant Hoffmann. Er freute sich über die Post. Er konnte daraus neue, ausgeklügelte psychologische Verhörmethoden entwickeln.

In diesen Wochen und Monaten wurde generell viel geschrieben. Zu den wundersamsten Briefen gehörte ein Solidaritätsschreiben aus Marburg. Die Studenten des SDS wandten sich kurz vor Weihnachten 1961 in einem dramatischen Appell an Nikita Sergejewitsch Chruschtschow und forderten entschlossen unsere Freilassung. Sicherheitshalber per Luftpost und als Einschreiben mit Rückschein verschickt, unterrichteten sie Chruschtschow über die unheimlichen Zustände in Leipzig.

»Was passiert aber auf dem Gebiet der DDR?«, fragten die westdeutschen Studenten den Ersten Sekretär des ZK der KPdSU erschüttert, als habe der die letzten Entscheidungen Ulbrichts verschlafen. »Es gibt dort ein Studentenkabarett, ›Rat der Spötter‹, in Leipzig unter der Leitung des Genossen Sodann. Das Kabarett trat auch in Westdeutschland auf und verspottete unter dem Beifall des Publikums die kriegstreibenden Kräfte. Das neue Programm gefiel aber dem Genossen Paul Fröhlich von der Bezirksleitung der SED nicht. Er ließ den Genossen Sodann kurzerhand in Untersuchungshaft werfen, zahlreiche Mitarbeiter aus der Partei und aus der FDJ ausschließen und alle Darsteller des Programms, sogar den Pianisten, von der Universität relegieren.«

Die Marburger kämpften mit Verve und diplomatischem Geschick für unsere Freiheit: »Lieber Nikita Sergejewitsch! Wir wissen, daß Sie die Souveränität der DDR achten und sich in ihre inneren Angelegenheiten niemals einmischen würden. Sie sind aber ein großer Leninist, der vor den Kommunisten aller Länder eine große Achtung genießt. Wenn Sie also die bürokratische Parteiarbeit in Leipzig kritisieren würden, könnten Sie nicht nur den über Gebühr gemaßregelten Genossen auf den richtigen Weg helfen, sondern auch uns, die gegen das Wiederaufleben des deutschen Militarismus zu kämpfen haben, den Rücken stärken.«

Was sich hinter dieser wortreichen Erklärung verbarg, war

nicht weniger als die tolldreiste Aufforderung an Chruschtschow, dem Leipziger SED-Chef Fröhlich die Leviten zu lesen. Mit Sicherheit hat das KGB-Archiv den Brief eher zur Kenntnis genommen als der werte Generalsekretär der KPdSU.

Ich habe von diesem Schreiben erst erfahren, als mir eine der Verfasserinnen des Briefes, Frau Ursula Boeninger, im Jahre 2005 eine Kopie schickte.

Knastalltag

Während der ersten Wochen war ich nicht allein in der Zelle. Hans Rubitsch leistete mir Gesellschaft. Als ich ihn das erste Mal sah, furchterregend düster, schwarzhaarig und unrasiert, dachte ich, ich sei mit einem großen Verbrecher zusammengesperrt. Rubitsch entpuppte sich jedoch alsbald als ehemaliger Direktor einer Schweinemästerei bei Leipzig, der über zweihundert Tonnen Getreide verschoben hatte. Sieben Jahre sollte er dafür aufgebrummt bekommen. Er war eine Kapazität auf seinem Gebiet, und noch aus dem Gefängnis heraus leitete er seinen Betrieb mit Erlaubnis der Staatssicherheit weiter. Der neue Betriebsdirektor stellte sich mit dem Schweinemästen offenbar reichlich unerfahren an.

So war die DDR: mich, einen Studenten, für eine Handvoll Witze als Staatsfeind einsperren, und einen Hehler mit unübersehbarem betriebswirtschaftlichem Talent selbst im Zuchthaus nicht fallen lassen. Rubitsch wurde später in ein Gefängnis nach Berlin verlegt. Dort leitete er die Anstaltsgärtnerei und züchtete Blumen für die Regierung. Als wir uns viele Jahre später zufällig wiedertrafen, erzählte er mir die Geschichte. Unkraut vergeht nicht. Was er mir aber geflissentlich verschwieg, war die Tatsache, dass er sich nicht aus Gründen der Geselligkeit mit mir zusammen in einer Zelle befunden hatte. Zwei bis drei Mal in der Woche spazierte Rubitsch ins Vernehmungszimmer und schrieb alles auf, was ich oben in der Zelle ungeschützt über Ulbricht, die DDR und mich selbst ausgeplaudert hatte. Oberleutnant Hoffmann versprach sich von dieser hemmungslosen Variante des Aushorchens einen durchschlagenden Ermittlungserfolg und Rubitsch sich einige Wochen weniger hinter Gittern.

Eines Abends wurde ein Neuzugang eingeliefert. Hilflos und sichtlich mitgenommen stand er mitten in unserer Zelle, in der einen Hand zwei Decken und einen blau-weiß karierten Bettbezug und in der anderen einen Kaffeetopf mit zwei Scheiben Brot und einer verlockend rot leuchtenden Tomate obendrauf. Die Tomate bildete einen derart aufmunternden Kontrast zum Rest der Zelle, dass ich sofort ein Auge darauf hatte. Nicht ohne Aussicht auf Erfolg, wie ich wusste. Ein neu Zugeführter hat die ersten Tage nämlich keinen Appetit. Der Schock sitzt ihm so sättigend in den Knochen, dass der Häftling weder isst noch redet.

Ich zeigte dem Neuen, Merkel hieß er, seine Pritsche, half ihm beim vorgeschriebenen Bau des Bettes und erklärte ihm das streng geregelte Prozedere in der Zelle.

Am nächsten Morgen erschien der Wärter, schob die Riegel zackig beiseite, eins, zwei, drei, und riss die Tür energisch auf. Wir standen bereits seit geraumer Zeit übersichtlich nebeneinander aufgereiht da. Merkel hielt unsere Kaffeetöpfe in der Hand und wartete brav, wie ich es ihm in der Nacht zuvor erklärt hatte, auf das Kommando des Wärters. Manchmal brüllte der: »Kaffee«, ein anderes Mal nur: »Vor« oder »Her«. Anschließend landete der Kaffee in den Töpfen. Allerdings konnte Merkel nicht wissen, dass es auch »Debbe« gab. »Debbe« war seit vielen Jahren leidenschaftlich Wärter in der »Wächterburg« und ein sächsisches Original, wie man es sonst nur noch im Museum findet. Der Mann war nicht nur unverkennbar Sachse, er redete auch so. Das Wort »Töpfe« sprach er im breitesten, ordinär sächsischen Tonfall grundsätzlich »Debbe« aus.

Unglücklicherweise hatte »Debbe« an diesem Morgen Dienst. Er stand mit der Kaffeekanne in der Tür und brüllte: »Debbe!« Während Rubitsch und ich darauf warteten, dass Merkel ihm unsere Kaffeetöpfe entgegenstreckte, verbeugte sich unser Neuzugang und sagte höflich: »Angenehm, Merkel.«

»Debbe« starrte uns mit blödem Gesichtsausdruck an und verstand die Welt nicht mehr. Für uns gab es jedoch kein Halten, wir prusteten auf der Stelle los. Es war ein schallendes, wunderbar befreiendes Gelächter, das uns kurzzeitig unsere miese Lage vergessen ließ.

Sobald ich in Einzelhaft saß, konnte ich mich nur noch mittels der guten alten Klopfzeichenmethode mit den anderen Insassen verständigen. Auf diese Weise fand ich heraus, dass sich Freund Schnafte zwei Zellen weiter befand. Überhaupt waren alle einkassiert worden, der ganze harte Kern des Kabaretts, Schnafte, Ernesto, wie Röhl bei uns hieß, HM, Albani, Herschel und ich. Mit einem Schlag hatten sie den »Rat der Spötter« eingefangen und mundtot gemacht.

Mit dem Rücken an die Zellenwand gelehnt, sodass es für den patrouillierenden Wärter aussah, als würde ich mich normal langweilen, klopfte ich mit den Fingerknöcheln vorsichtig und mühselig Botschaften. Einmal klopfen bedeutete den Buchstaben A, sechsundzwanzig Mal klopfen war das Z. Ich kannte dieses Klopfzeichenalphabet aus Willi Bredels Roman *Die Prüfung*, hätte vorher jedoch nie für möglich gehalten, dass das Werk dieses verdienstvollen proletarischen Schriftstellers so viel praktische Lebenshilfe enthielt. Das Klopfen war auf Dauer schmerzhaft an den Knöcheln und aufwendig. Das hemmte unseren Mitteilungsdrang, sodass wir uns meist auf den Austausch von Namen und Adressen beschränkten.

Blühender Stalinismus

Mein Gefängnisalltag bestand weiterhin aus quälend absurden Verhören, deren Absonderlichkeiten man sich heute nur noch schwer vorstellen kann. Es müssen die blühenden Reste des Stalinismus gewesen sein, von denen die DDR nicht sonderlich befallen sei, wie Ulbricht erklärt hatte, die hier im Stasiknast wucherten.

Wir hatten uns als Studenten einen lustigen und sehr praktikablen Bewertungsmaßstab für die offiziellen Reden von Walter Ulbricht und Nikita Chruschtschow ausgedacht. Von dieser Bewertung hing ab, ob es sich für uns lohnte, solch eine Rede zu lesen oder nicht. Ein »Chruschtsch« entsprach zehn »Ulb«. Unter zwei »Chruschtsch« und acht »Ulb« bemühten wir uns erst gar nicht, auch nur ein Wort davon in Augenschein zu nehmen.

Die Sache hatte sich bis zu Oberleutnant Hoffmann herumgesprochen. Der sah in »Ulb« und »Chruschtsch« allerdings keinen geistreichen Spaß, sondern vermutete ein perfides staatsfeindliches Manöver dahinter. Das Verhör zum Tatbestand förderte zweifelsfrei die mir bis dahin unbekannte Nähe von Satire und Hetze zutage.

Oberleutnant Hoffmann: »Weshalb wurde unter Anwendung der Bezeichnungen ›Ulb‹ und ›Chruschtsch‹ der Wert der Reden des Vorsitzenden des Staatsrates der DDR und des Vorsitzenden des Ministerrates der UdSSR ausgedrückt?«

Ich antwortete wahrheitsgemäß: »Dies geschah, um zu sagen, inwieweit wir die Reden für bedeutsam hielten. Ich habe also, wie die anderen Kabarettmitglieder, mit einem Vergleich von mehreren ›Ulb‹ zu einem ›Chruschtsch‹ ausgedrückt, dass die Reden von Walter Ulbricht eine geringere Bedeutung haben. Zum anderen wurde durch eine solche Bewertung ausgedrückt, daß ich es nicht für notwendig hielte, dieselbe zu lesen.«

Oberleutnant Hoffmann, verbissen: »Welche sogenannten politischen Witze wurden im Kabarett erzählt?«

Ich antwortete ehrlich: »Ich selbst habe einen sogenannten politischen Witz erzählt, in dem die Person Walter Ulbrichts durch einen Vergleich mit dem Schauspieler des *Meister Nadelöhr* vom Deutschen Fernsehfunk lächerlich gemacht wurde. Andere solche Witze sind mir nicht bekannt.«

Oberleutnant Hoffmann, etwas altklug: »Was heißt, den Vorsitzenden des Staatsrates der DDR in dieser Form lächerlich zu machen?«

Ich antwortete deutlich, wie im Jurastudium: »Das ist ebenso Hetze gegen Walter Ulbricht wie die Wertbestimmung seiner Reden. Hinzufügen möchte ich aber, daß mir nicht bekannt war, daß es sich um Verleumdung und Verächtlichmachung Walter Ulbrichts handelt.«

Oberleutnant Hoffmann, unverändert hartnäckig: »Wußten Sie durch Ihr Jurastudium, was Verleumdung ist?«

Ich, geduldig: »Das war mir hinreichend bekannt. Dennoch habe ich es nicht als Verleumdung oder Hetze angesehen, sondern als Satire betrachtet.«

Oberleutnant Hoffmann, scharf: »Seit wann verstehen Sie unter Satire Hetze?«

Solche Vernehmungen waren hart. Am Ende hatten sich die Dinge derart verdreht, dass ich nicht mehr wusste, was oben und unten, richtig oder falsch war. Mitunter dachte ich, es sei möglicherweise was dran und ich sei, unbemerkt von mir selbst, zum Staatsfeind geworden.

Hoffmann schrieb beflissen mit, als hätte er Wunder was herausgefunden. Dabei hatten wir in dem kahlen Vernehmungsraum stundenlang nichts weiter als Nonsens verhandelt.

In solchen Augenblicken musste ich an ein Galgenlied von Christian Morgenstern denken, das wir manchmal im »Spötterkeller« zur Aufmunterung aufgesagt hatten:

»Ein Knie geht einsam durch die Welt.
Es ist ein Knie, sonst nichts!
Es ist kein Baum! Es ist kein Zelt!
Es ist ein Knie, sonst nichts.«

Nachts kamen die Selbstzweifel. Ich lag auf meiner Pritsche,
weinte still vor mich hin und dachte: Wenn sie nun recht haben?
Wenn ich mich tatsächlich verrannt habe? Im Dunkeln grübelte
ich über die sonderbarsten Sachen: War ich ein schlechter Genosse? Hatte ich mich, angestachelt vom Erfolg des »Rats der
Spötter«, zu einem zweifelhaften, ja staatsfeindlichen Programm
hinreißen lassen? War es mir wirklich nur um effektvolle Pointen gegangen? Hatten wir uns auf Kosten des Sozialismus nicht
nur lustig gemacht, sondern gar zur Hetze verstiegen?

In einer jener Nächte auf der Pritsche fiel mir ein, dass ich
mich kurz vor meiner Verhaftung als Freiwilliger gemeldet hatte,
um Fidel Castro, Che Guevara und den kubanischen Genossen
bei der Verteidigung der Revolution zu helfen. Die Invasion in
der Schweinebucht war zwar kläglich gescheitert, doch die Ku-
bakrise stand noch bevor. Ich hatte mich bereit erklärt, wenn es
darauf ankäme, an der Seite Ches die junge Revolution notfalls
mit der Waffe in der Hand zu verteidigen. Oberleutnant Hoffmann sah nicht so aus, als würde er sein Leben für irgendetwas
riskieren. Wer also war hier der bessere Genosse?

In diesem Moment ahnte ich leise, dass es gar nicht darum
ging, herauszufinden, worin unsere Verfehlungen bestanden. Es
war unsinnig, sich Vorhaltungen zu machen oder vor Reue zu
vergehen. Bei unserer Inhaftierung handelte es sich nicht etwa
um ein Missverständnis, das sich aufklären ließ. Wir waren nicht
falsch verstanden worden. Man wollte Staatsfeinde aus uns machen. Kein schöner Land ohne einen Staatsfeind. Wir kamen wie
gerufen für die Genossen. Mit uns konnten sie in der »gegen-
wärtigen Situation des verschärften Klassenkampfes« nach dem

13. August zeigen, dass sie wachsame, gute Genossen waren. Ein Studentenkabarett für eine Staatsräson.

Ich wusste, es gab nichts zu gestehen. Ich war im Recht. Und sie waren im Unrecht.

Strafsache gegen »Sodann und fünf andere«

Die Verhandlung gegen den »Rat der Spötter« begann am Montag, dem 4. Juni 1962. Ich hatte diesen Tag sehnlichst erwartet, denn inzwischen saß ich seit fünf Monaten in Einzelhaft. Das ungewisse Warten zermürbte mich zunehmend, und ich fühlte mich mittlerweile elend vergessen in meiner Zelle. Wenn ich wenigstens in den regulären Strafvollzug gekommen wäre. Dort hätte ich mit jemandem reden können oder sogar irgendwas arbeiten dürfen. Dann hätte ich auch gewusst, so und so viel Zeit muss ich absitzen. Wenn man es nicht erlebt hat, kann man sich wohl nur schlecht vorstellen, wie das ist: eingekastelt in einem Raum, beschienen von fahlem Licht, niemand da zum Reden, nichts zu lesen. Mutterseelenallein.

Noch Anfang April hatte ich an den »sehr geehrten« Staatsanwalt des Bezirks Leipzig, Dr. Fräbel, einen Brief geschrieben und versucht, ihn mit einer zu Herzen gehenden Schilderung meines Zustands für meine unglückliche Lage zu interessieren. »Ich weiß nicht, ob man so, wie ich es nun mache, an einen Staatsanwalt schreibt«, formulierte ich unsicher-höflich in meinem Vorstoß bei der Staatsmacht. »Ich bin nun seit einem Vierteljahr in Einzelhaft, daran läßt sich wohl nichts ändern«, fuhr ich behutsam klagend fort. »Aber könnten mir nicht wenigstens ein Anstaltsbuch in der Woche und meine Bücher, die ich mir schicken lasse, zur Verfügung gestellt werden, als kleine Hafterleichterung? Ich muß Ihnen mitteilen, daß ich um meinen Nervenzustand Befürchtungen hege.«

Ich ging nicht davon aus, dass sich der Herr Staatsanwalt, erschüttert über die Ankündigung, ich könnte noch ganz irre werden im Knast, nachhaltig beeindrucken ließ.

In meiner Not dachte ich jedoch, mit einer jovialen und sachte drängenden Erinnerung an meinen Fall würde vielleicht etwas Bewegung in die Sache kommen. Würde ich vielleicht erfolgreich an das Ordnungsgefühl des Staatsanwaltes appellieren können, dass man so einen wie mich nicht einfach aufgrund eines Missverständnisses monatelang im Ungewissen sitzen lässt.

»Ich hoffe, daß die Verhandlung nun endlich Anfang Mai stattfindet; wenn Sie mir eine gute Antwort mitteilen könnten, ich wäre Ihnen sehr dankbar«, schrieb ich, als wäre mir der Staatsanwalt noch einen Gefallen schuldig. »Mit einem Ziel, wenn auch nur einem kleinen und zudem erfreulichen, lebt es sich doch besser und vor allem gesünder.«

Dieser Brief landete natürlich prompt bei der Staatssicherheit. So waren die Damen und Herren gründlich über meinen Seelenzustand im Bilde.

Zwei Monate später fand die Hauptverhandlung gegen uns statt. Montag, acht Uhr, Strafsache gegen »Sodann, alias Gomorrha, und 5 andere«. Das stand nüchtern wie ein Wegweiser an der Tür zum Gericht. Dass ich da solch eine herausgehobene Erwähnung fand und meine Freunde und Knastgenossen nur als die »5 anderen« geführt wurden, kränkte sie ein bisschen. Ich tröstete sie mit dem Hinweis, wie wenig vorteilhaft es war, als Anführer eines konterrevolutionären Kabaretts in den Gerichtssaal geführt zu werden.

Kurz zuvor hatten wir uns bei Sonnenaufgang alle auf dem Gefängnishof wiedergesehen: Röhl, Benecke, Seidel, Albani, Herschel und ich. Das war ein großes Hallo, und es herrschte eine aufgekratzte Stimmung, als hätten wir uns spontan zu einer Theaterprobe verabredet. Man hatte uns unsere alten Zivilsachen zum Anziehen gegeben, und wir trugen Handschellen, »Achte«, wie die Dinger im Knastjargon hießen.

Nach der monatelangen Haft gaben wir wirklich das Bild von prächtigen Verbrechern ab. Albani war so dünn geworden, dass seine Hände immer wieder aus den Handschellen rutschten. Er ließ sie über dem Kopf kreisen wie eine seltene Trophäe und rief dabei übertrieben jubelnd: »Ich bin wieder frei, ich bin wieder frei!« Der verstörte Hauptmann, der uns mit einigen Wärtern als Ordnungsmacht zur Seite gestellt worden war, brüllte, dass wir ruhig sein sollten. Ich versuchte noch um Verständnis zu werben, indem ich ihm unser ungestümes Verhalten als spontanen Ausbruch der Wiedersehensfreude erklärte. Vergeblich. »Ruhe!«, brüllte er mich wie besessen an.

Wir gingen einigermaßen zuversichtlich in den Gerichtssaal. Gemessen an den Umständen sogar regelrecht gut gelaunt. Irgendwie hatte sich in mir nach einer Unterredung mit dem Gefängnisdirektor die Hoffnung breitgemacht, dass wir glimpflich davonkommen könnten. Durch die andauernde Verschiebung unseres Prozesses wurden wir nämlich Nutznießer eines »Rechtspflegeerlasses« des Staatsrates der DDR. Die Herrschaften hatten am 24. Mai beschlossen, nicht mehr jeden, der ihrer Meinung nach vom rechten Wege abgekommen war, bis zum Grauwerden einzubehalten. Die Hintergründe erfuhren wir erst viel später. Die überstürzte Einmauerung der DDR und die damit proklamierte »Verschärfung des Klassenkampfes« führten dazu, dass zu viele politische Schlendriane ihre wertvolle Zeit im Gefängnis absaßen. Die Leute brauchte man aber, denn es fehlte überall an Arbeitskräften und Fachpersonal. Warum nicht eine für alle Seiten vorteilhafte Strafe verhängen und die Hetzer einfach zur Bewährung in die Produktion schicken? So schön praktisch konnte Strafrecht sein. Und an uns jungen, aber irregeleiteten Menschen sollte das ausprobiert werden. Noch waren wir für den Staat nicht verloren.

Am Freitag vor der Verhandlung war ich überraschend zum Leiter der Haftanstalt gerufen worden. Er sagte, er wolle sich mit mir noch einmal unterhalten, damit ich vor Gericht eine gute Figur abgäbe. Wahrscheinlich befürchtete er, ich könnte mich mit einer übertrieben kämpferischen Haltung um meine besten Jahre bringen. Gespielt ahnungslos entgegnete ich, dass ich das mit der guten Führung nicht verstünde, da es in meinem Fall ja ohnehin nichts mehr nütze. Doch, doch, sagte er, die Strafe könne dann möglicherweise geringer ausfallen. Unter fünf Jahren gehe es für mich sowieso nicht aus, weniger sei auf gar keinen Fall für mich vorgesehen, erwiderte ich verbissen. Nein, nein, widersprach er ganz freundlich. Das solle ich bloß nicht denken. Es könnten auch nur drei Jahre werden. Drei Jahre seien auch eine lange Zeit, hielt ich ihm entgegen, aber immerhin hätte ich ja schon eins davon abgesessen. Und dann meinte er plötzlich etwas zu beiläufig, dass man schließlich auch mit Bewährung davonkommen könne. Als er das sagte, ahnte ich, dass möglicherweise etwas abgesprochen war. Bewährung! Unfassbar!

Der Anstaltsleiter bot mir eine Zigarette an.

»Von Ihnen nehme ich keine Zigarette«, sagte ich stur, bediente mich dann aber doch.

»Ach, Sie haben wohl nichts zu rauchen?«, stellte er sich blöd.

Mir wurde dieser Ich-will-doch-nur-Ihr-Bestes-Ton allmählich suspekt. Wollte er mich aushorchen? Oder wollte er sich mir gegenüber mit seiner Freundlichkeit aufspielen? »Sie wissen doch genau«, sagte ich schärfer, als es mir im Moment zustand, »dass es nichts zu rauchen gibt und dass es nicht erlaubt ist.«

Er gab mir dann, wie um mich zu besänftigen, zehn Dubek auf die Zelle mit, damals die edelste Zigarettenmarke. Das war ein Akt der Großzügigkeit, zu der Gefängnisdirektoren gemeinhin nicht neigten. Die Zigaretten reichten wunderbar bis zum Verhandlungsbeginn aus.

Ich informierte meinen »Spötter«-Freund Schnafte, der zwei Zellen neben mir saß, über diese merkwürdigen Andeutungen des Anstaltsleiters, vor allem über die Aussicht, auf Bewährung rauszukommen. Mit Klopfzeichen, wie üblich, von Zelle zu Zelle. Jedenfalls hatten wir, als wir uns alle zu Verhandlungsbeginn wiedersahen, das Gefühl, das Glück könnte sich auf unsere Seite schlagen. Nach Sibirien würde man uns schon nicht schicken.

Wir wurden in einen kleinen Gerichtssaal gebracht. Saal ist eigentlich beschönigend, es war ein sehr bescheidener Raum. Dort zwängten wir uns auf die Anklagebank. Immer einer von uns und dann ein uniformierter Aufpasser. Es war kaum mehr Platz zum Luftholen. Vorn saßen sehr ernsthaft und nebeneinander aufgereiht der Vorsitzende Oberrichter Grass, die Staatsanwälte Holzmüller und Dr. Fräbel sowie zwei Schöffen. In ihren einheitlich steingrauen Anzügen sahen sie aus wie eine Gruppe Fahrkartenkontrolleure. Aber noch hatten wir keinen Blick für das hohe Gericht. Denn schräg vor uns saß an einem Tischchen Fräulein Bergner, die alles, was wir sagten, mitschreiben sollte. Wir stierten die arme Protokollführerin hemmungslos an. Sie war augenblicklich die Schönheitskönigin für uns und wurde von Minute zu Minute attraktiver. Seit vielen Monaten hatten wir unser dürftiges Dasein in einer prosaischen Knastwelt unter lauter Männern gefristet. Fräulein Bergner musste einfach wie eine verheißungsvolle Botin aus dem Leben in Freiheit auf uns wirken. Das Ewig-Weibliche zog uns hinan.

Doch die Träumereien endeten abrupt. Der Vorsitzende Richter erteilte dem Herrn Staatsanwalt Holzmüller das Wort. Die Anklage, die er daraufhin im Ton eines Frontberichterstatters verlas, war starker Tobak. Schlagartig schwanden meine Hoffnungen auf ein baldiges Wiedersehen mit der Freiheit, die ich eben noch so wunderbar gehegt hatte.

»Die Beschuldigten«, schmetterte der Staatsanwalt in den Raum, »betrieben unter Missbrauch ihrer gesellschaftlichen Tätigkeit im FDJ-Studentenkabarett ›Rat der Spötter‹ staatsfeindliche Zersetzungstätigkeit.« Und mit dem markigen Vokabular des Kalten Krieges wetterte er engagiert weiter: »Ganz im Sinne der von den Bonner Ultras gesteuerten Hetz- und Wühltätigkeit richteten sie ihre Angriffe hauptsächlich gegen die führende Rolle der Sozialistischen Einheitspartei Deutschlands (…) In besonders übler Weise hetzten sie laufend gegen den Ersten Sekretär der SED und Vorsitzenden des Staatsrates, Walter Ulbricht.« So ging das noch eine ganze Weile. Ich rutschte indes auf der Anklagebank immer tiefer. Hier, so spürte ich, war alles möglich. Es konnte auf einen Schauprozess hinauslaufen oder auf eine derart einschüchternde Disziplinierung, dass wir für alle Zeiten zu lammfrommen Staatsbürgern wurden. Mir schwindelte.

Als Nächstes wurden die Ermittlungsergebnisse verlesen. Das war ein ansehnlicher Packen Papier, zusammengetragen von Major Pommer, Chef der Abteilung IX des MfS im Bezirk Leipzig. Darin fanden sich wiederum gepfefferte Anschuldigungen, die man sich aus den vielen fleißigen Verhören mit uns zusammengereimt hatte. In kurzen Charakterisierungen umriss der Staatsanwalt noch einmal, welche Gesellen das Hohe Gericht da vor sich hatte: »Der Beschuldigte Sodann besitzt ein übertriebenes Geltungsbedürfnis«, wurde mir attestiert. »Mit maßloser Überheblichkeit verschloss er sich der Kritik.«

Als ich die Gelegenheit bekam, mich zu meiner Person zu äußern, und aufzählte, was für ein tüchtiger Staatsbürger ich sei, da ich in der Gesellschaft für Sport und Technik mitarbeitete, einen Keller zum Theater ausgebaut hätte, in der Deutsch-Sowjetischen Freundschaft sei und und und, fiel der Richter mir ins Wort: »Wenn Sie so weiterreden«, empörte er sich, »wissen wir ja gar nicht, warum Sie hier sind.«

Genau das wolle ich damit ausdrücken, sagte ich ketzerisch.

Staatsanwalt Holzmüller ersparte uns nichts. Er ereiferte sich darüber, dass wir den Staatsratsvorsitzenden verächtlich gemacht hätten, indem wir dessen Stimme und Tonfall nachahmten. »Unter den Beschuldigten waren ferner solch abfällige Bemerkungen wie ›WU‹ oder ›King WU‹ gebräuchlich, wenn sie gegen Walter Ulbricht hetzten.«

Mir speziell wurde die Vorhaltung gemacht, dass es mir als Kabarettleiter immer nur darum gegangen sei, das Publikum zum Lachen zu bringen. Einen ganz besonders schlagkräftigen Beweis für unsere Gefährlichkeit glaubte die Anklage in einer kleinen Redewendung gefunden zu haben: »Es bumst bald! Aber dann nach oben!« Wir hatten uns das manchmal spaßeshalber im privaten Kreis zugeworfen, um einer allgemeinen Unzufriedenheit Luft zu machen. Jemand muss das aufgeschnappt und gepetzt haben. Die Ermittler vermuteten dahinter konkrete Umsturzpläne. »Durch den ständigen Gebrauch beim Abschluß der Hetzgespräche«, folgerte Holzmüller schlau, »erhielt dieser Satz im Kreise der Beschuldigten den Charakter einer aufwieglerischen Parole.«

Dies sei nur großspurige Spinnerei gewesen, versicherten wir dem Gericht. Wir hätten uns lediglich voreinander wichtig machen wollen.

Der Vorsitzende Richter Grass nahm das mit unbewegter Miene zur Kenntnis. Er hatte offenbar nicht den Ehrgeiz, mit unserer endgültigen Verdammung seine berufliche Eignung nachweisen zu wollen. Zudem war er angehalten, den neuen Rechtspflegeerlass praxisnah anzuwenden.

Staatsanwalt Holzmüller war da aus ganz anderem Holz geschnitzt. Ein Stalinist durch und durch, schien er beseelt von der Mission, politischen Hallodris wie uns, die seinen Sozialismus fahrlässig dem politischen Kabarett preisgaben, den Garaus zu machen. Für Holzmüller waren wir bedrohlich. Der Mann hatte im Konzentrationslager gesessen und gelitten. Er hätte auch, ohne zu zögern, sein Leben hingegeben. Jeder, der in seinen Augen nicht für ihn war, der war gegen ihn. Den bekämpfte er. Ich empfand diese Starrköpfigkeit als die persönliche Tragik jener Männer, die für ihre Überzeugungen ihre besten Jahre in Lagern verbracht hatten. Überall vermuteten sie Feinde. Sie merkten gar nicht, wie ihre Ideale von einer besseren Gesellschaft immer ungenießbarer wurden. Wie ich Jahre später hörte, soll Holzmüllers Sohn in den Westen geflüchtet sein.

Ein Schöffe des Gerichts, ausgerechnet der Kulturchef der *Leipziger Volkszeitung*, Diplomjournalist Herr Krecek, gab als Hinweis auf meine labile geistige Haltung zu bedenken, dass ich sogar *Die Pest* von Albert Camus gelesen hätte. Das aus dem Westen importierte Buch war während der Hausdurchsuchung als einwandfreies Beweismittel überführt und sichergestellt worden. Doch da keiner der Anwesenden so richtig den Inhalt kannte, wussten sie auch nicht, ob und wie sehr mich die Lektüre zur staatsfeindlichen Hetze angestiftet haben könnte. Ich war fassungslos angesichts dieser unsittlichen Kombination aus Macht und Ahnungslosigkeit. Zumal der Roman wenige Wochen nach unserer Marburg-Reise auch in der DDR veröffentlicht worden war.

Die Verhandlung zog sich über drei Tage hin. Am Freitag, dem 8. Juni, war dann endlich die Urteilsverkündung. Staatsanwalt Holzmüller machte ein feierliches Gesicht, als habe er eine ganz besondere Überraschung vorbereitet. Ich entdeckte Monika unter den Zuschauern im Verhandlungsraum. Sie sah noch schöner aus, als ich sie in Erinnerung hatte. Wann würden wir uns endlich wieder in die Arme nehmen können?

»Im Namen des Volkes!«, dröhnte die Stimme des Vorsitzenden Richters Grass durch den Saal, nachdem wir uns alle erhoben hatten. »Wegen fortgesetzter staatsgefährdender Hetze nach Paragraph 19 Absatz 1 Ziffer 2 und Paragraph 1 StEG werden verurteilt …«, hämmerte er mit dem Stakkato der Paragrafen auf uns ein, als sollten wir zu guter Letzt noch einmal so richtig eingeschüchtert werden. Und dann folgte das – für mich – Entscheidende: »… der Angeklagte Sodann, Peter, zu einem Jahr und zehn Monaten Gefängnis bedingt; die Bewährungszeit wird auf vier Jahre festgesetzt.« Und fertig waren sie mit mir.

Ich kann nicht sagen, was ich in diesem Moment dachte. Mir fiel nur sofort ein, dass ich kein Geld in der Tasche hatte, um nach Hause zu kommen. Indes rasselte Richter Grass die Jahre und Monate der anderen herunter wie Sportergebnisse: ein Jahr und drei Monate für Heinz-Martin Benecke und Peter Seidel, ein Jahr für Ernst Röhl und Manfred Albani und ein Jahr und sechs Monate für Rolf Herschel. Alle Strafen wurden für zwei bis drei Jahre zur Bewährung ausgesetzt.

Diese Art der Milde gegen uns, von der wir ja nicht in jedem Fall hatten ausgehen können, wurde abschließend in der Urteilsbegründung eindrucksvoll erklärt. Die bedingte Verurteilung könne deshalb in Anwendung gebracht werden, stellte das Hohe Gericht wie nach Abschluss eines erfolgreichen Experiments fest, weil die gesellschaftlichen Kräfte stark genug seien, die Umerziehung der Angeklagten durchzuführen. Bei dem Wort »Umerziehung« zuckte ich kurz zusammen. Das ließ für die Zukunft einiges an Überraschungen erahnen. Wir, die schwarzen Schafe, sollten wieder in die Mitte der Herde aufgenommen werden. Man wollte uns nicht verloren geben.

Als wir alle unsere Urteile in der Tasche hatten und uns plötzlich bewusst wurde, dass wir hier alsbald hinausfliegen würden, verabredeten wir uns noch schnell. »Jeder wartet auf jeden«, riefen wir uns hastig zu. Auf dem Leuschnerplatz, unweit unseres nunmehr einstigen Gefängnisses, wollten wir uns gemeinsam die erste Brise Freiheit um die Nase wehen lassen. Denn dieser Tag musste begangen werden wie eine Wiedergeburt. Behilflich sollten uns dabei ein, zwei, viele Biere sein. So lange, bis auch dieser denkwürdige Tag von der Nacht begraben würde. Denn weiter reichte unsere Zukunft nicht. Jenseits davon wartete unbekanntes Gelände. Keiner von uns wusste, was er da draußen anstellen sollte. Ernst hatten sie inzwischen bei der *Magdeburger Volksstimme* vor die Tür gesetzt. Heinz-Martin war von der Universität gefeuert worden. Albani und Peter Seidel konnten ihr Journalistikstudium vergessen, da wartete keiner mehr auf sie. Und ich war mit Pauken und Trompeten von der Schauspielschule geflogen.

An diesem Freitag war ich der Letzte, der freikam. Es muss kurz nach Mittag gewesen sein, denn ich erinnere mich noch an das alles überflutende, blendende Sonnenlicht. Warm und hell. Ein Tag, wie gemacht für die Freiheit. Wir wurden einzeln, mit dem gebührenden Abstand von ungefähr einer Stunde, an die frische Luft gesetzt. Als ich zum Leuschnerplatz kam, war da keiner mehr. Ich ging unentschlossen ein bisschen hin und her, einen Pappkarton mit meinen restlichen Knastsachen unter dem Arm.

Ein Mann sagte im Vorbeigehen etwas kennerisch und mitleidig: »Na, Sie kommen wohl gerade aus dem Gefängnis?«

Ich nuschelte ihm ein verschämtes »Ja, ja, ich bin gleich weg« hinterher. So sah er also aus, der erste Tag in Freiheit, der Tag, den ich herbeigesehnt hatte. Als hätte ein Traum plötzlich den Aggregatzustand gewechselt und wäre zu niederschmetternder Normalität kondensiert.

Ich fuhr nach Hause. Das heißt, ich fuhr mit der Straßenbahn zu Monika. Mein altes Zimmer hatte ich nicht mehr. Frau Liebing, meine Wirtin, hatte es inzwischen weitervermietet. Ich konnte ihr das nicht verübeln. Sie hatte schließlich keine Ahnung gehabt, ob ich jemals wiederkommen würde.

Kurz darauf bekam ich ein Wohnungsangebot vom Rat der Stadt. Eine hinfällige Altbauwohnung ganz oben, direkt unterm Dach. Bei näherer Betrachtung handelte es sich gar nicht um eine Wohnung, sondern um einen nach allen Seiten hin offenen Raum. Da war nichts drin, außer ein paar Balken. Aber diese Balken hielten das Dach hervorragend davon ab, einzustürzen. Von dort oben aus konnte man meine ehemalige Zelle sehen. Ich fand das nicht besonders einfühlsam vom Rat der Stadt. Offenbar wollten sie mir zeigen, dass so einer wie ich erst mal keine Ansprüche zu stellen hat. Ich habe mir dann schließlich mit Monika bei ihren Eltern ein Zimmer geteilt.

Monika hatte man nahegelegt, ihr Studium an der Arbeiter- und-Bauern-Fakultät, zu dem ich sie erst überredet hatte, sausenzulassen. Wer mit einem Knastbruder und Staatsfeind zusammen sei, könne nicht ohne Weiteres die Vorzüge des Sozialismus in Anspruch nehmen, hieß es. Monika folgte gezwungenermaßen dieser schlichten Logik der Genossen. Sie suchte sich eine Stelle als Sekretärin und arbeitete später in einem bemerkenswerten Betrieb. Oder eigentlich eher in einer recht bizarren Geschäftsstelle, in der nicht gerade alltägliche Waren für einen ausgesuchten Personenkreis angeboten wurden. Bei Licht betrachtet, handelte es sich um exklusive Hehlerware. Alles, was in der Hauptpost in Leipzig aus Westpaketen gefingert oder an der Grenze einbehalten wurde, konnte man dort kaufen. Eine Asservatenkammer, gut gefüllt mit den unberechenbaren Verlockungen des Klassenfeindes.

Zum Kundenkreis zählten in Deutschland stationierte sowjetische Offiziere und die Genossen der Bezirksleitung der Partei. Einmal hatte auch Monika die Möglichkeit, dort einzukaufen. Ich bekam ein Paar Schuhe aus Wildleder. Bequeme Schuhe gehören doch immer noch zu den größten Vergnügungen des Menschen. Außerdem brachte sie mir ein schön herbes französisches Parfüm mit. So also riecht der Kapitalismus, dachte ich. Den Laden gab es jedoch nicht allzu lange, er wurde Ende der sechziger Jahre aufgelöst. Vielleicht hat die Genossen ja das Schamgefühl übermannt.

Weinböhla, 1939

1936

Weinböhla, 1941

Erster Schultag, 1942

Elsa und Willy Sodann, Ende der dreißiger Jahre

Willy Sodann, Wehrmachtssoldat, 1944   Mit Mutter Elsa, 1946

Arbeitseinsatz in Dresden während der Lehrzeit, 1952; (Peter Sodann, vorne Mitte)

Tanzgruppe des Otto-Buchwitz-Ensembles, 1953; (Peter Sodann, vorne Mitte)

1953 in der Motorsportgruppe des VEB Elektrowärme Sörnewitz

Jurastudent, 1960

»Rat der Spötter«, Leipzig, 1961

Die Maus Esmeralda, Leipzig, Sommer 1961

Mit Gertraude, 1958

Am Tag der Verhaftung, 9. September 1961

Nach der Haftentlassung mit
Mutter Elsa, 1962

Hochzeit mit Monika, im März 1963

Familie Sodann – mit (v.l.n.r.) Susanne, Franz, Tina und Karl

Mit Sohn Franz

Mit Jaecki Schwarz und Wolfgang Winkler

Als Vincent in »Van Gogh« von Alfred Matusche mit Christine Krüger, 1973

In der Rolle des Leontes in Shakespeares »Das Wintermärchen«, 1976

Als König Artus in »Die Ritter der Tafelrunde«, 14. Oktober 1989

Mit Bernhard Wicki bei den Dreharbeiten zu dem Film »Sansibar«, 1986

Arbeitseinsatz am neuen theater, Halle, 1989

© André Böhm

Peter Sodann vor dem neuen theater in Halle, 2003

Als Hauptkommissar Ehrlicher mit seinem Assistenten (Bernd-Michael Lade) und Gustl Bayrhammer in der ersten »Tatort«-Folge, 1992

© ullstein bild-KPA

Mit Cornelia Brenner-Sodann, 2006

Bewährung in der Produktion

Die Tage und Wochen nach meiner Entlassung zog ich auf der Suche nach Arbeit durch die Stadt. Überall drehte ich meine Runden. Ich bin gelaufen, als wollte ich Leipzig neu vermessen.

Zwei Möglichkeiten standen mir offen, so dachte ich: Entweder ich würde wieder als Werkzeugmacher arbeiten oder eben als Kraftfahrer, denn ich besaß die Fahrerlaubnis für alle Klassen. Da musste sich doch im Handumdrehen etwas finden lassen. An den verstaubten und verrußten Fassaden mancher Betriebe baumelten wochenlang Schilder: »Suchen Kraftfahrer« oder: »Suchen Schlosser«. Alles Mögliche wurde gesucht. Ausreichend Arbeit war da, aber nicht ausreichend Arbeiter.

Einige Male wurde ich recht zuversichtlich vorstellig: »Guten Tag, ich bin gelernter Werkzeugmacher und dringend auf der Suche nach einer Tätigkeit«, sagte ich so unbekümmert, wie es mir möglich war. Ich könne aber auch noch vieles andere. Doch immer, wenn die Kaderleiter hörten, dass ich geradewegs aus dem Gefängnis meinen Weg zu ihnen gefunden hatte, war die freie Stelle bedauerlicherweise vergeben. Ein Knastbruder, noch dazu ein politischer? Diese schlummernde Provokation wollte sich keiner ins Betriebskollektiv holen.

Vier Wochen lief ich vergeblich umher und sammelte Absagen. Dann fürchtete der Rat der Stadt offenbar ernsthaft um das Gelingen meiner Resozialisierung. Sie hätten eine Arbeit als Dreher für mich, ließen sie mich eines Tages wissen, und die hätte ich gefälligst anzunehmen. Mein Einwand, dass ich kein Dreher sei, verpuffte so schnell wie mein Widerspruchsgeist. So wurde ich unverhofft Spitzendreher im VEM Starkstromanlagenbau Leipzig, Zweigstelle Dessauer Straße.

Am ersten Arbeitstag sollte ich mich bei einem gewissen Otto

Knäschke melden, Brigadier in der Schlosserabteilung und Parteisekretär. Der würde ein Auge auf mich haben.

»Guten Tag, sind Sie Herr Knäschke?«, fragte ich einen Kerl von Mann, der sich gerade an der Fräsmaschine zu schaffen machte. Er hatte schlohweißes, wild wucherndes Haar und ein zerfurchtes Gesicht. Seine riesengroßen Hände waren voller Narben. Pranken, mit denen man wohl besser nicht in Konflikt geriet.

»Und wer sind Sie?«, fragte Knäschke mürrisch zurück, ohne mich anzusehen.

»Ich bin Peter Sodann«, sagte ich artig.

»Aha, du bist also der aus dem Knast.«

Ich war offenkundig schon angemeldet. Das machte es um einiges leichter, denn ich brauchte nicht den Geheimniskrämer zu spielen.

»Hoffentlich kannst du arbeiten«, knurrte Knäschke mich an. »Und noch was, ein falsches Wort, und du kriegst ein paar aufs Maul.«

Das war ein deutlicher Willkommensgruß. Otto Knäschke liebte klare Ansagen, was mir gar nicht so unsympathisch war. Besser jedenfalls als ein Haufen umständlicher Worte.

»Ja«, erwiderte ich knapp. Ich hatte verstanden.

Mit Knäschke verscherzte man es sich besser nicht. Er war ein aufrichtiger Kerl, der sich seinen anarchischen Kern bewahrt hatte. Er zeigte mir meine Drehbank, und ich lernte fleißig drehen.

Da war ich also wieder Proletarier: »Ich bin Arbeiter, wer ist mehr?« Wie tröstlich. Mit dieser halbstarken Parole wurde die historische Mission der Arbeiterklasse in der DDR launig untermalt. Arbeitersein sollte sich anfühlen, als würde man endlich einmal vom Lauf der Geschichte bevorzugt. Das war aber eher ein leeres Statusversprechen, eine idealisierte Vorstellung vom Arbeiter, wahrscheinlich von Arbeiterfunktionären in die Welt gesetzt. Für mich roch das Proletariat eher nach Schmieröl, Bier und Schweiß. Das war real. Da fand ich mich wieder.

In jener Zeit fing ich an, Tagebuch zu schreiben. Das Leben behandelte einen flüchtig, und ich wollte festhalten, was um mich herum und mit mir geschah, was mir durch den Kopf geisterte. Ich hielt aber nicht lange durch. Die Arbeit ödete mich an und nahm mir allen Schwung. Erst wurden die Eintragungen immer sporadischer, dann hörten sie ganz auf. Wahrscheinlich das Schicksal vieler Tagebücher. Doch anfangs brauchte ich das Schreiben, um zur Besinnung zu kommen nach dem Jahr im Knast. Meine Freunde waren nach unserer Freilassung weit verstreut, das Kabarett existierte nicht mehr. Also vertraute ich mich meinem Tagebuch an.

»Man fragte mich heute«, schrieb ich zum Beispiel, »warum so einer wie ich gesessen hat. Mir kam der Gedanke, daß ›die da oben‹ genau wußten, daß unsere Verurteilung eine Komödie war. Grausame Komödie.« Unsere kritischen Nummern im Kabarett fanden nämlich ihre wundersame Bestätigung in der sozialistischen Produktion. Wofür hatte man uns überhaupt eingesperrt?

Beim VEM Starkstromanlagenbau Leipzig stellte ich nun also Spreng- und Schrumpfringe für Elektromotoren von Lokomotiven und für Achsen von Eisenbahnwagen her. Das klingt gewaltig, Spreng- und Schrumpfringe. Es war aber nach einiger Zeit monoton und nicht gerade eine Herausforderung. Die Norm, nach der ich arbeitete, kann man nur als Witz bezeichnen. Ich hatte zum Drehen eines einzigen Spreng- und Schrumpfringes vierhundertneunzig Minuten Zeit. Das war meine Norm. Ich brauchte aber nur hundertzwanzig Minuten. Die restliche Zeit vertrat ich mir die Füße und langweilte mich. Am Ende des Tages stand in meinem Arbeitsbuch: »Sodann: Tagesplan mit hundertachtundsiebzig Prozent erfüllt.«

Das ging eine Weile so, bis ich dem Normsachbearbeiter eine

Änderung der Norm vorschlug. Die Zeit wurde daraufhin auf dreihundertsechzig Minuten gedrückt und später noch einmal verkürzt. Das passte den anderen Arbeitern nicht. Ich war der Lohndrücker, der Normbrecher. Man schnitt mich und drohte mir Prügel an. Ich, ein Arbeiterverräter? Ich verstand die Welt nicht mehr. Einerseits wollten wir den Arbeiterstaat und eine gerechtere Gesellschaft aufbauen, andererseits dachte keiner daran, sich dafür auch nur ein Bein auszureißen. In meiner hilflosen Verwunderung erfand ich einen Witz, den ich ebenfalls ins Tagebuch schrieb. Für alle Fälle. Falls ich noch einmal bühnentauglich werden sollte oder fürs Betriebskabarett:

»Tag, mei Oddo.«

»Tag, mei Rischard.«

»Nu, wie geht's?«

»Danke, gut.«

»Haste schon gehört, ich steh jetzt im Produktionsaufgebot, und da ist mir heute was Verrücktes passiert.«

»Was denn, mei Oddo?«

»Mir ist bei der Arbeit die Hand eingeschlafen.«

Ich war damals ehrlich entsetzt über den gepflegten Müßiggang der Belegschaft. So würde es mit dem Sozialismus nie etwas werden. Vielleicht war das naiv von mir. Was hatte ich erwartet? Das Proletariat zog es vor, sich in der Wohlfühldiktatur einzurichten. Wie sehr sich die Arbeiterwirklichkeit von den rosigen Vorstellungen der Herren Parteifunktionäre unterschied, verblüffte mich. Aber wer hörte sich schon ernsthaft die Ansichten und Vorschläge eines ehemaligen politischen Häftlings an?

Eines Tages kam Otto Knäschke zu mir und stellte in seiner nüchternen Art fest: »Du kannst ja arbeiten.«

»Warum sollte ich das nicht können?«, fragte ich zurück.

Er hielt mich offenbar wirklich für einen Verbrecher. Durch beiläufiges Aushorchen pirschte er sich dann an die eigentliche Frage heran: Er wollte wissen, warum ich gesessen hatte.

Ich erzählte ihm die ganze Geschichte, und Otto, der Partei-sekretär, rief immer wieder dazwischen, das könne doch gar nicht wahr sein. Später, als er die Sache verarbeitet hatte, platzte es irgendwann einmal aus ihm heraus: »Das müssen große Arschlöcher gewesen sein, die dich eingesperrt haben.« Von da an kamen wir bestens miteinander klar, und ich stand unter seinem besonderen Schutz.

Mein neues Leben als Spitzendreher machte mir ziemlich zu schaffen. Jeden Tag die gleiche abstumpfende Routine. Um sechs Uhr aufstehen, um fünf Uhr nach Hause gehen. Ich bekam eine Ahnung davon, wie es all jenen erging, die ihre Arbeit nur als notwendiges Übel zum Geldverdienen ansahen. Ich verstand, dass sich der Drang zur Selbstverwirklichung bei dieser Art Arbeit allmählich verflüchtigte. Gleichzeitig ermahnte ich mich, der Gleichförmigkeit der Tage nicht zu verfallen. Schließlich wollte ich einmal Schauspieler werden. Und ich hatte nicht vor, diesen Wunsch fortan in der Betriebslaienspielgruppe auszule-ben. Obendrein war mir eine Beteiligung daran verboten.

Der Versuch, recht zu bekommen

Die Zeit im Gefängnis blockierte meine ganze Lebensplanung. Das empfand ich als himmelschreiende Ungerechtigkeit, und ich wollte mir das nicht länger gefallen lassen. Aber ich stand unter Beobachtung, und ich hatte Angst vor der Partei und der Staats-sicherheit. Auf keinen Fall wollte ich diese blassen Grimassen noch einmal zwecks »Klärung eines Sachverhalts« vor meiner Tür stehen haben. Was sollte ich also tun? Ich entschloss mich, an den Staatsrat der DDR einen Brief zu schreiben. Wenn man so will, eine Eingabe, in der ich mich über mein unbefriedigendes

Schicksal beklagte. Eingaben zu schreiben war eine beliebte Methode, sich freundlich Luft zu machen. Das Eingabenwesen trieb in der DDR bizarre Blüten. Die Leute schrieben Eingaben, weil es seit Jahren in ihre Wohnung hereinregnete. Weil die Waschmaschine nicht wusch, der Herd nicht kochte, das Auto nicht fuhr. Alles Mögliche wurde in dieser höflichen, besser noch, höfischen Form beim Staatsrat beanstandet. Es war eine vollkommen einvernehmliche Sache für beide Seiten: einerseits für »die da oben«, denen es die Gelegenheit bot, das Volk anzuhören, andererseits für das Volk, das sich bei »denen da oben« gesittet beschweren konnte.

Eines Tages bekam ich tatsächlich Post vom Staatsrat, mit der Aufforderung, mich zu einem Gesprächstermin in Berlin einzufinden. Ich fuhr hin. Das Staatsratsgebäude befand sich damals noch in der Nähe des Rosa-Luxemburg-Platzes, hinter der Volksbühne. Ein nüchternes, angegrautes Bürogebäude. Hier wird also der Sozialismus abgeheftet und verwaltet, dachte ich. In einem der vielen anonymen Zimmer sollte sich ein Abteilungsleiter meiner Sache annehmen. Den Namen habe ich vergessen. Er saß raumgreifend hinter seinem Schreibtisch, wirkte aber nicht unfreundlich. Was er für mich tun könne, fragte er mich mit einem Ton beängstigender Fürsorglichkeit. Ich schilderte ihm kurz meine Situation und bat ihn dann, sich dafür einzusetzen, dass ich wieder Mitglied des FDGB, des Freien Deutschen Gewerkschaftsbundes, werden könne. Er war sprachlos und starrte mich an, als hätte ich ihm einen unsittlichen Antrag gemacht. Kurz muss er wohl an meiner Zurechnungsfähigkeit gezweifelt haben. So etwas war ihm offensichtlich noch nie untergekommen. Die meisten versuchten, in den Westen abzuhauen, und hier kam einer, der um die Erlaubnis zur gesellschaftlichen Mitarbeit bat.

»Nein, nein«, versuchte ich ihn von meinen lauteren Absichten zu überzeugen, mir sei das ernst. Schließlich sei ich überall rausgeflogen, wo ich einst organisiert gewesen sei. Aus der Partei, der DSF, der FDJ und dem FDGB. Und nirgendwo organisiert, fühlte ich mich so gut wie rechtlos. Vogelfrei. Niemand nehme mich ernst oder höre mich an. Ich gehörte einfach nicht mehr dazu. Ich wolle aber dazugehören. Ich wolle mein Mitspracherecht in der Gesellschaft wahrnehmen.

Das mit der Wiederaufnahme in die Gewerkschaft sei grundsätzlich schon möglich, meinte der Abteilungsleiter, nachdem er sich wieder gefangen hatte. Ich müsse aber die fünfzig Pfennig Mitgliedsbeitrag für die Zeit meines Gefängnisaufenthaltes nachzahlen. Ich glaubte, mich verhört zu haben. Sollte ich etwa so tun, als wäre ich nicht im Knast gewesen, sondern hätte schlicht vergessen zu bezahlen? Jemanden erst lautstark hinauswerfen und dann heimlich wieder aufnehmen war im Reglement nicht vorgesehen.

Eins wollte der Abteilungsleiter aber unbedingt noch wissen. So unverfänglich wie möglich fragte er, wie es denn in meinem Betrieb aussehe. »Ach, wissen Sie«, antwortete ich spitz, »das möchte ich Ihnen eigentlich nicht sagen, dann verstehen Sie irgendwas falsch, und ich hafte wieder dafür.« Da solle ich mir mal keine Gedanken machen, das bleibe alles in diesem Raum, beschwichtigte er mich. Also erklärte ich recht allgemein, ich hätte den Eindruck, es sehe nicht gut aus, und leise nuschelnd ergänzte ich, dass der Betrieb eigentlich pleite sei. »Na gut«, gab er sich zufrieden, und mein Termin war beendet.

Vier Wochen später kam eine Untersuchungskommission des Staatsrates in den Betrieb. Es gab ein sehenswertes Tohuwabohu. Alle rannten herum wie aufgescheuchte Hühner und waren damit beschäftigt, einen arbeitsamen und organisierten Eindruck zu machen. Der Werksleiter war nicht übermäßig begeistert von dem Überraschungsbesuch. Er verbreitete, ich hätte Lügen über den Betrieb erzählt. Es dauerte nicht lange, da pfiffen die Spatzen von den Dächern, dass ich das Dreckschwein sei, das die Untersuchungskommission in den Betrieb gelockt hätte. Otto stellte sich schützend vor mich.

Aber es kam noch besser. Im Windschatten der Kommission erschienen plötzlich auch Herren von der Staatssicherheit. Auf der Belegschaftstoilette hatte jemand Hakenkreuze an die Wand geschmiert, und man wollte herausfinden, wer der Übeltäter war. Natürlich wurde mir die Sache angehängt. Ich bekam Panik, denn ich hatte immerhin noch eine Bewährungsauflage. Als die Herren mich zum Verhör brachten, dachte ich: Wenn die mich jetzt wieder einsperren wollen, haue ich in den Westen ab. Es war das erste und einzige Mal, dass ich über eine Flucht nachdachte. Doch der Arzt verlässt schließlich nicht seinen Patienten, redete ich mir gut zu und nahm Abstand von dem Vorhaben.

Warum ich die Hakenkreuze an die Wand gemalt hätte, wollten die Leute von der Staatssicherheit wissen. Mir kam diese Fragerei nur allzu bekannt vor. Ich sei es nicht gewesen, und ich wisse auch nicht, wer es sonst gewesen sein könnte, entgegnete ich knapp. Aber ich könne ihnen doch bestimmt bei ihren Ermittlungen helfen, wenn nicht sofort, dann später, versuchten sie mich zu ködern. Ich sei an einer Zusammenarbeit grundsätzlich nicht interessiert, beugte ich eventuellen Missverständnissen vor und schob hinterher, dass vielleicht sie höchstpersönlich für die Hakenkreuze verantwortlich seien. Damit war das Verhör beendet.

Die Untersuchungskommission kam indes zu dem vorhersehbaren Ergebnis, dass die Überprüfung des Betriebs weiter keine Ergebnisse erbracht habe. Lediglich sei festzustellen, dass ich die Sache mit der Misswirtschaft erheblich übertrieben hätte, wohl wegen meines mangelhaften Überblicks. Weil ich aber ein junger Mensch sei, könne man mir meine Unbedarftheit verzeihen. Einige Jahre später wurde der Zweigbetrieb des VEM Starkstromanlagenbau Leipzig geschlossen. Noch zu DDR-Zeiten, und zwar aus Gründen der Unrentabilität.

Während es beruflich zu jener Zeit nicht so besonders lief, geschah privat durchaus Erfreuliches: Im Frühling 1963 heirateten Monika und ich. Schon im Knast hatte ich mir dieses Ereignis in den lebhaftesten Farben ausgemalt, obwohl wir nie über eine Hochzeit gesprochen hatten. Es war ein Zeitvertreib für mich, ein Überlebensspiel, das die eintönigen Tage in der Zelle ein klein wenig erträglicher machte. Aus den Knöpfen meiner Sträflingskleidung baute ich damals eine kleine Hochzeitskutsche. Vorn und hinten je zwei Knöpfe als Räder, zusammengehalten von dünnen Fäden, die aus meiner Kleidung stammten. Die Kutsche wurde natürlich konfisziert.

Wundersamerweise heirateten etwa zur selben Zeit auch alle meine Freunde, mit denen ich eingesperrt gewesen war, relativ plötzlich. Es war, als würden wir, nur knapp einer langjährigen Gefängnisstrafe entkommen, mit dem Leben Ernst machen wollen, jetzt erst recht.

Monika war zur Hochzeit hochschwanger, und es erforderte einigen Einsatz, ein passendes Brautkleid zu organisieren. Letztendlich nähte sie sich selbst eins. Wir wollten ohnehin nicht großspurig im weißen Hochzeitskleid heiraten, das erschien uns zu blasiert, wie eine komische bürgerliche Attitüde.

Da Monika und ich kein Geld hatten, feierten wir in der Wohnung meiner Schwiegereltern bei selbst gemachtem kaltem Buffet und verschwenderisch viel Bier. Die ehemaligen »Spötter« hatten eine Aufführung vorbereitet, die wegen Überlänge beinahe den Abend gesprengt hätte. Nach zwei Stunden kamen sie immer noch nicht zum Ende. Es war ein Potpourri aus den schärfsten Nummern unseres verbotenen Programms, angereichert mit hilfreichen Tipps für ein aussichtsreiches Glück in der Ehe. Dabei waren mir am Morgen auf dem Standesamt beim Gedanken an das endgültige »Ja« mit all seinen weitreichenden Folgen die Knie noch ganz weich geworden. »Männer heiraten nicht, Männer werden geheiratet«, hatte mir ein Freund kurz vorher noch grinsend zu verstehen gegeben. Drei Monate später wurde meine erste Tochter Tina geboren. Zu ihr gesellten sich im Laufe der Jahre Susanne, Franz und Karl. Wir wuchsen zu einer beachtlichen Familie heran. Vielleicht hatte ich mir das als Kind schon so gewünscht, wenn ich im Gefühl von Alleinsein zwei Stück Würfelzucker auf das Fensterbrett gelegt hatte und dazu abwechselnd flüsterte: »Storch, Storch guter, schenk mir einen Bruder«, oder »Storch, Storch bester, schenk mir eine Schwester«.

»Geh doch zu Helene Weigel«

Inzwischen hatte ich an alle geschrieben: an das Oberste Gericht der DDR, an die Volkskammer der DDR, an Walter Ulbricht. Man könnte sagen, im Laufe der Jahre hatte sich ein reger Briefverkehr zwischen den Staatsorganen und mir entwickelt. Ich beschwerte mich mehrfach über meinen angeblich kriminellen Status und erklärte, dass ich nicht länger mit dem Makel des Vorbestraften leben wolle, denn die Visitenkarte eines Menschen in politischen Bürokratien ist nun mal seine Kaderakte. Auch für meine einstigen Mitstreiter versuchte ich eine Milderung ihrer Lebensumstände zu erwirken. Schließlich fühlte ich mich als ihr ehemaliger Leiter beim »Rat der Spötter« dafür verantwortlich, dass sie ihr Schicksal mit mir wohl oder übel hatten teilen müssen.

Außerdem hatte ich keine Lust, mich ewig ausgegrenzt zu fühlen, und hoffte auf Gerechtigkeit, was in meinen Augen nur die bedingungslose Rehabilitierung bedeuten konnte, verbunden mit einer gründlichen Entschuldigung. Die neun Monate Haft kränkten mich immer noch zutiefst, ich fühlte mich gedemütigt und verraten. Doch in der Hauptsache wollte ich nicht den Rest meines Lebens als Dreher im VEM Starkstromanlagenbau Leipzig, Zweigstelle Dessauer Straße, zubringen. Was sollte ich tun? Eines war zumindest klar: Ich wollte nach wie vor zum Theater, den Traum hatte ich nicht aufgegeben.

In Berlin wohnte seinerzeit der Schriftsteller Heinz Kahlow, ein Freund von mir. Ihn besuchte ich in meiner Not und fragte ihn um Rat. Heinz Kahlow war ein sehr lebenserfahrener Mann, er hatte viele Texte für das Kabarett geschrieben und war mit wunderbar kritisch-süffisanten Satiren für den *Eulenspiegel*, *Das Magazin* und *Die Distel* bekannt geworden. Wir hatten uns vor meiner Verhaftung kennengelernt. Kahlow hatte uns hin und wieder dramaturgisch unter die Arme gegriffen, bevor der »Rat der Spötter« 1959 bei den Weltfestspielen der Jugend in Wien gastiert hatte.

Geduldig hörte er sich damals meinen Gemütsausbruch an. Ich saß grimmig in seiner Wohnung, aufgewühlt von meiner ausweglosen Lage: auf Bewährung in der Produktion und getrieben von dem leidenschaftlichen Wunsch, ans Theater zu gehen. Kahlow überlegte und boxte mir plötzlich in die Seite. »Geh doch zu Helene Weigel«, rief er, begeistert von seinem eigenen Einfall. »Die hat für Verstoßene was übrig, die mag Verrückte wie dich.«

Es war Samstag, und da ich nun schon einmal in Berlin war, fuhr ich noch am selben Tag zu Helene Weigel. Sie war seit gut dreizehn Jahren Intendantin des Berliner Ensembles, das sie zusammen mit Bertolt Brecht nach dem Krieg gegründet hatte. Als Brechts Frau und Erbin hatte sie durchaus nicht wenig Einfluss. Sie war eine große Berühmtheit in jenen Tagen und ist es heute, viele Jahre nach ihrem Tod, noch immer.

Im Foyer standen ein paar Leute nach Karten an, ansonsten aber lag das Theater an diesem gewöhnlichen Nachmittag in erhabener Ruhe am Schiffbauerdamm. Das also war das Haus, in dem die *Dreigroschenoper* Premiere gefeiert hatte, wo die Weigel seit Jahren als Mutter Courage brillierte.

Nachdem ich mich vorgestellt hatte, bat man mich in ihr

Amtszimmer. Der schnörkellose Raum kündete davon, dass man hier auf anderes Wert legte als auf Pomp. Es war gewiss kein typisches Intendantenzimmer, das den Eintretenden allein durch seine herrschaftliche Fülle einschüchterte. Die wenigen Einrichtungsgegenstände allerdings waren von ausgesuchter Qualität. Es waren schöne, geschmackvolle Möbel, lauter Einzelstücke, die die Weigel sich von irgendwoher besorgt haben musste.

Sie war eine beeindruckende Frau. Wie selbstverständlich bat sie mich, Platz zu nehmen, als wäre es ganz normal, dass ein Fremder mit seinen Sorgen bei ihr hereingeschneit kam. Ich versuchte, meinen immensen Respekt mit möglichst forschem Auftreten zu überspielen, schließlich hatte ich nichts zu verlieren.

Wohlwollend musterte sie mich und ermutigte mich mit einem freundlichen Nicken, von mir zu erzählen. Ich berichtete ihr vom »Rat der Spötter«, von der Verhaftung und wie mir das Leben seither vermiest würde, dass ich eigentlich Schauspieler werden wolle, aber nicht mehr wisse, wie ich den Traum wahr machen könne.

»Tja, Buberl«, sagte sie trocken, »dann möchtst halt mal bei uns vorsprechn.«

Sie war gebürtige Wienerin und hatte einen wunderschönen Akzent. Dadurch verbreitete jedes ihrer Worte eine ausgesprochen gemütliche, freundlich einladende Atmosphäre. Selbst wenn sie mal ungehalten war, klang es merkwürdig behaglich, wie ich später noch feststellen sollte.

Etwas hilflos erwiderte ich, dass ich nicht wisse, was ich vorspielen solle.

»Tja, Buberl, sprichst halt am bestn nen Naturalistn. Da sieht ma, ob was kannst oder nicht.«

Damit war für sie die Unterredung beendet. Kurz darauf fuhr ich in der Erwartung nach Leipzig zurück, mir in aller Ruhe eine geeignete und imposante Vorsprechrolle aussuchen zu können. Doch noch am selben Abend erhielt ich ein Telegramm von

Helene Weigel mit der Nachricht, ich solle am nächsten Montag im Berliner Ensemble vorsprechen.

Es war Samstagabend. Mir blieb nur noch der Sonntag, um etwas einzustudieren. Panik ergriff mich. Was um Himmels willen sollte ich am Montagmorgen vortragen? Auf die Schnelle die Theaterliteratur nach einem passablen Naturalisten zu durchstöbern, der zudem die Gunst der Weigel erringen würde, war eine vertrackte Aufgabe. Der Einzige, der mir in dieser Lage helfen konnte, war mein ehemaliger Dozent von der Theaterhochschule in Leipzig, Horst Smizcek, der gleichzeitig Oberspielleiter des Schauspielhauses war. Smizcek hatte tatsächlich eine schöne Idee. Ich solle aus Gerhart Hauptmanns Stück *Die Ratten* den Bruno Mechelke spielen, einen von der Natur etwas benachteiligten, Furcht einflößenden jungen Mann, der aus lauter Hilflosigkeit zum Mörder an einem Dienstmädchen wird. Gerade die Szene, in der Mechelke seiner Schwester den Mord gesteht, sei grandios zum Vorspielen, meinte Horst Smizcek, vom Erfolg seiner Idee überzeugt.

Noch ein wenig textunsicher, machte ich mich zwei Tage später in meinem besten Jackett und mit einem Paprikazweig in der Hand auf den Weg zum Berliner Ensemble. Sogar eine Schote baumelte am Zweig meiner Zierpaprika. Während der Zugfahrt behielt ich ihn die ganze Zeit im Blick, damit er nicht durch eine kleine Unachtsamkeit Schaden nähme. Ich brauchte diesen Zweig für meinen Auftritt. Genau genommen lag ich damit nicht ganz richtig, denn in der Regieanweisung stand, dass Mechelke während seines Geständnisses einen Fliederzweig in der Hand hält. Doch woher sollte ich mitten im Herbst einen Fliederzweig nehmen? Ob Flieder oder Zierpaprika, naturalistisch betrachtet waren beides Pflanzen.

Als ich am Berliner Ensemble eintraf, schenkte man meinem Paprikazweig und mir kaum Beachtung. Das Konversationszimmer, das sogenannte Kon-Zimmer, war überfüllt mit Bewerbern.

Eine einschüchternde Abordnung der gewichtigsten Theaterleute des BE – Helene Weigel, Manfred Wekwerth, Ruth Berghaus, Elisabeth Hauptmann, Matthias Langhoff und Gisela May – hatte im Theatersaal Platz genommen. Ich wurde als Dreizehnter zum Vorspiel aufgerufen, was ich als gutes Zeichen deutete, denn die Dreizehn hatte ich mir zur Glückszahl auserkoren. Es fing gut an. Die Schote am Paprikazweig hielt, und der Text saß, bis ich an die Stelle kam, an der Mechelke sagen muss: »Na, und da … da war ick nu ooch 'n bisschen frisch … und denn war et … denn war et halt so jekomm.«

Mit einem Mal war mein Kopf leer. Wo sich eben gerade noch Text bereitgehalten hatte, klaffte ein schwarzes Loch. Zu meinem Erstaunen konnte ich mich an kein einziges Wort erinnern. Wie versteinert stand ich sekundenlang reglos auf der Bühne und sagte kurzerhand vor Schreck: »Na, und da … na, und da … habe ich den Text vergessen.«

Was für eine entsetzlich peinliche Situation. Die Weigel, Wekwerth, Langhoff, Berghaus, alle sahen mit leicht ungeduldigem Blick zu mir auf die Bühne. Ich entschuldigte mich umständlich und erklärte, die Zeit zum Lernen des Textes sei viel zu kurz gewesen, um sich auf die Schnelle alles merken zu können.

Manfred Wekwerth sprang mir glücklicherweise bei. Ich solle doch noch einmal im Textbuch nachlesen, sagte er mit allem notwendigen Verständnis für die missliche Situation.

Also lief ich rasch zur Bühnenseite, blätterte fahrig im Textbuch, fand nicht sogleich die entsprechende Stelle und machte eine Geste des Bedauerns zu den Wartenden im Saal. Dabei hatte ich das Gefühl, eine Ewigkeit sei vergangen, seit ich meinen Text vergessen hatte. Schließlich fand ich das richtige Stichwort, postierte mich an der Bühnenrampe und begann von Neuem. »Na, und da … und da … jetzt ist mir der Text schon wieder entfallen«, sagte ich mit verzweifeltem Erstaunen über so viel Vergesslichkeit.

Ich rannte noch einmal zum Textbuch, wobei ich hörte, wie jemand im Zuschauerraum gelangweilt murmelte, dass es mit mir keinen Zweck habe. Die Weigel meinte in ihrer verständnisvollen und fürsorglichen Art: »Machst's eben noch mal, Buberl.« Es ging aber nicht noch mal. Ich war völlig erschöpft. Es muss ein ergreifender Anblick gewesen sein, wie ich auf der großen Bühne des BE mit meiner Zierpaprika in der Hand und ohne Text dastand.

»Kannst halt gehen, Buberl«, erlöste mich die Intendantin schließlich aus der Not.

Niedergeschlagen schlich ich davon, felsenfest überzeugt, dass ich mir nach diesem missglückten Auftritt die Schauspielerei vorerst aus dem Kopf schlagen könne. Nachdem der letzte Bewerber vorgesprochen hatte, ließ Helene Weigel uns alle aufgereiht vor ihrem Amtszimmer antreten und rief einen nach dem anderen herein. Jedes Mal, wenn die Tür aufging, blickten die Wartenden gespannt auf denjenigen, der aus dem Zimmer kam. An den Gesichtern war sofort zu erkennen, was die Intendantin gesagt hatte. Einer nach dem anderen traten sie mit derart enttäuschter Miene heraus, dass ich noch den letzten Rest Hoffnung fahrenließ. Ich war ganz zum Schluss an der Reihe.

»Na, Buberl«, sagte sie wieder in ihrem traulichen Wienerisch und betrachtete mich eine ganze Weile still. »Viel hast net gesagt.«

Ihr Eindruck war zweifellos zutreffend, wie ich mir beschämt eingestand. Nach einer erneuten langen Pause, in der Helene Weigel mich wieder aufmerksam musterte – mir war in dem Augenblick unklar, ob sie eine Reaktion von mir erwartete oder nur meiner Niedergeschlagenheit Zeit einräumen wollte –, ergänzte sie mit einem Mal aufmunternd: »Aber es hat mir trotzdem gefalln.«

Damit hatte ich beim besten Willen nicht gerechnet, und mir wurde leichter um die Schauspielerseele. Nach dem grandiosen

Aussetzer hatte ich eigentlich angenommen, dass sie mir mit ein paar ausgesucht tröstenden Worten vom Schauspielerleben dringend abraten würde.

»Ja, also«, sagte sie stattdessen beiläufig, »ich denke halt, kannst bei uns anfangen.«

Ich verstand zuerst nicht richtig. Wie war das möglich? Ob ich mich wohl verhört hatte? Sollte ich vor Freude lachen oder weinen? Wie angewurzelt saß ich in Helene Weigels Amtszimmer und zeigte keinerlei Reaktion.

»Freust dich ja gar net«, wunderte sie sich.

Ich erklärte ihr, dass ich mich nicht freuen könne, da ich dazu noch Zeit bräuchte, dass ich mich aber ganz bestimmt später zu Hause freuen würde.

»Das hat mir jetzt aber auch gefalln, Buberl«, beendete sie fast leutselig mein Vorsprechen.

Nach dieser überraschenden Wendung fuhr ich zurück nach Leipzig. Im Zug erfasste mich plötzlich eine unerklärliche Traurigkeit, und ich musste weinen. Bis zu dem Tag hatte ich einiges durchgemacht, den Rausschmiss von der Schauspielschule, die Verhaftung, den Prozess. Außerdem stand ich immer noch unter Beobachtung, und nun, völlig unerwartet, öffnete sich durch Helene Weigel eine Tür. Ich wagte es noch kaum, davon zu träumen, dass ich mein früheres Leben nun endlich würde weiterleben können. Dass ich tatsächlich wieder dazugehören und eine Aufgabe haben würde.

Zwei Wochen später bekam ich einen Brief vom Berliner Ensemble. Darin schrieb Helene Weigel, dass sie es sehr bedaure, aber sie könne mich trotz aller Versuche leider nicht ans BE holen. Der Kulturminister Borg habe es verboten. Ich war außer mir vor Wut. War es also immer noch so, dass man mich als Persona non grata, als unerwünschte Person, behandelte? Als Aussätzigen, den man schmoren ließ? Wenn schon nicht im Knast, dann in der Produktion, und zwar so lange, bis sein aufrührerisches Wesen abstumpfte? Da mir nichts anderes übrigblieb, drehte ich meine Wut und Traurigkeit weiter in Spreng- und Schrumpfringe im VEM Starkstromanlagenbau Leipzig.

Zwei Monate später stand unerwartet Professor Eckstein, der Chef der Theaterhochschule Leipzig, in der Werkhalle. Er fragte mich, ob ich nicht wieder studieren wolle. Für mich kam das Angebot so überraschend, dass ich im ersten Moment wohl etwas unentschlossen in der Gegend herumstand. Wie soll das gehen?, fragte ich mich. Seinerzeit wurde ich von der Hochschule als Konterrevolutionär relegiert, und da gab es kein Pardon. Wer einmal relegiert war, der blieb es bis zum Jüngsten Gericht. So schrieb es das Gesetz vor. Durch mein Zögern ein wenig irritiert, erklärte Professor Eckstein, dass meine Relegation in eine Exmatrikulation umgeändert werden könne. Die Exmatrikulation wiederum ändere man dann in eine Immatrikulation, und schon sei ich wieder Schauspielstudent. Das klang in meinen Ohren zwar verwaltungstechnisch abenteuerlich, aber mir sollte es recht sein.

Für die politischen Gepflogenheiten in der DDR war dieses Angebot, das einer Rehabilitation gleichkam, extrem ungewöhnlich. Gemeinhin mussten in Ungnade Gefallene wie ich erst ein paar Jährchen duldsam und unauffällig in der Produktion zubringen, ehe sie wieder ehrgeizigere Pläne für die Zukunft schmieden durften.

Jahre später fand ich eine mögliche Erklärung für diesen rettenden Zufall. Der Filmemacher Konrad Wolf war damals Vorsitzender der Akademie der Künste der DDR, und Helene Weigel zählte zu den Mitgliedern der Akademie. Es ist durchaus denkbar, dass die Weigel mit Wolf gesprochen hat, denn sie war eine kämpferische Frau, die nicht so einfach aufgab. Konrad Wolf soll sich jedenfalls bei seinem Bruder Markus Wolf, dem damaligen Chef der Auslandsspionage, für mich eingesetzt haben. Unter Umständen hat das zur plötzlichen Milde gegen mich geführt. Offenbar hatten sie auch deshalb ein Einsehen mit uns, weil sie befürchteten, aus uns könnten zu guter Letzt doch noch wahrhaft echte Konterrevolutionäre werden. Nach der Wende begegnete ich Markus Wolf bei einer Veranstaltung und fragte ihn, warum er uns damals habe verhaften lassen. Aber der ehemalige Stasigeneral gab vor, sich an unseren Fall nicht mehr genau erinnern zu können.

Vom Konterrevolutionär zum Schauspieler

Im Jahr 1963 setzte ich dann also mein Schauspielstudium fort. Mein Mentor Otto Knäschke jammerte zwar ein bisschen, dass nun sein bester Dreher aus dem Betrieb weggehe, aber im Grunde sah er mich lieber auf der Theaterhochschule als im VEM Starkstromanlagenbau Leipzig.

Die Rückkehr an die Universität verlief denkbar merkwürdig. Ich studierte in jenem Jahr kaum, denn ich brauchte etliche Fächer erst gar nicht zu belegen. Vorsichtshalber verzichtete man auf meine Teilnahme, wenn es um Marxismus-Leninismus oder Russisch ging. Diese Seminare empfand die Hochschulleitung wohl als zu heikel für mich. Die Lehrkräfte und Dozenten hatten vor zwei Jahren allesamt die wortreichen Empörungen und Verdammungen gegen mich und meine Kumpane als die ausgemachten Konterrevolutionäre und Staatsfeinde unterschrieben. Das war ihnen jetzt natürlich peinlich. Meine Anwesenheit muss für sie wie eine ständige Erinnerung an ihre eigene Feigheit gewesen sein.

So besuchte ich nur gelegentlich Seminare in Sprecherziehung, Szenenstudium und Schauspielunterricht, alles eher unverfängliche und handwerkliche Fächer. Das Wundervollste für einen

Studenten passierte mir jedoch gegen Ende meiner Studienzeit: Ich wurde allen Ernstes gefragt, welche Zensuren ich haben wolle. Nach kurzem Überlegen entschied ich mich für eine ausgewogene Bewertung, nämlich für die Note Zwei in jedem Fach. Mit »Gut« konnte ich gut leben.

So wurde ich, zu guter Letzt, doch noch Schauspieler, noch dazu mit einem Abschlusszeugnis, auf dem lauter Zweien standen. Aber beinahe hätte ich zur feierlichen Verleihung der Zeugnisse abermals im Gefängnis gesessen. Dabei hatte man ausgerechnet mir aufgetragen, bei der Zeremonie Brechts Gedichte »Kälbermarsch« und »Lob des Kommunismus« zu singen.

Am Abend vor der Zeugnisübergabe fand die Abschlussparty an der Theaterhochschule statt. Es war ein wildes Fest, und der Alkohol floss in Strömen. Irgendwann erkoren meine Kommilitonen mich als williges Opfer eines teuflischen Spaßes. Während meine reizenden Mitstudenten mich festhielten, flößten sie mir, so weit es ging, den Inhalt einer Flasche Schnaps ein. Wahrlich eine zweifelhafte Tradition, einen frisch diplomierten Schauspieler zu taufen.

Für mich war es jedenfalls verheerend. So fand ich in der Nacht zwar immerhin noch die richtige Straßenbahn, aber leider nicht mehr die richtige Haltestelle. In einer mir gänzlich unbekannten Gegend verließ ich schließlich die Bahn. Ich stürzte wohl eher hinaus, denn zu einem ordnungsgemäßen Verlassen war ich nicht mehr in der Lage. Eine Weile irrte ich in der mir fremden Ecke Leipzigs umher, kletterte über Mauern, stieg über Zäune und verlor, ohne es zu merken, meine Aktentasche. Erst viel später erhielt ich einen Brief von jemandem, der die Tasche ein ganzes Stück von der Haltestelle entfernt gefunden hatte.

Am nächsten Morgen weckte mich die Polizei. Es muss gegen sieben oder acht Uhr gewesen sein, die Sonne hatte sich schon ziemlich weit am Himmel hochgearbeitet. Ich lag friedlich schlafend in einem Rübenfeld und war dementsprechend über und über mit Lehm und Erdklumpen beschmiert. Mein Anblick muss kriminell gewesen sein, denn die kritisch dreinblickenden Polizisten sahen es als ihre erste Pflicht an, mich auf der Stelle zu verhaften und aufs Revier zu schaffen. Ein Mensch, der im Rübenfeld übernachtet, ist nicht nur verdächtig. Er gilt vielmehr als asozial, denn er missachtet die Arbeit der Genossenschaftsbauern und hat sich möglicherweise eines Verbrechens schuldig gemacht.

Aufgebracht beschimpfte ich die Polizisten: »Ihr Dreckschweine, lasst mich sofort los!« Seit meiner Zeit im Gefängnis wurde ich regelrecht rasend, sobald sich mir ein Polizist auch nur näherte oder in den Weg stellte – übrigens eine lebenslange Phobie.

Als sogenannten »Nüchterungsvorgang« lagerten sie mich auf dem Revier ein. Da ich inzwischen aktenkundig und damit kein unbeschriebenes Blatt mehr war, nahmen die Herren von der Polizei die Sache sehr ernst. Ich hörte jedoch nicht auf, lautstark zu protestieren. Sie sollten mich freilassen, ich sei Schauspieler und müsse sofort zur Theaterhochschule, um dort das »Lob des Kommunismus« zu singen. Der Hinweis auf das Gedicht von Bert Brecht verfehlte seine Wirkung bei den Polizisten nicht. Verunsichert und entnervt erkundigten sie sich an der Theaterhochschule nach meiner Identität und ließen mich schließlich laufen. So war es mir doch noch vergönnt, bei der feierlichen Zeugnisübergabe Brechts Zeilen hingebungsvoll in die Runde der Absolventen zu schmettern. Zwar mit einer ansehnlichen Menge Alkohol im Blut, dafür aber völlig fehlerfrei und in untadeliger Körperhaltung. Seit diesem Tag weiß ich, dass Brechts Kunst für jede Lebenslage geeignet ist. Die Anerkennung meiner Kommilitonen war mir gewiss.

In Lohn und Brot am BE

Helene Weigel hatte mich derweil nicht vergessen. Nur kurze Zeit später engagierte sie mich für eine Anfangsgage von 450 Mark. Ich war einer der wenigen glücklichen Absolventen der Schauspielschule, die an einem richtigen Theater erste Berufserfahrung sammeln konnten. Und das Berliner Ensemble war mehr als ein richtiges Theater, es war weltberühmt. All die großen Schauspieler arbeiteten dort: Ekkehard Schall, Gisela May, Hilmar Thate, Wolf Kaiser, Helene Weigel. Von ihnen würde ich viel lernen können, sie wirkten geradezu vollendet und verhielten sich auch demgemäß. Sie waren die Alteingesessenen am Theater, und ich war der Neue. Ich hatte keinerlei Bühnenerfahrung vorzuweisen, sondern nur meine Lebenserfahrung aus dem Gefängnis. Für meine Kollegen am BE war das unerheblich, für mich nicht. Ekkehard Schall fuhr beispielsweise schon eifrig einen Wartburg-Sport, was für damalige Zeiten ziemlich großspurig war. Das war der schnittigste Wagen, den man seinerzeit bekommen konnte, wunderbar extravagant in Form und Design und damit ein todsicherer, wenngleich kostspieliger Hingucker.

Ich dagegen hatte mehr oder weniger nichts.

In jenen Tagen wohnte ich in der Albrechtstraße in einem winzigen Zimmer, gleich um die Ecke vom Schiffbauerdamm. Die Nähe zum Theater war zu meinem Bedauern der einzige Vorzug dieser Wohnung, die mehr einem lausigen Nachtasyl glich als einer behaglichen Unterkunft. Vor mir hatte Frau Reppel dort gewohnt, ebenfalls Schauspielerin am BE. Sie war im *Mackie Messer,* wie wir die *Dreigroschenoper* häufig nannten, die Peachum und soll sich beim Textlernen regelmäßig ins Nirwana getrunken haben. Auf der Bühne verwechselte sie zur Freude der Kollegen und zum Ärger der Intendantin gerne mal Mackie Messer mit Messi Macker. Irgendwann war Frau Reppels Verhalten nicht mehr zu verantworten, und sie musste das Theater verlassen. Sie zog nach Weimar in das Marie-Seebach-Stift um, eine sehr rührige Einrichtung für in die Jahre gekommene Schauspieler.

Nachdem sie ausgezogen war, bekam ich ihre Unterkunft zugewiesen. Das Zimmer war voller schmieriger leerer Flaschen. Ich hatte bis dahin keine Vorstellung davon, welche Unmengen Flaschen in ein einziges Zimmer passen können. Zu meinem Entsetzen gab es weder eine Küche noch eine Toilette, dafür stand ein Schrank ohne Türen im Raum, außerdem ein Tisch mit immerhin zwei Stühlen, und auf dem Boden lagen, von Ziegelsteinen getragen, zwei Matratzen. In den Ecken hingen Spinnweben von der Decke, deren Bewohner in Ermangelung von Beute offenbar das Weite gesucht hatten. Hier war kein Fang mehr zu machen, hier war alles Leben erstorben. Eine feine Staubschicht überzog die Fenster, die Matratzen und den Boden, als wäre dieser Raum vor langer Zeit verwunschen worden. Ich reinigte, was zu reinigen war, schaffte die Flaschen weg und besorgte mir vom Hof zwei herrenlose Bierkästen als Nachtschränkchen. In den Ofen passte gerade mal ein Brikett, was zur Folge hatte, dass die Wohnung kalt blieb. Gemütlichkeit war hier nicht einmal zu erzwingen.

Meine Schauspielerkollegen schätzten, ganz im Gegensatz zu mir, meine Wohnung sehr, vor allem wegen der günstigen Lage. Sobald die Theaterkantine schloss, stolperten sie auf dem Weg nach Hause unter meinem Fenster vorbei, pfiffen mich aus dem Bett und tranken bis in die Frühe in meinem Zimmer weiter. Am nächsten Morgen bedurfte es dann einer gewissen Unerbittlichkeit meinem Körper gegenüber, denn zur Probe musste man pünktlich sein. Ein Zuspätkommen hätte Helene Weigel niemals geduldet. Dieselbe Hingabe, mit der sie ihr Theater führte, verlangte sie auch von ihren Schauspielern. In der Beziehung war sie eine energische Frau, sozusagen eine Perfektionistin in der Kunst und in der Fürsorge für das Theater.

An bedeutenden Häusern wie dem BE wird einem als Neuankömmling natürlich nicht gleich eine Rolle angeboten. Für gewöhnlich ist dem unerfahrenen Schauspieler am Anfang nur das recht langwierige und mühsame Dasein in den Massenszenen auf der Bühne vorbehalten. Ich dagegen hatte Glück. Mein Kollege Heinz Schubert, den Bertolt Brecht noch persönlich ans BE geholt hatte, ging gerade weg, als ich zum Ensemble stieß. Er brachte es später übrigens als unverkennbarer Spießbürger in der Serie *Ekel Alfred* noch zu einiger Berühmtheit im Fernsehen.

So durfte ich seine Rolle, den Dullfeet, im erfolgreichsten Dauerbrenner des Berliner Ensembles, *Arturo Ui*, in der legendären Inszenierung von Peter Palitzsch und Manfred Wekwerth spielen. Das war für den Anfang kein leichtes Erbe. Zwar war der Dullfeet nicht gerade das, was man eine abendfüllende Rolle nennt, aber mit Schubert immerhin prominent besetzt gewesen. Die Ensemblemitglieder würden sicher skeptisch beobachten, wie ich der Figur beikäme, die bei Brecht nur lakonisch mit den Worten »ein Mann, nicht größer als ein Knabe« beschrieben wird. Doch die Herausforderung schien wie auf mich zugeschnitten. Ich hatte wirklich großes Glück und stand gleich mit den geschätzten Protagonisten des Theaters wie Schall, Thate, Felicitas Ritsch und Kaiser zusammen auf der Bühne.

Bei den Proben zu meiner Rolle lernte ich bald die ebenso spezielle wie gewöhnungsbedürftige Art des Hauses kennen, etwas in Szene zu setzen. Ich durfte im *Arturo Ui* den ziemlich überschaubaren Satz »Und wir« sagen, der wie ein Protest klingen sollte. Mindestens fünfhundert Mal habe ich die Worte »Und wir« von mir gegeben, bis sie saßen.

Einmal hieß es: »Peter, pass mal auf, das müsste noch eine Nuance schärfer klingen!«

Daraufhin rief ich, so scharf es ging: »UND WIR!!!«

Nein, nein, das sei wiederum zu hart, meinte Wekwerth. Nimm es leichtfüßiger!

»Und wiiir«, gab ich entschlossen, aber mit samtigem Unterton zum Besten.

»Peter«, unterbrach mich Wekwerth, »das war jetzt zu verhalten.«

Drei verschiedene Regisseure übten jenes verflixte »Und wir« mit mir. Am Ende geriet ich derart durcheinander, dass ich vor dem ersten Auftritt ganz weiche Knie bekam. Ich wusste nicht mehr, was nun eigentlich zu tun war und welche der Regieanweisungen galt. Vor Aufregung spielte ich intuitiv irgendetwas. Es muss gut gewesen sein, denn nach der Aufführung erhielt ich zahlreiche Glückwünsche für die tolle Leistung. Offensichtlich hatte ich in meiner wackligen Spielweise und Verunsicherung den Ton des Dullfeet richtig getroffen. Dieses Phänomen ist mir als Schauspieler und Regisseur noch des Öfteren begegnet. Letztlich glaube ich nicht an große Schauspieltheorien – nicht an Stanislawski mit seiner Methode der Einfühlung in die Rolle und auch nicht an Brecht mit seiner Verfremdungstheorie.

Damals am BE vertrat man selbstredend die Brecht'sche Theorie vom epischen Theater, doch gespielt wurde eigentlich anders. Ekkehard Schall beispielsweise, der für mich eine wahre Ausnahme darstellte, eine theaterbesessene Naturgewalt auf der Bühne, war letzten Endes ein Bauchschauspieler. Der liebe Bertolt Brecht hatte eben, bei aller Theorie, wunderbare Naturtalente an seinem Theater versammelt.

Einmal habe ich Ekke ganz schön geärgert. Er sei ein unvergleichlicher Arturo Ui, bescheinigte ich ihm, aber das Beste, was er je von sich gegeben habe, sei dieser eine Satz in der Aufführung von *Frau Flinz* gewesen. Schall spielte darin einen Mann mit einem kaputten Finger. An einer Stelle hielt er den Finger wehleidig in die Luft und sagte hinreißend demutsvoll: »Es puckert wieder.« Diesen einen Satz mit nur drei Wörtern hat er so voller Würde und Trauer vorgetragen, dass ich ihn heute noch, sobald ich einen derangierten Finger sehe, in Gedanken höre. In diesem verschwindend kleinen Satz lag so etwas wie das alltägliche Drama des Lebens – allerdings nur, wenn ihn Schall aussprach. Ekke verstand das damals freilich nicht als Lob, sondern war beleidigt. Er war eben sehr ehrgeizig.

Für mich, den vorlauten Neuen, hatte er dann ebenfalls eine kleine Gemeinheit parat. Die Regie gab vor, dass er mich im *Arturo Ui* auffordernd antippte und sagte: »Herr Dullfeet, Herr Dullfeet …« und so weiter. Bei dieser Gelegenheit bohrte Schall mir sichtlich genussvoll den Zeigefinger in die Brust, dass mir auf der Bühne schier die Luft wegblieb. Daraufhin versteckte ich eines Tages einen Bierdeckel unter dem Kostüm. Als Ekke wieder begann, mir den Finger in die Brust zu stoßen, ertönte plötzlich ein hohles, dumpfes Geräusch. Schall erschrak. Entsetzt riss er die Augen auf, als rechnete er damit, gleich meinen Lungenflügel erfolgreich durchbohrt zu haben.

Das waren die kleinen Scharmützel, die man sich unter Kollegen zur Abwechslung auf der Bühne lieferte. Das Theater ist randvoll mit derartigen Anekdoten.

Bertolt Brechts Umstelltaste

Helene Weigel war ständig von einer Schar Dramaturgen und Regieassistenten umschwärmt, wenn sie durch das Theater lief. Die Damen und Herren waren ganz erpicht darauf, von »Helli« Geschichten über Brecht und sein Theatermodell von der Verfremdung zu hören.

Die Weigel selbst dagegen war alles andere als verfremdet, wenn sie spielte. Von ihr ging ein regelrechter Sog aus, so intensiv hat sie ihre Rollen auf der Bühne gelebt. Sie war nun mal in der Kunst zu Hause. Ich habe des Öfteren an der Seite gestanden, um sie zu beobachten. Sie war sehr schmal, aber keineswegs zerbrechlich, vielmehr eine zarte Frau mit einem starken Willen. Wenn sie auf der Bühne stand, wurde aus der zierlichen Person eine kräftige, über die Maßen selbstbewusste Frau, der man ihre Zartheit nicht mehr ansah.

Es gibt Schauspielerinnen, und zu denen gehörte die Weigel, die werden erst auf der Bühne schön. In ihrem Spiel vollendet sich die Persönlichkeit der Figur, die sie darstellen. Nur so bekommt sie Tiefe und wird zum erkennbaren Charakter.

Sobald Helene Weigel die Bühne betrat, wurde es still im Saal. Sie spielte keine Rollen vor, sie verkörperte eine Haltung aus Fleisch und Blut. Nicht didaktisch, sondern lebendig. Leider habe ich das außer bei ihr nicht oft erlebt, denn ihre Art des Darstellens gibt es heute so gut wie nicht mehr. Die Weigel lebte förmlich auf der Bühne und schonte sich nicht. Ich schätzte und verehrte sie wirklich sehr. Helene Weigel war eine der erstaunlichsten Schauspielerinnen, die ich je auf der Bühne gesehen habe. Ihrer Magie konnte man sich nur schwer entziehen, und in ihren Figuren lag jedes Mal der Schatz ihres gelebten Lebens. Das hat sie auf der Bühne ausgemacht.

Den spröden Stücken Brechts verlieh sie durch ihr unbedingtes, leidenschaftliches Spiel erst Lebendigkeit. Brecht hätte ihr dafür eigentlich ewig dankbar sein müssen, doch als er das noch gekonnt hätte, kritisierte er sie meist: Ihre Darstellung sei viel zu einfühlsam und lasse keinerlei Verfremdung erkennen. Die Weigel hatte einiges zu leiden unter dem Künstler Bert Brecht. Auch seine amourösen Eskapaden und die ständige Anwesenheit seiner einstigen Weggefährtinnen und Geliebten machten ihr zu schaffen.

Der legendäre Brecht-Tross mit seinen berühmten Mitarbeiterinnen, die mit ihm und Helene Weigel die Exiljahre durchlebt hatten, wandelte nun gelegentlich durch das BE. Nicht immer zum Vergnügen der Intendantin. Bisweilen spielten sich bedauerliche Szenen unter Brechts alten Bekannten ab, die sich gegenseitig beargwöhnten und sich jeweils als alleinige Sachwalter seines künstlerischen Erbes sahen. Ruth Berlau, Brechts »Aufschreiberin«, wie sie sich selbst nannte, kam eines Nachts betrunken und im Nachthemd ins Theater und schrie nach der Weigel, einen Stock drohend in der Hand. Helene solle runterkommen, sie sei ein Nichts, was sie sich überhaupt einbilde … Ich trug sie dann zusammen mit einigen Kollegen nach Hause.

Helene Weigel hatte Ruth Berlau Hausverbot erteilt, die unschönen Auftritte hatten sich anscheinend gehäuft. Ich wusste nicht, dass die alte Dame unter schweren Depressionen litt. Sie musste früher eine ungewöhnlich schöne Frau gewesen sein, man sah es ihr immer noch an. Zum allerersten Mal hatten wir uns während meiner Studentenzeit in Leipzig getroffen. Ich hatte Ruth Berlau zu einer Brecht-Inszenierung in das Literaturinstitut Johannes R. Becher eingeladen, mit der Bitte, anschließend etwas über den großen Meister zu erzählen. Ein eifriger Student ergriff an jenem Abend die Gelegenheit und erklärte, wie sehr er Brecht bewundere. Ganz besonders bestaunte der Student jedoch Herrn Brechts großartige Angewohnheit, alles kleinzuschreiben. Jedem Wort komme auf diese Art die gleiche Bedeutung zu, alle Wörter stünden gleichberechtigt nebeneinander, das sei revolutionär, steigerte sich der eifrige Student in seine Begeisterung.

Mein Gast wurde allmählich unruhig.

»Können Sie, Frau Berlau, mir vielleicht erklären«, fragte der Student ehrlich interessiert, »warum Brecht diese wunderbare Theorie des Kleinschreibens entwickelt hat?«

Daraufhin antwortete Ruth Berlau dem entflammten Studenten, dass gar nicht so viel Theorie dahinterstecke. »Wissen Sie, der Brecht war nur zu faul, auf der Schreibmaschine die Umstelltaste zu drücken, das war alles.«

Diese Antwort war für den Studenten erschütternd, für mich

dagegen war sie lebenswichtig, und ich freute mich diebisch darüber. An jenem Abend schrumpften die bis zur Unkenntlichkeit aufgeblasenen Genies plötzlich auf ein menschliches Maß, mit liebenswerten Marotten und profanen Schwächen. Ruth Berlau hatte uns mit einer knappen Bemerkung das große Vorbild auf Augenhöhe gestellt. Immer wenn mir später sogenannte Heilige begegneten, erinnerte ich mich an jene Veranstaltung mit Ruth Berlau.

Suche helle, sonnige Wohnung, biete bunten Blumenstrauß

Während ich in Berlin am BE engagiert war, lebte Monika weiterhin in Leipzig. Im Jahr 1963 war unsere Tochter Tina auf die Welt gekommen, aber Monika hatte nach wie vor keine eigene Wohnung und blieb deshalb mit dem Kind bei ihren Eltern. Sobald es mir möglich war, wollte ich meine Familie nach Berlin nachholen, doch wo sollten wir wohnen?

Mein provisorisches Zimmer mit dem Charme einer Ausnüchterungszelle war für die beiden unzumutbar, und akzeptable Wohnungen waren knapp. Die ganze Stadt befand sich auf der Suche, wie sollte ich da ohne Beziehungen etwas Passendes ergattern?

Kurz entschlossen kaufte ich eines Tages einen Blumenstrauß und machte mich auf den Weg zum Wohnungsamt. Mit den schönen Blumen in der Hand würde ich unter den vielen gesichtslosen Bittstellern sicher auffallen und nicht sogleich wieder in Vergessenheit geraten. Die Damen vom Amt würden mich vielmehr als galanten Gast in guter Erinnerung behalten. Und das war das Wichtigste, immerhin konnten sie Wünsche erfüllen, schwierige Wünsche. Allerdings nur zu gegebener Zeit und nur in besonderen Einzelfällen.

Strahlend vor Freundlichkeit betrat ich also das Wohnungsamt und wünschte den Damen erst einmal einen schönen guten Tag. Mit einer leicht angedeuteten Verbeugung überreichte ich den Strauß und stellte mich vor: »Ich heiße Peter Sodann und bin hier in Berlin Schauspieler am Berliner Ensemble. Ich bräuchte dringend eine Wohnung für mich und meine kleine Familie. Könnten Sie mir vielleicht eine besorgen?«

Ohne eine Antwort abzuwarten, machte ich den Damen mein Verständnis für ihre heikle Situation klar und vergaß auch nicht, auf die prekäre Wohnungsnot hinzuweisen. Mein Wunsch nach einer Wohnung müsse auch nicht sofort in Erfüllung gehen, fügte ich sogleich hinzu, ich würde, wenn es gestattet sei, einfach in einem halben Jahr erneut nachfragen. Anschließend alberte ich noch ein wenig mit den Damen herum und überließ sie dann, gemeinsam mit meinem Blumenstrauß, ihrem undankbaren Geschäft.

Diese Strategie der freundlichen Penetranz führte in der DDR, in der es ständig an irgendetwas fehlte, am ehesten zum Ziel. Mit Forderungen allein kam man nämlich nicht weiter. Wo es nichts gab, da war auch nichts zu verteilen. Wo nur wenig war, wurde eben wenig verteilt, natürlich abhängig von Sympathie und Beziehungen. »Ham wa nisch« lautete die verbale Umschreibung für diesen gelebten Zustand. Dadurch hatte sich eine sture Gleichgültigkeit in der Bevölkerung breitgemacht, die, so hoffte ich, durch Blumensträuße und freundliche Penetranz zu erschüttern war. Ich sollte mit dieser ebenso einfachen wie wirkungsvollen Methode tatsächlich noch einiges erreichen.

Wie angekündigt stattete ich dem Wohnungsamt nach sechs Monaten einen zweiten Besuch ab, und die Damen konnten sich tatsächlich noch an mich erinnern. Das halbe Jahr sei jetzt vorüber, sagte ich freundlich, vielleicht habe sich ja inzwischen eine

Wohnung für mich gefunden. Bei den Damen kamen leichte Schuldgefühle auf, weil sie mich erneut enttäuschen mussten. Daraufhin verabschiedete ich mich höchst zuvorkommend, aber nicht ohne nachzufragen, ob ich in einem Monat noch einmal vorbeikommen dürfe. Als ich vier Wochen später wiederum bei den Damen in der Amtsstube stand, lachten sie wissend. Um ein Haar hätten sie eine Wohnung für mich gehabt, kicherten sie entschuldigend. Ich hielt meine Enttäuschung zurück und bat höflich, in einer Woche noch einmal vorstellig werden zu dürfen. Bei meinem nächsten Besuch strahlten die Damen mich schon beim Eintreten an. Es habe geklappt, sie könnten mir endlich meinen Wunsch erfüllen.

So bekam ich tatsächlich eine neue, größere Wohnung: zweieinhalb Zimmer in Berlin-Weißensee. Den Umzug besorgte ich mit einem alten zweirädrigen Karren, den ich mir vom BE auslieh. Durch halb Berlin chauffierte ich mein Hab und Gut, es muss ausgesehen haben wie bei *Mutter Courage*. Zwar kam es dann nicht dazu, dass Frau und Kind zu mir zogen, doch bei meinem Weggang aus Berlin tauschte ich diese Wohnung gegen eine schönere für mich und meine Familie in Leipzig. Ringtausch nannte man das seinerzeit.

Durch die Trennung von meiner Familie führte ich im Grunde zwei Leben. Sooft es der Spielplan zuließ, besuchte ich Monika und Tina in Leipzig. Andererseits genoss ich das Schauspielerleben in der Hauptstadt in vollen Zügen. Ich war gewiss kein Kind von Traurigkeit, und die Kollegen vom Theater waren sehr unternehmungsfreudig, das steckte an. Es waren in vielerlei Hinsicht wilde und lehrreiche Jahre.

Abends nach den Theatervorstellungen trafen wir uns im Albrechtseck, im Trichter oder in der Möwe. Und wenn ich dort eine Frau sah, die mir gefiel, ging ich einfach zu der Auserwählten hin und gestand ihr, dass ich mit ihr schlafen wolle. Mit dieser direkten Art hatte ich erstaunlicherweise häufig Erfolg. Unter uns Schauspielern entstand eine regelrechte Konkurrenz, wer der größte Frauenheld war. So gesehen erwies sich die Zeit am BE für mich nicht nur in künstlerischer Hinsicht als aufschlussreich, sondern auch in sexueller. Meine übergroße Schüchternheit Frauen gegenüber ließ in diesen Berliner Jahren jedenfalls merklich nach.

Gelegentlich kam der eine oder andere Schauspieler nach seinen nächtlichen Eskapaden morgens humpelnd ins Theater geschlichen, und der verräterische Gang sprach Bände. Nicht ohne eine gewisse Schadenfreude registrierten die Kollegen, dass es wieder mal einen erwischt hatte. Der Urologe, der die an Tripper Erkrankten behandelte, war bald ein guter Bekannter des Ensembles. Praktischerweise hatte er seine Praxis unweit des Theaters eingerichtet. Die Behandlung lief routiniert ab, man bekam kurzerhand eine empfindlich schmerzhafte Spritze in den Hintern gerammt, und schon war die Gefahr gebannt. Von Rechts wegen wäre die Erkrankung meldepflichtig gewesen, doch der Arzt unseres Vertrauens nahm seine Schweigepflicht sehr ernst und ließ sich gerne mit der einen oder anderen Premierenkarte bestechen. Er hat nicht wenige Premieren besucht.

Trotz meines ausschweifenden Lebensstils arbeitete ich in jenen Jahren wie besessen. Nie ließ ich auch nur eine einzige Probe ausfallen. Unter den Kollegen hatte ich mir mittlerweile eine gewisse Achtung erworben, was sich nachhaltig in der Kantine des BE zeigte. Denn dort gab es eine streng hierarchische Sitzordnung. Die Tische standen hintereinander, und natürlich saß man als Anfänger und Neuling ganz hinten, am Ende der Reihe. Schon nach kurzer Zeit nahm ich, nicht ohne Stolz, am zweiten Tisch Platz. Bis zum ersten Tisch, an dem die alten Barden Ekke Schall und Wolf Kaiser saßen, habe ich es allerdings nie geschafft.

Nachtschicht Nr. 1

Ehe man am Berliner Ensemble eine große Rolle bekam, bedurfte es wie erwähnt einer stattlichen Wartezeit. Das stellte meine Geduld auf eine harte Probe, denn ich war nicht dort angetreten, um in Massenszenen alt zu werden. Ich wollte vielmehr die Hauptrollen. Zwar setzten die Regisseure immerzu auf dieselben Protagonisten des Theaters, doch eines Tages wurde Hilmar Thate krank. Das war meine große Chance: Ich sollte für ihn einspringen, und zwar noch am selben Abend. Gegeben wurde *Frau Flinz*, und ich übernahm für Thate die Rolle des Karli. In wenigen Stunden lernte ich den gesamten Text, was keine Kleinigkeit war. Die Vorstellung lief großartig, ich wurde beglückwünscht und war ganz stolz, endlich gezeigt zu haben, was in mir steckte. Das muss sich herumgesprochen haben, denn schon am nächsten Tag war Hilmar wieder gesund.

Auf Dauer war dieser Zustand für mich jedenfalls unbefriedigend. Ich wollte nicht ewig warten und mein Leben in der Theaterkantine verbringen, bis der gütige Blick eines Regisseurs auf der Suche nach einem jugendlichen Helden einmal auf mich fallen würde. Abwarten war noch nie meine Stärke gewesen. Als Kinder hatten wir oft mit einem einfachen Handwagen Kutsche gespielt. Zwei Kinder waren die Pferde und zogen an der Deichsel, ein Kind saß im Wagen und war der Kutscher. Ich war merkwürdigerweise immer der Kutscher. Das hat, vorsichtig ausgedrückt, meine künftigen Erwartungen an das Leben wohl ein wenig beflügelt.

Angesichts meiner geringen Körpergröße lernte ich bald, nicht darauf zu hoffen, dass ich in der Masse einen Blickfang abgab. Daher fiel ich frühzeitig durch meine Lebendigkeit auf. Manfred Wekwerth, einer der Regisseure am BE und von mir sehr geschätzt, gab mir irgendwann den Spitznamen »Bienkopp«, denn für ihn war ich jemand mit zu vielen Einfällen, die ihm wie Bienen um den Kopf schwirrten. Sozusagen ein Unruhegeist.

Da die großen Rollen am Berliner Ensemble weiterhin ohne mich über die Bühne gingen, fing ich nach einer Weile an zu überlegen, was ich dagegen unternehmen könne. Mir war aufgefallen, dass das kulturelle Nachtleben in Berlin recht spärlich war. Es fehlte die Möglichkeit, sich geistreich zu vergnügen. Der Spielplan am BE bot außerhalb der erfolgreich laufenden Stücke wie *Arturo Ui*, *Die Tage der Commune* und *Die Dreigroschenoper* kaum etwas für das amüsierwillige Publikum. Sobald die Vorstellung beendet war, gingen die Leute artig nach Hause.

Es war die Zeit der Lehrstücke und Moritaten auf den Spielplänen, gelacht wurde nur selten. Das widersprach einerseits meinem Naturell, andererseits hoffte ich, mit einem eigenen Programm vielleicht an die große Zeit der »Spötter« anknüpfen zu können. Ich wollte ausprobieren, ob diese Art politisch anspielungsreichen und satirischen Theaters am BE funktionieren würde. Ich dachte da an eine Revue mit Schlagern der vierziger und fünfziger Jahre, mit Texten, die den Zeitgeist treffend beschrieben. An Sachen, die damals die Spatzen von den Dächern pfiffen, etwa: »Stell dir vor, wir hätten was zu rauchen / Stell dir vor, wie schön das wär / Wir bräuchten keine Kippen mehr zu schlauchen …« Oder an jenen vorzüglich hintersinnigen Schmachtfetzen, den wir nur »Kaloriensong« nannten: »Das ist heut schon allgemein bekannt / Liebe kostet Energien / Und aus diesem Grund braucht man unbedingt zum Verliebtsein Kalorien. / Ja, bei Schmalz und Speck, Kuchen und Konfekt ist das alles kein Problem / Doch bei Kräutertee und bei Heißgetränk muss die Liebe flöten gehn!«

Natürlich waren das Schlager aus längst vergangenen Tagen, trotzdem boten die Texte durchaus anspielungsreiche Parallelen zur Versorgungslage in der DDR. Ich sammelte diese Raritäten seit einer ganzen Weile. Da ich schon in meiner Kindheit neugierig der musikalischen Untermalung des Zusammenbruchs Deutschlands gelauscht hatte und mir nach dem Krieg jeden Titel aus unserem »Zentralgasthof« merkte, war in meiner Erinnerung ein beachtlicher Fundus an Schlagertexten angewachsen. Zu meinen Favoriten zählten: »In meinem Zimmer rußt der Ofen, in meinem Herzen ruhst nur du«, ein alter Fips-Fleischer-Titel oder »Wer wirft so spät um Mitternacht noch Sülze in den Fahrstuhlschacht«.

Helene Weigel fiel meine ausgefallene Beschäftigung, Schlager zu sammeln, schon bald auf, und meine Idee, daraus einen Revueabend zu machen, fand sie gar nicht mal so abwegig. »Buberl, mach mal«, lautete ihre knappe und pragmatische Ermutigung für das Projekt.

Zur selben Zeit liefen am Theater die Proben zu Brechts Stück *Coriolan*, das anlässlich seines siebenundsechzigsten Geburtstags Premiere haben sollte. Zwar wurde zäh und verbissen geprobt, doch die Inszenierung würde allem Anschein nach auf keinen Fall rechtzeitig fertig werden. Dass der Geburtstag des Dramatikers mit einer Premiere gefeiert wurde, war unumstößliche Tradition am BE, und das sollte selbstverständlich auch so bleiben.

Eines Tages bestellte mich Helene Weigel in ihr Amtszimmer: »Buberl, du hast doch da mal eine Sammlung mit Schlagern gehabt?«, fragte sie mich wohlweislich. »Mach das doch! Die Idee hat mir eigentlich gefallen.« Somit hatte Helene Weigel kurz entschlossen festgelegt, dass Brechts Ehrentag mit einer Revue gefeiert würde. Das war ganz und gar nicht ungefährlich. Heerscharen von Kritikern würden beargwöhnen, was das BE zu Brechts Geburtstag veranstaltete. Und dann ausgerechnet eine Nachtrevue?

Dass ich auch noch die Regie des Abends übernehmen sollte, war fast schon tollkühn. Ich befürchtete, meine Kollegen am

Theater könnten dies als Anmaßung missverstehen. Schließlich war ich gerade mal seit einem Jahr Ensemblemitglied, und dann schon eine eigene Regie? Was war mit der Tradition, sich erst jahrelang durch die wenig glanzvollen Nebenrollen des Spielplans zu dienen, ehe man für Größeres herangereift war?

Ich hoffte jedenfalls, einen Glanzpunkt setzen zu können, und brauchte hierfür die Besten des Ensembles.

Mein erster Gang führte mich zu Ekke Schall. Ob er nicht Lust habe mitzumachen, fragte ich ihn frei heraus. Er überlegte kurz und erwiderte, wenn der Hilmar mitmache, sei er auf alle Fälle dabei. Also ging ich zu Hilmar Thate und fragte ihn. Klar, lautete die Antwort, wenn Ekke mitspiele, sei er auch sofort mit von der Partie. Nun fehlte nur noch Wolf Kaiser, um die Sache perfekt zu machen. Als ich ihn fragte, erkundigte sich Kaiser sogleich nach Schall und Thate. Ich sagte ihm, dass Ekke Schall erst Hilmar Thates Entscheidung abwarten wolle, während Hilmar Thate wiederum auf Schalls Entscheidung warte. Er, Wolf Kaiser, könne dagegen Bewegung in die Sache bringen, ermutigte ich ihn. Letztlich versuchten sie freundlich um ein Projekt zu kommen, das ihnen nicht geheuer schien. Auf die Weise hatte ich meine Wunschbesetzung im Handumdrehen verloren.

Zu meiner Freude wollte aber Helene Weigel von mir besetzt werden, und ich hatte, wie ich meinte, eine prima Idee für ihre Mitwirkung. Sie sollte ein Kochrezept für künstliche Marmelade vortragen, und zwar mit folgendem Wortlaut:

»Und nun, liebe Hausfrauen, zur künstlichen Marmelade: zwei Esslöffel Kaffeeersatz, zwei Esslöffel Essig, ein Esslöffel Mehl, eineinhalb Tassen Wasser, eine halbe Tasse Zucker und eine Prise Salz. Alle diese Zutaten werden gut miteinander verrührt und unter Zusatz eines beliebigen Geschmacksstoffes zum Kochen gebracht. Das erkaltete Ergebnis wird Sie sehr überraschen. Einen guten Appetit. Ihre Helene.«

Ich hatte diese Szene für die Weigel genau so in meinen Regieanweisungen vorgesehen. Sie war zwar die Prinzipalin des Theaters, aber in dieser Hinsicht kein bisschen eitel. Einige Wochen vor der Premiere kam Manfred Wekwerth aufgeregt zu mir. Ob ich übergeschnappt sei, polterte er sofort los. Wie ich dazu käme, die Weigel lächerliche Kochrezepte aufsagen zu lassen. Ich verstand seine Aufregung nicht. Es sei schließlich ihr eigener Wunsch gewesen, bei der Revue mitzumachen, rechtfertigte ich mich. Wekwerth ließ nicht locker. Ich solle mir bloß einmal vorstellen, die nicht mehr ganz so junge Weigel würde plötzlich sterben. Das Letzte, was das Publikum dann von ihr gehört hätte, wäre dieses lachhafte Marmeladenrezept.

Das saß. Wohl oder übel strich ich Helene Weigel daraufhin von meiner Besetzungsliste. Glücklicherweise hatte ich letzten Endes jedoch mit Felicitas Ritsch, Angelika Domröse, Stefan Lisewski, Manfred Karge und Dieter Knaup eine erstklassige Truppe für die Revue zusammen.

Helene Weigel ließ mir bei der Arbeit an der Nachtrevue alle Freiheiten, dennoch behielt sie den Lauf der Dinge natürlich diskret im Auge. Zu ihren Eigenheiten zählte, dass sie ihrem Ensemble kleine, charmante Ermahnungen schrieb, die den Theaterbetrieb hinter den Kulissen in Gang hielten. Die Zettelchen mit den höflichen Erinnerungen waren immer handschriftlich unterschrieben mit »Ihre Helene Weigel«.

»Lieber Sodann!«, ließ sie mir eines Tages im Zusammenhang mit den Proben zur Revue einen Zettel zukommen. »Verlassen Sie sich nicht auf mein schlechtes Gedächtnis. Es ist sehr gut. Warum habe ich bis heute keinen Bescheid von Ihnen bekommen? Sie haben sich mit einer kleinen Arbeit beschäftigt, die mich interessiert hat. Zumindest sollten Sie mir einen Zwischenbescheid geben, wenn die Sache noch nicht ganz unter Dach und Fach ist. Ihre Helene Weigel.«

So musste ich meine ersten zaghaften Probenergebnisse einer Abordnung der Theaterleitung vorstellen. Nach kurzer Zeit mischte sich Wekwerth ein und unterbrach unwirsch die Probe. So gehe das ja überhaupt nicht, wetterte er gegen das Programm und legte ohne Umschweife fest, dass er ab sofort die Regie übernehmen werde. Ich war sprachlos über diesen Affront, immerhin war die Revue meine Idee, mein Projekt. Jetzt sollte ich alles stehen- und liegenlassen und nur noch Zuschauer sein?

Das Ansinnen, an Brechts Theater eine musikalisch-kabarettistische Show zu inszenieren, hatte natürlich die selbsternannten Wächter von Brechts Erbe auf den Plan gerufen. Es hatte sich bald herumgesprochen, dass in dem Programm auch Lieder mit Sätzen wie »Ich hab so großen Appetit auf Würstchen mit Salat« gesungen würden. Man befürchtete Schlimmes, das BE war schließlich kein bürgerlicher Amüsiertempel. Helene Weigel hatte in den letzten Wochen mehrere besorgte Botschaften zugesteckt bekommen, kleine Denunziationen von Menschen, die mein Treiben missbilligten und um den guten Ruf des Hauses fürchteten. Manfred Wekwerth war nun offensichtlich entschlossen, in letzter Minute den Schaden abzuwenden.

Ich dagegen war zornig. Nach der Probe ging ich vor Wut bebend nach Hause und warf mich weinend auf mein Bett. Ich wollte einfach nicht glauben, dass mir die Revue ohne viel Federlesens aus der Hand genommen wurde. Schließlich verband ich nicht zuletzt auch eine große Hoffnung mit dem Programm. Ich konnte diese Entscheidung unmöglich hinnehmen.

Freundlicherweise gab Wekwerth kurz darauf meinen vehementen Protesten nach und verlegte sich aufs Beratschlagen. Texte und Sketche schrieb ich fortan gemeinsam mit Johannes Conrad, einem herzerfrischenden Satiriker, dem geistreichsten, den ich je getroffen habe. Conrad war jahrzehntelang Schauspieler am BE, genau genommen war er der bestbeschäftigte Darsteller für Nebenrollen des Hauses. Mehr wollte er anscheinend nicht, um ausreichend Zeit für seine komischen Geschichten zu gewinnen. Er übte sich lieber in Lebenskunst und in seinem

wirklich weltbewegenden Humor. »Der Mensch kann Schlacht-
schiffe lenken und die Erde beben lassen, er kann aber auch die
Posaune blasen!«, lautete einer seiner Sätze. Wir wurden sehr
gute Freunde und ich bedaure, dass Conrads kostbares Talent
zur subtilen Komik seinerzeit so wenig Beachtung fand. Bis
heute begleitet mich eine Warnung, die er einst erdichtete:

»Ein Regenwurm aus Bad Liebenstein sprach:
Menschen essen uns niemals, nein!
Da aß ihn ein Kind.
Er schrie noch geschwind:
Aber das soll mir nun eine Lehre sein!«

Unsere Revue hatte am Mittwoch, dem 10. Februar 1965 gegen
dreiundzwanzig Uhr Premiere. Hintergründig als *Nachtschicht
Nr. 1* tituliert, wurde der Abend umgehend zum stadtbekannten
Unterschlupf für Nachtschwärmer und zudem stürmisch be-
klatscht. Auch die Presse war begeistert: »Was die Mannen und
Frauen des Ensembles da mit Lyrik und Lied der vierziger Jahre
boten, fegte alles rettungslos von der Bühne, was an Unterhaltung und Humor so gemeinhin in unseren kulturellen Anbau-
gebieten eingeplant ist. Solche Frechheit, solcher Schwung, solche Schnauze sind von Adlershof bis zur Friedrichstraße nicht
aufzutreiben.« Die Parteizeitung *Neues Deutschland* entdeckte
sogar im »ersten kabarettistischen Programm des Berliner Ensembles« eine heitere Bewältigung der Vergangenheit.

Die *Nachtschicht Nr. 1* avancierte im wahrsten Sinne des Wor-
tes zu dem nachtaktiven Spektakel der Stadt schlechthin. Erst
nachdem die Weigel einen Büstenhalter im Zuschauerraum
fand, wurden die Feierlichkeiten zeitlich reglementiert. Sie war
zwar für Außergewöhnliches zu begeistern, achtete aber ebenso
unnachgiebig auf den guten Ruf ihres Theaters.

Mit Schirm, Charme und Melone

Im Laufe der Zeit geriet ich mit der Weigel wegen einiger Unbotmäßigkeiten sachte aneinander, was mir in der Folge etliche Rügen und strenge Verweise einbrachte. Während einer Gastspielreise nach Budapest feierten Lisewski, Langhoff, Karge und ich im Zugabteil gebührend meinen Geburtstag. Wir stießen mit tschechischem Pilsener an und schickten uns abwechselnd in den Speisewagen, um Nachschub zu besorgen. Die Zugfahrt schien ebenso endlos wie unser Durst.

Indes wartete in Budapest ein Kamerateam des ungarischen Staatsfernsehens auf uns, mit der Absicht, über das Gastspiel des viel gerühmten Berliner Ensembles zu berichten. Der Zug fuhr in den Bahnhof ein, und beim Aussteigen fiel ich mit meinen zwei Koffern in der Hand auf den Bahnsteig, dem Kamerateam direkt vor die Füße. »Das Berliner Ensemble kommt, das Berliner Ensemble kommt!«, rief ich berauscht. Das Fernsehteam vergaß vor Schreck, die Kamera anzuschalten. Im Hotel nahm Helene Weigel mich dann beiseite und schickte mich mit ungeahnt strenger Geste auf mein Zimmer.

Zurück in Berlin, hielt die Konfliktkommission des BE über uns Gericht. Langhoff und Karge bekamen einen einfachen, ich einen strengen Verweis, und obendrein sollte ich vom nächsten Gastspiel des BE in London ausgeschlossen werden. Die Verbannung von der Londonreise tat ernstlich weh. Es wäre das erste Mal, dass ich London sehen könnte, und anders als durch ein Gastspiel würde es nie möglich sein. Ich war geknickt und fühlte mich zu Unrecht bestraft. Nur weil ich so freundlich gewesen war und meinen werten Kollegen eine Geburtstagslage spendiert hatte, sollte ich zu Hause bleiben?

Kurz entschlossen schrieb ich an die Weigel einen engagierten Brief, höflich in der Form und in Maßen erregt. »Darfst mitfahren«, teilte sie mir daraufhin in ihrer typisch bündigen Art mit, jedoch müsse ich eine andere Rolle übernehmen. Das sollte kein Problem sein, Hauptsache London, jubelte ich. Die angedrohte Rolle war zwar nicht gerade die geeignete Partie, um sich bei Kritik und Publikum des National Theatre ins Bewusstsein zu spielen, aber egal. Ich fügte mich in mein Schicksal und humpelte als Teil der sogenannten Bettlerstaffel in der *Dreigroschenoper* mit Krücken über die Bühne und rief im *Arturo Ui* die zwei Worte »Und wir« ins Publikum. Da würde genügend Zeit für London bleiben, tröstete ich mich.

London war eine ausgesprochen weltläufige Metropole, wie ich sie bisher nicht kennengelernt hatte. Eine betriebsame Geschäftigkeit nahm die ganze Stadt in Beschlag und überwältigte mich mit neuen Eindrücken. Ich ließ mich gerne durch die Straßen treiben und beobachtete die Menschen. Um gegen die nobel angezogenen Engländer nicht gänzlich abzufallen, trug ich einen vornehmen Anzug mit Weste, den ich mir vorher in Berlin hatte schneidern lassen. Zusätzlich borgte ich mir aus der Requisite für die *Dreigroschenoper* einen Schirm und eine Melone. Sobald mir jemand auf der Straße entgegenkam, lüftete ich die Melone und warf ihm ein freundliches »Good morning« oder »Good afternoon« zu.

Es machte mir Freude, auf diese Weise die Atmosphäre Londons zu erkunden. Allerdings teilte Frau Weigel diese Freude nicht, als ich ihr zufällig auf der Straße begegnete. Da sie nun schon fast vor mir stand, blieb mir nichts anderes übrig, als ebenfalls die Melone zu lüften und ihr einen schönen Nachmittag zu wünschen. Ungläubig starrte sie mich an, als wäre ich eine Erscheinung. Ich war kaum von meinem Spaziergang zurück im National Theatre, da ließ sie mich auch schon rufen. Sie residierte während unseres Gastspiels im Intendantenzimmer von Sir Laurence Olivier. »Buberl!«, rief sie und ließ mir keine Zeit zur Ausflucht. »Was war das denn heute auf der Straße?«

Immerhin amüsierte sie sich über meine Extravaganzen, er- öffnete mir aber auch gleichzeitig bedauernd, dass sie einen Ver- weis aussprechen müsse, weil ich Requisiten entwendet hätte. Nun denn, mit Verweisen hatte ich mittlerweile Übung.

Da ich bei unserem Gastspiel keine großen Herausforderun- gen zu bestehen hatte, schlenderte ich in den kommenden Tagen wie ein Tourist durch London. Ich besuchte die Tate Gallery mit meinem Lieblingsmaler William Turner, sah mir Madame Tus- saud's Wachsfigurenkabinett an und machte gemeinsam mit meinen Kollegen und Helene Weigel einen Betriebsausflug ans Grab von Karl Marx. Ehrfürchtig standen wir vor dem massiven Stein mit dem massigen Marxkopf darauf, bis irgendwer Kurt Bartschs Gedicht vortrug:

>»Brüder seht, die rote Fahne
hängt bei uns zum Fenster raus.
Außen rot und innen Sahne,
nun sieht Marx wie Moritz aus.«

Gleichsam als Praxistest zu den theoretischen Einlassungen von Marx über den doppelt freien Lohnarbeiter machten einige En- semblemitglieder eines Abends einen Abstecher ins Herz der käuflichen Liebe. Der Weg führte uns nach Soho, wovon wir zu- mindest ein ungefähres Bild hatten. Es war uns aus Brechts Lie- dern und Stücken bestens vertraut als verruchte Heimat Mackie Messers. Doch wir wollten als Bürger eines Staates mit klaren Moralvorstellungen gerne einmal das gesamte Ausmaß der Ver- dorbenheit, gewissermaßen im Selbstversuch, ergründen. Wir mussten nicht lange suchen, bis wir ein Stripteaselokal entdeck- ten. Ich bezahlte den Eintritt und wurde daraufhin zwölf Damen ansichtig, die gerade dabei waren, sich nacheinander auszuzie- hen. Meine fünf Begleiter warteten indes seelenruhig vor dem Lokal auf mich. Sie wollten das knappe Westgeld, in diesem Falle die britischen Pfund, lieber für zweckmäßigere Dinge aufheben und sich die nackten Tatsachen von Soho lediglich von mir beschreiben lassen. Die Damen waren ihr Geld durchaus wert.

Unsere Rückkehr nach dem dreiwöchigen Gastspiel in London glich einem Staatsereignis. Auf dem Berliner Flughafen Schönefeld winkte uns eine beachtliche Anzahl von Personen aus dem öffentlichen und unserem privaten Leben freudig in die DDR zurück. Jeder einzelne der zurückgekehrten Mimen wurde von einer Delegation des Kulturministeriums mit einer Flasche Wernesgrüner Pils und einer roten Nelke feierlich begrüßt. Ich war ehrlich überrascht, denn Wernesgrüner galt für Normalsterbliche in der DDR als so gut wie nicht erhältlich. Offenbar fiel die Beschaffung dieses wertvollen Bieres mittlerweile in den Bereich des Kulturministeriums, anders konnte ich mir das Präsent nicht erklären.

Die Herausforderungen am BE wurden in den nächsten Wochen und Monaten für mich nicht unbedingt größer. Ich hatte das Gefühl, seit geraumer Zeit auf der Stelle zu treten. Zu einem Schauspieler, der keine wirklichen Rollenangebote erhielt und allenthalben aufs Stichwortgeben vertröstet wurde, wollte ich nicht verkümmern. Mitten in meine Unzufriedenheit hinein bekam ich eine lohnenswerte Rolle in einem Film angeboten. Natürlich musste ich Helene Weigel als Intendantin um Erlaubnis fragen, und ihre Antwort war denkbar knapp: »Buberl, was möchst werden, ein Tingler oder ein Schauspieler?«

Natürlich wolle ich Schauspieler werden, sagte ich daraufhin. Wenn das so sei, meinte sie, könne ich das mit dem Film eben nicht machen. Für die Weigel waren Filmrollen keine richtige Schauspielerei, sondern eher flüchtiges, ordinäres Gedöns.

Das Verhältnis zwischen mir und der Intendantin war mittlerweile so schwierig, dass ich auf keine große Zukunft am BE zu hoffen brauchte.

»Was mach mer denn nun mit dir?«, fragte mich Helene Weigel eines Tages überraschend. Auf die Frage folgte der Vorschlag zu einer gütlichen, respektvollen Trennung. Zum Abschied schrieb mir die Weigel eine sonderbare, aber wohlmeinende Abschlussbeurteilung, in der es über mich hieß:

»Peter Sodann ist fleißig und bemüht, sehr viel in seinem Beruf zu erreichen. Vorherrschend ist seine kabarettistische Begabung, und seine Einfälle sind auch in dieser Richtung. Da wir aber für Peter Sodann keine weiteren Entwicklungsmöglichkeiten an unserem Theater sahen, haben wir den Vertrag mit ihm nicht verlängert, in der Annahme, daß er an einem kleinen Theater seine Produktivität mehr entwickeln kann. Peter Sodann neigt ab und an zu Eigenwilligkeiten, die aber jederzeit durch vernünftige Gespräche immer wieder geklärt werden können.
    Berlin, den 11. August 1966
    Helene Weigel«

Ich fand mich zwar zutreffend beurteilt, fragte mich allerdings verwundert, warum die Weigel mich so wenig als ernsthaften Schauspieler wahrgenommen hatte. Jedenfalls würde ich mit dieser Beurteilung in jedem beliebigen Kabarett der DDR unterkommen. Am Ende wechselte ich jedoch an die Städtischen Bühnen Erfurt, wo Dieter Wardetzki arbeitete, ein alter Freund von mir. Er war dort praktischerweise Oberspielleiter.

Willkommen in Karl-Marx-Stadt

Was mir am Berliner Ensemble vorenthalten geblieben war, fand in Erfurt umso mehr statt. Ich konnte nach Herzenslust Theater spielen, endlich auch Hauptrollen. Dennoch fühlte ich mich in den fünf Jahren dort nicht durchweg wohl. Der Intendant war ein politischer Starrkopf, mit dem ich mich wegen des Prager Frühlings 1968 vollends überwarf. Er und die Theaterleitung begrüßten das Eingreifen der Sowjets, ich fand es dumm. Seitdem war ich bei ihnen abgeschrieben, und ich suchte nach einer Möglichkeit wegzukommen. Überdies wurde eine Inszenierung von meinem Freund Dieter Wardetzki, in der ich mitspielte, verboten. Wardetzki wurde vom Theater entfernt und als Gärtner bei der Stadt angestellt. Wie es der Zufall wollte, bot mir der Intendant des Karl-Marx-Städter Theaters ein Engagement an.

Wie ein Flüchtling stand ich also im Spätsommer 1970, beladen mit meinen drei schweren Koffern, auf dem zugigen Bahnsteig. Niemals zuvor war ich in Karl-Marx-Stadt gewesen, dem heutigen Chemnitz, der Stadt mit dem schwerwiegenden Namen. Zugereiste behaupteten gerne, es sei der einzige Ort weit und breit, der sich drei satte »Os« im Namen leiste: »Korl-Morx-Stodt«. Hier, in Sichtweite und im Schutz der Hügel des Erzgebirges, schwang sich der sächsische Dialekt ungebremster als in den restlichen Landesteilen zu tollkühnen Variationen auf.

Noch am Bahnhof fragte ich einige Umstehende nach dem schnellsten Weg zum Theater, doch niemand konnte mir eine annähernd klare Antwort geben. Diese erstaunliche Uninformiertheit war in meinen Augen mehr als reiner Zufall. Auf dem Weg in die Stadt, den ich zu Fuß zurücklegte, sprach ich weitere Passanten an. Einige hatten noch nie vom Städtischen Theater Karl-Marx-Stadt gehört, andere schickten mich zielsicher zum Opernhaus.

Allmählich beschlichen mich leise Zweifel, was die Wahl meiner neuen Arbeitsstätte betraf. Ich hatte inzwischen gut zwanzig Passanten gefragt, kein kleiner Personenkreis, um eine halbwegs passable Auskunft erwarten zu können. Doch gemessen daran war die Ausbeute an wegweisenden Mitteilungen äußerst mager. Kein einziger der Befragten würde sich so bald ins Theater verirren, wenn nicht einmal ein frisch angestellter Schauspieler sich dazu in die Lage versetzt sah. Zu guter Letzt wies mir ein freundlicher Herr den Weg, und ich fand das Städtische Theater in einem entlegenen Park. Es glich eher einem unbedeutenden Häuschen und stand direkt neben einem Rentnerwohnheim – nicht gerade eine günstige Konstellation. Vor nicht allzu langer Zeit war das Theater sogar noch ein Teil der Rentnereinrichtung gewesen, wie mir der freundliche Herr beiläufig erzählte. Das erschien mir dann doch nur wenig ermutigend für die Bretter, die die Welt bedeuten. Ein Theater sollte meines Erachtens immer im Zentrum einer Stadt stehen, und zwar unweit vom Rathaus. Idealerweise müsste es sich sogar als eine Art Rathaus verstehen.

Als ich mit meinen Koffern beim Theater ankam, liefen gerade die Proben zu einer neuen Inszenierung. Ich ging hinein, setzte mich ganz hinten in den Zuschauerraum und beobachtete, wie ein Schauspieler auf der Bühne, offenbar entsprechend den Regieanweisungen, wie besessen mit Schuhen auf einem Bett herumsprang. Es war grässlich anzusehen. Von meiner Mutter hatte ich gelernt, dass man niemals mit Schuhen im Bett etwas zu suchen habe, und schon gar nicht durfte man darauf springen. In ihren Augen war das ein deutliches Zeichen der Verwahrlosung und des unverzeihlichen Verfalls der Sitten. Schuhe im Bett waren in meiner Welt schlicht tabu.

Plötzlich und sehr spontan bekam ich Angst vor diesem Theater und versank immer tiefer in meinem Sitz. Obendrein war ich enttäuscht von den bescheidenen Ausmaßen der Bühne und hatte wenig Lust auf meine erste Rolle. Soweit ich informiert war, sollte ich einen Mann mit einem Gipsbein spielen, der während der gesamten Aufführung über die Bühne geistert. Das war eindeutig zu viel für mich. Ohne mich bei irgendjemandem zu melden, schnappte ich mir meine Koffer, hastete zum Bahnhof und fuhr mit dem nächstbesten Zug zurück nach Leipzig zu meiner Familie.

Gerhard Meyer, dem Generalintendanten des Städtischen Theaters, schrieb ich anschließend einen Brief, in dem ich ihm erklärte, dass ich fürs Erste nicht vorhätte, nach Karl-Marx-Stadt zu kommen, schon gar nicht für eine Rolle mit Gipsbein. Ich blieb ganze zwei Wochen in Leipzig, dann erinnerte mich Meyer nachdrücklich an meinen Vertrag und an die mir versprochene und für damalige Verhältnisse recht anständige Gage. Mit meinen 1100 Mark war ich vermutlich der höchstdotierte Schauspieler des Theaters.

Was blieb mir da anderes übrig, als doch hinzugehen? Als Neuling flogen mir unter diesen Umständen natürlich nicht gerade die uneingeschränkten Sympathien meiner Kollegen zu, erst recht nicht, nachdem sich herumgesprochen hatte, dass ich auch Rollen ablehnte. Bei den Proben zu meinem ersten Part, dem Wang in *Der gute Mensch von Sezuan*, beäugten sie daher alles, was ich tat, sehr kritisch. Die Kollegen standen in den Gassen und schauten, ob ich mein Geld tatsächlich wert war. Das Misstrauen legte sich erst, als ich eine Flasche Schnaps mit der Bemerkung auf ihren Stammtisch donnerte, sie könnten diese entweder allein oder mit mir gemeinsam leeren, in einem halben Jahr säße ich sowieso in ihrer Mitte. Die Ankündigung war wohl so überzeugend vorgetragen, dass sie mich akzeptierten.

So wurde die Zeit in Karl-Marx-Stadt nach anfänglichen Schwierigkeiten für mich zu einer unerwartet lebendigen Phase. Ich spielte die erhofften Hauptrollen und bekam sogar bald die Möglichkeit, selbst zu inszenieren. Für den Generalintendanten Meyer war ich das fähige Arbeitertalent, und mitunter wirkte er leicht pikiert ob meiner proletarischen Herkunft in diesem kunstsinnigen Beruf. Möglicherweise empfand er mich als ungehobelt, doch er mochte meinen Instinkt für Figuren und meine direkte, spontane Art. Trotzdem umgab er sich lieber mit den intellektuelleren Schauspielern, die zumindest einen Hauch von Bürgerlichkeit aufwiesen. Er war eher ein Mann der vergeistigten und geschmeidigen Gesten, als wollte er sich damit bewusst von der Stadt absetzen, in der er lebte.

Karl-Marx-Stadt galt seit je als das sächsische Aschenputtel: fleißig, aber ungewaschen, trist und rußverklebt. Eine rauchverhangene Arbeiterstadt, in der Gießereien, Metallindustrie und die Fritz-Heckert-Werke, ein Werkzeugmaschinenbaukombinat, ungehemmt die Gegend vernebelten. Wo die Bomben der Alliierten ganze Stadtteile sorgfältig gelichtet hatten, füllte die neue Macht die Lücken mit ihren architektonischen Vorstellungen. Wie zur sinnbildlichen Formvollendung der sozialistischen Musterstadt wuchteten sie 1971 ein tonnenschweres Maskottchen mitten ins Herz der sächsischen Industriemetropole. Ein Karl-Marx-Kopf in schwindelerregenden Dimensionen, ein Haupt von nie da gewesenen Ausmaßen. Mir war durchaus bewusst, dass der Marxismus eine gewaltige Ideologie darstellte, doch wie erdrückend er interpretiert werden konnte, hatte ich mir bis zur Einweihung des Monuments nicht vorstellen können.

Seitdem starrte der Philosoph unverrückbar und mit großen, leeren Augen in den vorüberfließenden Verkehr. Das überdimensionierte Konterfei nannten die Einheimischen in einem überzeugenden Akt der Selbstbehauptung bald nur noch »Nischel«.

Im Zusammenhang mit der Aufstellung des »Nischels« sei ich erneut negativ in Erscheinung getreten, meldete ein gewisser »Gerhard Wolter« in jenen Tagen an seine Auftraggeber. Aufmerksam verewigten diese meine reservierte Reaktion in Form eines Stasiaktenvermerks am 9. September 1971: »Über das neue Karl-Marx-Monument äußerte er, es sei so groß gestaltet worden, daß sich die Menschen klein und unscheinbar vorkommen würden wie Sklaven.«

Offenkundig kümmerten sich die Genossen vom MfS immer noch profund um meine Lebensauffassungen.

In der sozialistischen Musterstadt wollte man auf keinen Fall ein Sicherheitsrisiko eingehen, immerhin war es der Wahlkreis von Erich Honecker. So kam es, dass das MfS in Karl-Marx-Stadt geradezu streberhaft observierte, besonders penibel im Bereich der Kultur. Wir bekamen das am Theater deutlich zu spüren. Intendant Meyer war eher ein liberaler Herrscher, der so manchem politischen »Problemfall« in den technischen Gewerken seines Hauses Unterschlupf bot. Er war ein offener Geist, der einen ermutigte zu wagen und sich Freiheiten zu nehmen.

Ich wollte naturgemäß irgendwann wieder ein Kabarett auf die Beine stellen. Vielleicht war es auch der Gedanke Dürrenmatts, dass dieser Welt nur noch mit den Mitteln der Komödie beizukommen sei, der mir die erneute Gründung eines Kabaretts nahelegte. Jedenfalls hatte ich damals keine Mühe, Mitstreiter zu finden, und konnte mit Cornelia Schmauß, Horst Krause, Christine Krüger und Michael Gwisdek vorzugsweise wunderbar begabte Ensemblemitglieder versammeln. Die Angelegenheit ließ sich gut an, bis ich die Texte und die Konzeption des Programms bei der Parteileitung der Stadt einreichte. Bei einer Art Chefvisite wurden diese politisch und ideologisch inspiziert und als nicht aufführbar eingestuft. Das Urteil kam für mich überraschend, zumal ich seinerzeit bei Helene Weigel in Berlin recht unbescholten arbeiten konnte und unsere Nachtrevue hübsch unautoritär daherkam. Aber in der Provinz war das offenbar anders. Die örtlichen Fürsten wollten wohl bei der Parteiführung in Berlin durch Glaubensstärke und Treue auffallen und nicht mit einem liberalen Klima. Hier wurde ein Text oft schneller verboten, als er geschrieben war.

Die Damen und Herren von der Sicherheit waren bereits vor der Fertigstellung unseres Kabarettabends im Bilde, besonders darüber, mit wem sie es zu tun hatten. Schon einmal habe dieser Sodann wegen staatsgefährdender Hetze gesessen, meldeten sie erregt nach oben. Die Berichte wiesen ein gewisses Unverständnis auf, wie man ausgerechnet mich zum Leiter eines Kabarettabends hatte bestimmen können. Für das MfS war das ungefähr so, als würde man einem Fuchs die Aufsicht über einen Hühnerstall übertragen. Die Premiere unseres Programms wurde letzten Endes so oft verschoben, bis man sie schließlich vergaß.

Der IMV »Jochen« übermittelte lediglich noch an die Bezirksverwaltung für Staatssicherheit, dass der Sodann geäußert habe: »Es hat keinen Sinn, machen wir also das, was verlangt wird.«

Mein Freund Alfred Matusche

In jenen Tagen lernte ich in Karl-Marx-Stadt den Dichter Alfred Matusche kennen. Er arbeitete als angestellter Dramaturg und Hausdichter am Städtischen Theater, was bei ihm eher die Ausnahme war. Matusche zog ansonsten jedweder Dienstbarkeit in seinem Leben die bedingungslose Unabhängigkeit vor. Selbst auf die Gefahr hin, von der eigenen Rigorosität in die Armut getrieben zu werden, was zeit seines Lebens der Fall war. Die Begegnung mit Alfred war übrigens einer der bedeutendsten Momente in meinem Leben.

Mehr schlecht als recht schlug er sich mit dem Schreiben von Theaterstücken durch. Ein sonderbarer Poet, der extrem zurückgezogen lebte, und ein scheuer Eigenbrötler. Er machte sich mit niemandem und nichts gemein, außer mit seiner eigenen Gedankenwelt. Er führte ein einsames Leben, unfähig und unwillig, sich zu arrangieren, nicht einmal im Privaten, in der Liebe. Regelmäßig rannten ihm seine zahlreichen Frauen mit den gemeinsamen Kindern davon.

»Matusche war unser Gammler. Er hat abwegig und ärmlich gelebt«, sagte Peter Hacks einmal über seinen Dichterkollegen. Seine Qualität für das Theater wurde allerdings schon früh erkannt. Auch Brecht unterstützte den eigentümlichen Charakter und steckte ihm immer mal wieder Geld zu, und das Deutsche Theater unter Wolfgang Langhoff und Heinar Kipphardt brachte schließlich eines seiner Stücke zur Uraufführung. Nach diesem Start hätte es mit Matusche vermutlich gut weitergehen können, doch für den eigensinnigen Kopf bestand plötzlich kein Bedarf mehr. Man warf ihm vor, dass er einen erkennbaren Standpunkt in seinen Stücken vermissen lasse und seine mit den Unabänderlichkeiten der menschlichen Natur ringenden Figuren nicht mehr zeitgemäß seien. Vielen war er suspekt, gerade wegen seines sturen Beharrens auf Nichtzugehörigkeit in einer Zeit, in der ideologische Rückversicherungen den porösen Kitt der Systeme bildeten.

Als Alfred Matusche nach Karl-Marx-Stadt kam, galt er als ausgestoßener Sonderling. Er wohnte in einer Plattenbausiedlung in einem weithin sichtbaren, neuen Hochhaus, und zwar in einer Einraumwohnung, einem sogenannten Arbeiterschließfach. So gut wie niemand durfte die Wohnung betreten, die er nur selten verließ. Alfred hatte eine Haushälterin, die auf demselben Flur wohnte wie er. Frau Schönfeldt kochte für ihn das Essen und stellte es jeden Tag in einer Basttasche vor seiner Tür ab. Nachdem er sich vergewissert hatte, dass ihm auf dem Flur keiner begegnen würde, holte er sich seine Mahlzeiten und stellte wenig später das schmutzige Geschirr mit der Basttasche wieder vor die Tür. Nichts sollte ihn vom Schreiben ablenken, niemand ihn beim Dichten stören. Er schrieb im Liegen und im Stehen an einem verstellbaren Pult, einem Reißbrett, auf dem er die Texte entwarf wie grafische Bilder. Es waren Landkarten seiner Gedanken.

Karl-Marx-Städter Geschichten

Das Theater bereitete im Jahr 1971 eine Inszenierung anlässlich des fünfundzwanzigsten Jahrestages der Gründung der SED vor, die *Karl-Marx-Städter Geschichten*. Dieser Abend sollte etwas ganz Besonderes werden. Nichts Geringeres als die Wirklichkeit wollte man für das Theater wiederentdecken. Menschentypen, die aus dem Leben gegriffen waren, und ihre gesellschaftlichen Probleme sollten auf der Bühne dargestellt werden.

Letzten Endes wurde es ein Abend mit turbulenten Nebenwirkungen. Alfred Matusche hatte eigens ein Stück dafür verfasst: *Prognose*. Darin bezieht ein Schriftsteller gemeinsam mit anderen Leuten ein neu erbautes Hochhaus. Die Hausgemeinschaft besteht aus einer illustren Schar von Menschen: ein Schriftsteller, ein Arbeiter, ein Volkspolizist, der die Staatsmacht verkörpern soll, ein kleinbürgerliches Ehepaar, ein ehemaliger Aktivist, ein dichtender Hippie und viele mehr – sozusagen ein Mikrokosmos der sozialistischen Gesellschaft. Das sich himmelwärts streckende Hochhaus war für Matusche Sinnbild der unbescheidenen Utopie einer im Aufbruch befindlichen Gesellschaft, und die zufällig ausgewählten Bewohner standen für die unterschiedlichen Lebensentwürfe.

Ich spielte in der Inszenierung den Schriftsteller, der am Schluss sagte: »Wie liebenswürdig ist der Mensch, wenn er Mensch ist. Prognose? Ja, doch nicht mit Zahlen nur, mit dem Wert des Menschen. Nicht Wohlstand nur, nicht Reichtum ganzer Welten, häuf nicht Waren, häuf von Tag zu Tag die eigene Lebenssumme zu aller Maß, reich selbst dich dem Reichtum hin.«

In diesen Zeilen ließ Matusche seine Grundhaltung zur Gesellschaft frei heraus. Alfred sah eine Entwicklung für seine DDR-Welt voraus, die im Westen bereits normal war, nämlich das lustvolle Konsumieren und als Folge davon das Verschwinden des Menschen.

Bei der Premiere am 7. Mai 1971 kam es zu einem kuriosen Zwischenfall. Während wir Matusches *Prognose* aufführten, ertönte plötzlich verhaltenes Murren aus dem Publikum, das bald zu ungeniert lauten Zwischenrufen anwuchs. Ein äußerst ungewohnter Gefühlsausbruch, denn für gewöhnlich hielten sich die Zuschauer mit Wertungen während der Vorstellung wohlerzogen zurück. Zum Schluss klatschten sie artig Beifall oder unterließen es. Wir empfanden diese Buhrufe und Pfiffe während der Aufführung als extrem unflätig und waren angesichts der Störung fassungslos.

Speziell in jenen Szenen, bei denen die Hippiefigur beteiligt war, riefen manche lauthals: »Der Kerl soll lieber arbeiten gehen!« Irritiert fragten wir uns, wer hier den Abend so hemmungslos zu sabotieren versuchte? Die krakeelenden Zuschauer seien schon betrunken ins Theater gekommen, wollte ein Schauspieler gesehen haben. Eine Kollegin hatte wiederum beobachtet, dass der Tumult insbesondere von einer Gruppe Männer ausging, die alle mittleren Alters waren und sich irgendwie sehr ähnlich verhielten. Es handele sich offenkundig um einen exklusiven, in erster Linie an dieser Aufführung interessierten Freundeskreis, meinte ein Darsteller aus dem Ensemble spitzfindig.

Er sollte recht behalten. Mitarbeiter der Bezirksverwaltung für Staatssicherheit waren augenscheinlich zum kollektiven Premierenbesuch unserer Inszenierung verdonnert worden. Man hatte sie wohl mit dem Auftrag ins Theater geschickt, durch Zwischenrufe ordentlich für Stimmung zu sorgen und so etwas wie den allgemeinen Volkszorn darzustellen. Die Offiziellen hofften wohl auf eine Absetzung der Aufführung, denn in diesem Drama stand nicht wie erwünscht der Arbeiter im Mittelpunkt, sondern ein schreibender Hippie. So jemand durfte nun einmal kein positiver Held sein, ebenso wenig wie ein Volkspolizist als ahnungsloser und von Misstrauen zerfressener Ordnungshüter durchging.

Jene Art der inszenierten Empörung gehörte beim MfS zum modernen Arsenal an effektvollen Vorgehensweisen, wann immer Gefahr im Verzug war. Diese Vorgehensweise hatte einen unschlagbaren Vorteil: Unliebsame Kunst musste nicht kategorisch verboten werden. Das war zu aufsehenerregend und obendrein für beide Seiten häufig mit Unannehmlichkeiten verbunden. Anders bei der gespielten Empörung. Unerwünschtes konnte nunmehr mit dem Verweis auf Volkes Stimme einfach abgesetzt, zurückgenommen und somit aus der Öffentlichkeit verbannt werden.

Wer wollte angesichts dieser angemessenen Rücksichtnahme auf die Gefühlslage der Arbeiterklasse, der vermeintlich herrschenden Klasse, da noch von Verbot sprechen? Im Grunde war das eine raffinierte und ausgeklügelte Methode, die wegen ihrer stümperhaften Durchführung am Ende allerdings jedes Mal wie ein kompromittierendes Verbot aussah.

Nach der missglückten Aufführung diskutierten wir lange, was die Staatssicherheit in Gruppenstärke in unserer Premiere zu suchen gehabt hatte. Wie ein gewöhnlicher Theaterbesuch hatte das Ganze zwar nicht ausgesehen, doch wir waren uns nicht sicher. Eine Mitarbeiterin des Theaters bot an, anhand der Kartenbestellungen die Namen der Zwischenrufer herauszufinden und sie zur Rede zu stellen. Eigentlich eine hübsche Überraschung: Da klingelt bei der Staatssicherheit das Telefon, und unsere Mitarbeiterin verlangt nach den Namen sämtlicher beteiligter Angestellter, um ihnen die Leviten zu lesen und besseres Benehmen einzufordern. Den Vorschlag verwarfen wir schließlich als zu heikel. Dennoch war eines unübersehbar: Mit dem inszenierten Lärm sollte Matusches Gegenwartsstück *Prognose* früher oder später vom Spielplan krakeelt werden.

Die Geschichte nahm übrigens einen interessanten Fortgang:

Einen Tag nach der Premiere, am 8. Mai, meldete »Gerhard Wolter« sicherheitshalber seinen Auftraggebern nach oben, dass bei der anschließenden turbulenten Diskussion zur Auswertung der Premiere Peter Sodann rigoros erklärt habe: »Wer gegen Matusches Stück *Prognose* ist, sei sein persönlicher Feind, was er sogar noch mit einer Geste unterstrichen hat.« Mag sein, dass sich das MfS jetzt erst recht herausgefordert sah und sich mit ein paar Zwischenrufen allein nicht zufriedengeben wollte. Eine Kritik in der *Freien Presse*, der SED-Bezirkszeitung, lobte immerhin die Inszenierung offiziell mit den Worten »die Wirklichkeit entdeckt und dargestellt«. Vom MfS angeregte Leser griffen bei ihren Zuschriften dagegen umso mehr in die Tasten. Da kauderwelschten sich nicht wenige Stellungnahmen zu parteipolitisch korrekten Abstrafungen: »Die menschlichen Werte, von denen die *Prognose* spricht, haben nicht viel gemein mit den Eigenschaften sozialistischer Persönlichkeiten, die sich besonders im Produktionsprozeß entwickeln. Eine solche Karikierung von Menschen und Verhaltensweisen richtet sich gegen den sozialistischen Menschen (…) Die Werktätigen unserer Republik vollbringen gerade in diesen Tagen im Wettbewerb viele neue, große Leistungen zu Ehren des VIII. Parteitages der SED. Da dürfen doch die Künstler auf keinen Fall hinterherhinken.«

Meine Bewunderung gehörte jedem, der es schaffte, unbeschadet durch solch einen Text zu kommen. Mir fehlte schon immer jede Kondition dafür.

Matusches Theaterstück versetzte die Genossen beim MfS jedenfalls derart in Sorge, dass sie sich zu seitenlangen Textanalysen hinreißen ließen. Diese zeugten zumeist von eifriger und von Unruhe geprägter Interpretation, so auch die Fleißarbeit von Oberleutnant Freitag aus der Abteilung XX des MfS in Karl-Marx-Stadt. Er wendete jede einzelne Person des Stückes zigmal hin und her, überprüfte die Charaktere auf ihre Stimmigkeit und kam zu dem befürchteten Ergebnis: Matusches Theaterstück, so analysierte er, sei ein raffiniert getarnter und verklausulierter Angriff auf die sozialistische Gesellschaft. Besorgt endete seine Exegese mit einem fast aufrüttelnden Appell an die Genossen: »Durch eigenes Erleben weiß ich, daß die im Stück verschleierte Aussage vom großen Teil des Publikums zunächst nicht in voller Breite und Konsequenz erkannt wird, viele der anwesenden Genossen zollten diesem Stück Beifall und quittierten die spitzen Angriffe mit Lachern, beispielsweise die Vertrottelung des Volkspolizisten.«

Durch die obsessive Konzentration auf eine letzten Endes harmlose Theateraufführung begann die Angelegenheit allmählich aus dem Ruder zu laufen. Dass der Geheimdienst neuerdings in Mannschaftsstärke das Theater besuchte und Premierenpublikum spielte, wurde bald in der ganzen Stadt als Groteske gehandelt. Doch dass die Männer vom MfS die Dreistigkeit besaßen, die Schauspieler bei der Arbeit und die anderen Theaterbesucher beim Zuschauen zu stören, wollte man nicht auf sich sitzenlassen. Generalintendant Meyer und der Parteisekretär des Theaters verfassten schließlich einen Brief an Erich Honecker persönlich, worin sie ihre Verwunderung über das außer Kontrolle geratene, flegelhafte Verhalten der Staatssicherheitsbeamten äußerten. Daraufhin kam eigens eine Abordnung des Zentralkomitees angereist, um die Gemüter zu beruhigen. Ministeriumsintern räumte man zerknirscht ein, dass man wahrscheinlich nicht die richtigen Mittel angewendet und so einen Teil der Bevölkerung gegen sich aufgebracht habe.

Alfred Matusche wurde infolge der angezettelten Aufregung um sein Stück *Prognose* der Vertrag mit dem Theater gekündigt. Wir Schauspieler waren damit ganz und gar nicht einverstanden. Wie konnte der Intendant, auf Geheiß von wem auch immer, einem der besten Gegenwartsdramatiker der DDR so schäbig den Stuhl vor die Tür setzen? Gemeinsam mit einigen Kollegen schlug ich vor, eine Resolution für Matusche zu verfassen. Gleich eine Resolution in die Welt setzen? Das war Generalintendant Meyer dann doch zu delikat. Er versprach stattdessen, einen Brief an den zuständigen Minister zu schreiben, mit der Bitte, Alfred Matusche eine monatliche Unterstützung zukommen zu lassen. Daraus wurde jedoch nie etwas. Die *Karl-Marx-Städter Geschichten* verschwanden nach einem halben Jahr einfach vom Spielplan.

Alfred Matusche tauchte in seiner Einraumwohnung im Hochhaus unter und stürzte sich in die Arbeit. Er verbarrikadierte sich regelrecht und war für niemanden zu sprechen.

Regiearbeit trotz mangelnder Lebensweisheit

Mir bot sich bald darauf die unerwartete Möglichkeit, selbst zu inszenieren. Für Rolf Schneiders Stück *Einzug ins Schloss* suchte man noch einen Regisseur, und der Intendant fragte tatsächlich mich. Grundsätzlich war auch nichts dagegen einzuwenden, nur hatte ich mir ursprünglich vorgenommen, erst Regie zu führen, wenn sich bei mir ein beträchtliches Reservoir an Lebensweisheit gebildet hätte. Damit rechnete ich frühestens im Alter von fünfundvierzig Jahren. Streng genommen hätte ich mich also noch ein paar Jährchen gedulden müssen. Welche Tiefe, welche Aussage könnte ich ansonsten einem Stück abgewinnen? – das waren meine Befürchtungen. Wie auch immer, ich deutete diese vorzeitige Gelegenheit als einen Wink des Schicksals, mich auszuprobieren.

Meine zweite selbstständige Inszenierung war *Wann kommt Ehrlicher?*, ein Beziehungsdrama aus der Feder von Rainer Kerndl, dem mächtigen Theaterkritiker beim SED-Zentralorgan

Neues Deutschland. Aus Prestigegründen waren sämtliche Bühnen bemüht, wenigstens einmal seine wertvolle Aufmerksamkeit zu erregen und ihn in die Theaterprovinz zu locken. Dies ließ sich am besten arrangieren, indem man eines seiner Stücke auf den Spielplan hob. *Wann kommt Ehrlicher?* war gewiss kein Stück, das die Theaterwelt den Atem anhalten ließ, und überdies war es von recht überschaubarem Inhalt: Ein gut situiertes Ehepaar, beide von Beruf Ingenieure, bekommt Besuch von einer früheren Liebschaft und verheddert sich im schönsten Beziehungsstreit. Ein unverfängliches, launiges sozialistisches Beziehungsdrama, in dem das Publikum jede unfreiwillige politische Andeutung dankbar interpretierte.

Diese diskrete Verabredung zwischen Publikum und Theater führte in der DDR zu einer nicht für möglich gehaltenen Blütezeit der anspielungsreichen Gesten. Irgendwann deutete man selbst das schlichte Hereintragen einer Obstschale umgehend als kritische Äußerung zur miserablen Versorgungslage im Land.

Ich ließ die Inszenierung genau damit beginnen, dass einer der beiden Eheleute eine üppig gefüllte Obstschale auf die Bühne trug. Darin funkelten unter anderem so exotische Früchte wie Bananen, Apfelsinen und eine Ananas. Sofort setzte ein anerkennendes, vielsagendes Raunen im Publikum ein – eine freundliche Provokation. Die meisten dieser knackig frischen Früchte kannten die Leute zu der Zeit in Karl-Marx-Stadt nur vom Hörensagen. Vor jeder Vorstellung erhielten wir sie, in eine Papiertüte gehüllt, aus einem bestimmten Obstladen. Ich hatte herausgefunden, dass es dort einen kleinen Vorrat an Bananen und Apfelsinen für ausgesuchte Kundschaft und besondere Anlässe gab. Falls sich ausländische Gäste in die Stadt verirrten oder sich hoher Besuch aus dem Westen ankündigte, wollte man auf alle kulinarischen Eventualitäten vorbereitet sein.

Ich hatte mir von der SED-Bezirksleitung eine Sondergenehmigung besorgt, die besagte, dass Herr Peter Sodann berechtigt sei, soundso viele Bananen und Apfelsinen für die Theatervorstellung *Wann kommt Ehrlicher?* entgegenzunehmen. Die Schauspieler freuten sich seither jedes Mal auf das Ende der Vorstellung, wenn wir die Südfrüchte gemeinsam aufaßen. Welch vitaminreicher Kunstgenuss!

Für die Staatssicherheit war das, was da auf der Bühne stattfand, ein feinschmeckerischer Wahnsinn. Sie gestatteten sich keine Konzentrationsschwäche, auch nicht bei solch einem harmlosen Theaterabend. Sodann erscheine nach außen progressiv, eröffnete Unterleutnant Haubold seine tiefenpsychologische Analyse über meine Regiearbeit im Bericht an die zuständigen Organe. Die feindliche Wirksamkeit komme erst zum Ausdruck durch Denkanstöße und Symbole, deutete Haubold hellwach die kognitive Wirkung der mit Bananen und Apfelsinen gefüllten Obstschale. Dadurch werde der Zuschauer in seiner Wahrnehmung in die gewünschte Richtung gelenkt und unterschwellig ideologisch zersetzt. Wenn das mal keine beherzte Interpretation von Theaterkunst war!

Meine eigentliche Aufmerksamkeit gehörte damals allerdings einem insgeheim schon lange gefassten Entschluss. Ich wollte unter allen Umständen *Van Gogh* inszenieren, ein Stück, das bisher auf DDR-Theaterbühnen tabu war. Für mich galt es von allen Dramen, die Alfred Matusche geschrieben hatte, als das interessanteste, wenn auch am schwierigsten umzusetzende. Van Gogh war wie Matusche selbst der Inbegriff des Künstlers in einem System, das ihm nicht wohlgesonnen ist. Wie auch der Poet, ging der Protagonist an der Rigorosität gegen sich selbst kaputt und verschliss sich bedingungslos für seine gelebte Wahrheit.

Ich musste diesen Maler unbedingt spielen.

Nach längerer Diskussion mit der Theaterleitung konnte ich mich durchsetzen. Sie befürchteten anfänglich, das Stück könnte eine zu sonderbare, zu spröde, zu elitäre Wirkung auf das Publikum haben. Matusches Sprache in seinen Dramen sei kurz und prägnant, es brauche Zeit und Raum, bis so ein Gedanke die Runde unter den Zuschauern gemacht habe.

Nachdem ich diese Hürde genommen hatte, benötigte ich nunmehr Matusches Einverständnis. Er öffnete nach wie vor niemandem die Tür. Nur durch einen Trick schaffte ich es, mir Zutritt zu seiner Wohnung zu verschaffen. Ich hämmerte energisch an die Tür und gab mich als Polizist aus. Als Alfred sie vorsichtig einen Spaltbreit öffnete, schob ich ihn kurzerhand beiseite, und schon war ich in der Wohnung. Seinen Protest besänftigte ich augenblicklich mit der Nachricht, dass ich seinen *Van Gogh* inszenieren wolle. Matusche freute sich wie ein kleines Kind. Zwar litt er unter der Geringschätzung seiner Person und seiner Kunst, aber er war auch der Meinung, dass man das Theater nicht bedienen sollte wie ein Kellner.

Matusches extrem karg möblierte Wohnung wirkte, als sei er im Aufbruch begriffen. Es gab keinerlei Dinge, die auch nur einen Hauch von Komfort vermuten ließen. Den gestattete er sich ausschließlich geistig, alles andere erschien ihm verzichtbar. Im Wesentlichen lagen in dem Zimmer angefangene oder gerade beendete Theaterstücke herum. Die Wohnung beherbergte offensichtlich nur ihn und diese Stücke. Merkwürdigerweise roch es bei ihm jedoch immer nach Waschpulver, und schon bald sollte ich herausbekommen, warum. Matusche kochte sich kein Essen, dafür wusch er aber regelmäßig seine Wäsche unter der Dusche, und zwar mit überreichlich Waschpulver.

Mit der Zeit freundeten wir uns an, und ich besuchte ihn immer mal wieder in seinem Hochhaus. Manchmal gingen wir zusammen in eine Eisdiele, dort bestellte er dann Vanilleeis mit Früchten, und zwar zwei Portionen, während ich ein Bier trank. Oft schwieg er ausführlich, und manchmal war er sogar so wortkarg, dass es schmerzte. Wenn wir in diesen zwei Stunden ganze zwölf Sätze wechselten, fand er das ausreichend. Matusche mochte die vielen unsinnigen Worte nicht, die oft nachlässig in die Welt gesetzt wurden.

Allerdings mochte er auch keine in den Himmel wachsenden Hochhäuser, obwohl er in einem wohnte. Meist unterhielten wir uns allgemein über Demut und darüber, wie die Ideologien, sei es die der Warenwelt oder die der Funktionäre, die Demut als etwas Jenseitiges abtaten. Damals waren nicht wenige von einem ausgelassenen Fortschrittsglauben ergriffen, von der freudigen Erwartung, dass der Mensch alsbald die Natur beherrschen werde. Doch Alfreds Dramen wussten zu erzählen, wie sehr der Mensch zeitlebens mit seiner eigenen Natur zu kämpfen hat. Eines Nachmittags, Alfred löffelte gerade stoisch sein Vanilleeis, sagte er kategorisch: »Weißt du, Peter, solange die Menschen ihre Häuser höher bauen, als die Bäume wachsen, wird das mit der Menschheit nichts. Und mit dieser Gesellschaft wird das auch nichts, weil die Menschen vergessen haben zu beten. Kommunismus ist eine schöne Sache. Aber wenn man nicht beten kann, sollte man den Kommunismus nicht als Ziel ansteuern.«

Damals entstand unsere Idee vom betenden Kommunisten, die ich über alle Zeitenwenden bis heute gerettet habe. Gemeinsam ersannen wir ein Haus, das aus allen anderen herausragen sollte. Es sollte ein Haus sein, in dem man darüber redete, warum, wozu, weshalb und wofür die Menschen da seien. Das war Alfred, und in diesem Sinne dichtete er auch.

Die Premiere und Uraufführung seines *Van Gogh* erlebte der inzwischen schwer herzkranke Matusche von Ärzten begleitet im Rollstuhl. Er war zu Tränen gerührt. Ich stand als Vincent auf der Bühne, auf den Lippen seinen Text, in dem aus jeder Zeile Alfred sprach: »Das Leben ist schwer, aber es liegt an uns, wir selbst tragen uns als Last mit. Zu sich selbst Vertrauen zu haben, ist das Schwierigste. Wenn wir uns nicht genügen, was dann?«

Die Kritik bescheinigte uns ein bewegendes Theaterereignis,

unter anderem mit Jörg Gudzuhn als van Goghs Bruder Theo und Dietmar Huhn als Gauguin.

Wenige Wochen nach der Premiere erhielt ich einen Anruf. Eine fremde Stimme fragte mich, ob man Alfred aufbahren solle oder nicht. Ich wusste beim besten Willen nicht, was ich tun sollte. Also rief ich alle an, die mit ihm näher bekannt waren, doch keiner hatte Zeit, keiner wollte ihn noch einmal sehen.

Kurz vor seinem Tod hatte Matusche den Lessingpreis verliehen bekommen, mit dem ein beachtliches Preisgeld von 3000 Mark verbunden war. »Peter, ich war noch nie so reich«, scherzte er bitter.

Als ich seine Einraumwohnung auflöste, fand ich die Medaille. Keine Menschenseele interessierte sich damals für seinen Nachlass. Alfred wurde auf dem Dorotheenstädtischen Friedhof in Berlin beerdigt, in prominenter Nachbarschaft zu Ruth Berlau und Elisabeth Hauptmann.

Familienleben auf Distanz

Während ich das Vagabundenleben eines Schauspielers führte, lebten meine Frau Monika und unsere Kinder weiterhin in Leipzig. Die Entfernungen zwischen uns waren mal größer, mal geringer. An den Wochenenden und probenfreien Werktagen kam ich regelmäßig zu Besuch und schlüpfte in die Rolle des Familienvaters. Mit den Jahren waren wir eine große Familie geworden: vier Kinder, zwei Erwachsene und ein Hund. Wenn wir mit dem Auto in den Urlaub fuhren, war das immer eine kleine Attraktion in unserer Straße.

Vorn im Trabant-Kombi saßen Monika und ich, während sich

Tina, Susanne, Franz, Karl und der Hund die Rückbank teilten, vom Gepäck ganz zu schweigen. Da wir im Urlaub Fahrradtouren unternehmen wollten, befanden sich auf dem Autodach außerdem allerhand Fahrräder. Vier große, dazu noch ein Kinderrad und obenauf, kunstvoll ausbalanciert, das Dreirad von Karl. Am Ende bekamen wir irgendwie doch immer alles mit, und es konnte losgehen. Wenn wir derart auffällig beladen durch die Stadt fuhren, hielt uns spätestens nach hundert Metern ein besorgter Polizist an. Ich stoppte den Wagen, kurbelte das Seitenfenster herunter und sah ihn nicht gerade einladend an. Der Polizist spähte nur kurz in das Auto und sagte sofort erschrocken: »Oh, bitte fahren Sie weiter.« Sobald die Beamten das Gedränge im Wageninneren erblickten, wurden sie sehr freundlich zu uns, gewissermaßen kinderfreundlich. Die Urlaube verbrachten wir meistens bei meiner Mutter in Weinböhla, denn etwas anderes konnten wir uns nicht leisten.

Das Geld war damals häufig knapp, trotzdem wollte ich mit den Kindern an den Wochenenden etwas unternehmen, und uns fiel auch immer etwas ein. Im Ägyptischen Museum in Leipzig hatten kinderreiche Familien beispielsweise freien Eintritt. Jedes Mal, wenn eines unserer Kinder wieder alt genug war, besuchten wir dieses Museum erneut. Bald kannten wir dort jede einzelne Mumie besser als die Bewohner unseres Plattenbaus.

Ich brachte meinen Kindern außerdem Skat bei, sorgte dafür, dass sie Klavierspielen lernten, betrachtete mit ihnen Gemälde, wir bastelten Modelleisenbahnen zusammen, und ich rettete ihre Zierfische vor dem Austrocknen. Trotzdem verpasste ich den Alltag mit ihnen. Vom Berliner Ensemble wechselte ich zum Theater Erfurt, von dort nach Karl-Marx-Stadt, dann weiter nach Magdeburg und später nach Halle. Räumlich gesehen kreiste ich all die Jahre beständig um meine Familie. Vermutlich entgingen mir aufgrund der Distanz aber all die vielen wesentlichen Nebensächlichkeiten, die damaligen Sorgen meiner Kinder. Das alles fehlt mir heute, deshalb erkundige ich mich manchmal bei Monika, wie dies und jenes bei unseren Kindern eigentlich war. Es nun bei meinen Enkelkindern nachholen zu wollen liegt mir nicht.

Ich fühlte mich oft hin- und hergerissen zwischen den Möglichkeiten, die das Leben mir bot, und den Erfordernissen einer Familie. Ehe, Kinder, Beruf, Lustbarkeit des Daseins bedrängten einander gegenseitig. Dabei gelang es mir nicht immer, mich richtig zu entscheiden und den reizvollen Versuchungen des unsteten Künstlerlebens zu widerstehen. Wie unumwunden ich den Verlockungen nachgab, darüber war die Staatssicherheit naturgemäß besser im Bilde als meine Frau. Sodann habe ein Verhältnis mit einer Tänzerin des Städtischen Theaters Karl-Marx-Stadt, sorgte sich beispielsweise Unterleutnant Haubold über mein liederliches Betragen. Sodann mache kein Hehl aus seiner Verbindung. Er verkehrte, fügte Haubold mit einem unfreiwilligen Hang zur sprachlichen Doppeldeutigkeit noch hinzu, mit besagter Tänzerin sogar in der Öffentlichkeit.

Meine Frau musste wahrlich einiges aushalten, was ich heute zum Teil salopp als jugendlichen Übereifer bezeichnen würde. Deshalb kam es für mich auch nicht allzu überraschend, als mein jüngster Sohn, er war damals noch klein, mich eines Tages fragte, ob ich denn wisse, dass manchmal ein anderer Papa bei uns zu Gast sei …

Monika und ich trennten uns Jahre später, dennoch mögen wir uns heute noch.

Mit *Van Gogh* in Moskau

In der Spielzeit 1974/75 wechselte ich als Schauspieldirektor an die Städtischen Bühnen Magdeburg. Gleich zu Beginn der Spielzeit bekam ich den Auftrag, in Moskau Alfred Matusches *Van Gogh* zu inszenieren. Die damalige sowjetische Kulturministerin Frau Furzewa lud mich persönlich dazu ein.

Die Sache hatte sich schon länger angebahnt. Bei einer Reise des Theaterverbandes fragte mich zufällig eine Moskauer Kollegin, wer für die Uraufführung des Stückes in Deutschland verantwortlich sei. »Ich«, lautete meine knappe Antwort. Damit war sie im Grunde sofort an den Richtigen geraten, zum einen, weil ich ein guter Freund von Alfred war, zum anderen, weil mir das Stück eines der liebsten war. Nach einigen umständlichen Festlegungen brach ich im Herbst 1974 nach Moskau auf, um das Stück dort bei unseren »Freunden« herauszubringen. Die »Freunde«, wie die Sowjetbürger in der DDR ironischerweise hießen, waren streng genommen eher der »große Bruder«. Die Bezeichnung war deutlich treffender, denn bekanntlich kann man sich seinen großen Bruder nicht aussuchen. Dass sie ausgerechnet mich mit einer Inszenierung nach Moskau schickten, der man ein Jahr zuvor antisozialistisches Gedankengut angelastet hatte, zählte zu jenen launenhaften Wendungen, zu der die DDR gelegentlich neigte.

Das Moskauer Publikum war ausgesprochen theaterversessen und von einer Aufmerksamkeit, wie ich es bisher nirgendwo sonst erlebt habe. Sämtliche Vorstellungen waren ausverkauft, die Säle überfüllt, und die Blumen kamen nur so auf die Bühne geflogen. Wen das Moskauer Publikum erst einmal ins Herz geschlossen hatte, den feierte es ausgiebig. Ich fühlte mich dort sofort heimisch und lernte während meines Aufenthalts nicht wenige Menschen kennen, die sehr genügsam lebten. Ihr Alltag war von deutlich größeren Erschwernissen geprägt als meiner, und dennoch redeten sie über Dichtung und Theater in einer mitreißenden Art und Weise, der ich mich schwerlich entziehen konnte. Ich war überwältigt von dieser Fülle an Gedanken und überrascht von der Schlichtheit des Lebens.

Bei einer späteren Inszenierung in Moskau hatte ich als Bühnenbild eine Theaterschräge geplant, die eigens zu diesem Zweck aus Holz gezimmert wurde. Da jedoch nur Bretter in einer bestimmten Breite vorhanden waren, klaffte am Ende eine Lücke von ungefähr acht Zentimetern. Trotz guten Zuredens wollte ich die Lücke nicht als gegeben hinnehmen, sondern wies beharrlich darauf hin, dass unter Umständen der Fuß eines Schauspielers darin verschwinden könne. Am nächsten Tag beobachtete ich, wie ein Bühnenarbeiter immerfort mit der Axt kräftig auf eine etwa zwanzig Zentimeter breite Holzbohle einhieb. Ich befürchtete schon, er würde mir bei der Gelegenheit das Bühnenbild zertrümmern. Doch der Bühnenarbeiter, der in seinem früheren Leben Holzfäller gewesen sein muss, schaffte es nach geraumer Zeit tatsächlich, aus einem Brett ein genau in die Lücke passendes Stück Holz zu schlagen.

Es war wie ein Sinnbild. In Deutschland hätte man das Brett mit einer Kreissäge millimetergenau zugeschnitten. In Moskau dagegen ersparte die Axt im Hause den Zimmermann.

Bei meiner Rückkehr empfing man mich in Magdeburg ausgesprochen repräsentabel. Schließlich zählte ich zu den ersten deutschen Regisseuren, die nach dem Krieg in Moskau inszeniert hatten. Die wissbegierigen Genossen hatten sich versammelt und wollten nun erfahren, welche überwältigenden Eindrücke ich vom Aufbau des Kommunismus mitgebracht hätte.

Nun ja, druckste ich ein wenig herum, es sei nicht alles so, wie wir immer gedacht hätten. Von der Sowjetunion lernen heiße nicht in jedem Falle siegen lernen. In geistiger Hinsicht sei das Land zwar hoch entwickelt, was dagegen die Mühseligkeit, das

tägliche Leben zu organisieren, anbelange, sei es ziemlich weit
hinterm Berg. Nach dieser offenherzigen Einschätzung hielten
sich die weiteren Feierlichkeiten zu meiner Rückkehr in Grenzen.

Das »Theater des Unfriedens«

Einige Jahre später wechselte ich von Magdeburg nach Halle, an
das Theater des Friedens, das damals nur »Theater des Unfrie-
dens« genannt wurde. Der Haussegen hatte mit den Jahren sehr
gelitten, und die einzelnen Sparten des Theaters lieferten sich
um die begrenzten Auftrittsmöglichkeiten hartnäckige Fehden.
Es gab nämlich lediglich eine große Hauptbühne, die zum einen
von der Oper und zum anderen vom Orchester beansprucht
wurde, und auch das Ballett bestand darauf, sich wenigstens zwei
Mal monatlich zeigen zu können.

Das Schauspiel fristete dazwischen ein recht kümmerliches
Dasein und verausgabte sich mit gerade mal acht Vorstellungen
pro Monat nicht sonderlich. Selbst der ehrgeizigste Mime musste
da in Ermangelung lohnenswerter Herausforderungen irgendwann in Schwermut verfallen. Eine nicht zu unterschätzende
Zahl an Schauspielern suchte sich daher in jenen Tagen ein anderes Betätigungsfeld und füllte die Kneipen in Theaternähe.
Anfangs musste ich meine Darsteller nicht selten zu den Thea-
terproben eigenhändig vom Tresen einsammeln. Oft hielten sie
sich schon am Morgen in Lokalen mit klangvollen Namen wie
»Sargdeckel« oder »Bierbar« auf. Ihre Anhänglichkeit ging sogar
so weit, dass ich irgendwann einer Schauspielerin die Schnaps-
flasche aus der Hand nahm und deren Inhalt in den Ausguss ver-
senkte, ehe die Dame mir zur Probe folgte.

Was für ein Eklat! Ich würde mich als Erziehungsberechtigter

aufspielen, schimpften die Beteiligten empört. Aus dieser desil-
lusionierten Theatertruppe sollte ich als neuer Schauspieldirektor ein spielfreudiges Ensemble formen. Ich war von der Aufgabe
alles andere als begeistert.

Die fünf Jahre als Schauspieldirektor in Magdeburg hatten
ausgereicht, um den in Schwung zu haltenden Apparat eines
Theaters kennenzulernen. Ich wollte endlich wieder Schauspieler sein und nicht nur ein Theater verwalten. Magdeburg hatte
sich für mich erschöpft. Die Stadt, das Theater und ich hatten
uns, nüchtern betrachtet, auseinandergelebt.

Hinzu kam, dass mir die Gegend auf die Seele schlug. Magdeburg war eingekreist von Rüben, ringsum erstreckten sich Felder, so weit das Auge reichte. Nicht mal ein Hügel war in Sicht,
der die Stadt aus der Umklammerung der Rüben hätte lösen
können. Der Wind jagte ungehindert über das flache Land der
Börde – Kornfelder hätten sich vielleicht mit einem gewissen
lebhaften und eleganten Ausdruck hin und her wiegen können,
aber Rüben? Die Futter- und Zuckerrüben waren fest im Boden
verankert, eine dienstbar gemachte Landschaft, die bis zum Horizont reichte. Das blieb nicht ohne Wirkung auf das Gemüt des
Menschenschlags, der hier lebte.

Das bekam ich zu spüren, als ich ein altes Volkstheaterstück
auf Plattdeutsch inszenieren wollte. Durch dieses Stück hatte ich
herausgefunden, dass in Magdeburg einst Plattdeutsch gesprochen wurde. Nur wusste das leider kein Mensch mehr, die Leute
hatten das mit der Zeit schlicht vergessen. Wir ließen das Vorhaben schließlich fallen, weil uns niemand verstanden hätte in
dieser Stadt, die sonderbar losgelöst von ihrer Tradition lebte.

Was für Magdeburg die Rüben waren, das waren für Halle die
dampfenden Schornsteine von Leuna und Buna, dem größten
Chemiekomplex des Landes. Ungehemmt bliesen die Schlote ihren stechenden Karbidgeruch über die Stadt, und es galt als ausgemacht, dass man die Wäsche nicht aus dem Fenster hängte.

Halle war eine alte Universitätsstadt, und die Martin-Luther-Universität zählte zu den ältesten Hochschulen Deutschlands. Als solche war sie jedoch nur noch an den grünen Schildern zu identifizieren, die an den verwitterten Gebäuden auf sie hinwiesen. Sarkastisch sprachen die Hallenser von »Ruinen schaffen ohne Waffen«, wenn es um das städtebauliche Konzept für die Zukunft ihrer Stadt ging. Der Krieg hatte die herrschaftlichen Gründerzeitvillen, die vielen Bürger- und Fachwerkhäuser wie durch ein Wunder ausgespart und für die Nachwelt eine nahezu intakte Altstadt stehen lassen.

Als ich 1980 nach Halle kam, bestand der Charme dieser Stadt nur noch aus ihrem inzwischen vergangenen Reiz und ihrer Morbidität. Sie war sozusagen eine grau gewordene Diva, geprägt von Häusern, die sich gegenseitig wie Versehrte vor dem Auseinanderbrechen bewahrten, von toten, dunklen Fensterhöhlen, aus denen der Verfall wehte, und von Straßenzügen, in denen kein Mensch mehr wohnte. Ich konnte mich nie daran gewöhnen, Halle derart preisgegeben zu sehen. Hin und wieder reinigte einer der ortsansässigen größeren Betriebe auf eigene Faust mit einem Sandstrahlgebläse eine der schmutzigen Fassaden. Die Hallenser blieben kurzzeitig stehen und staunten, welch schöne Häuser ihre Stadt barg, ehe sie wieder in Gleichmut verfielen. Ich stieß damals zufällig auf ein paar Zeilen, die diese Verhältnisse treffend beschrieben, und bat den amtierenden Oberbürgermeister Hans Pflüger, sie seinen Stadtabgeordneten einmal vorzutragen. Ich fand sie in Goethes *Herrmann und Dorothea:*

»Denn wo die Türme verfallen und Mauern, wo in den Gräben Unrat sich häufet und Unrat auf allen Gassen herumliegt, wo der Stein aus der Fuge sich rückt und nicht wieder gesetzt wird, wo der Balke verfault und das Haus vergeblich die neue Unterstützung erwartet: der Ort ist übel regiert.

Denn wo nicht immer von oben die Ordnung und Reinlichkeit wirket, da gewöhnet sich leicht der Bürger zu schmutzigem Saumsal, wie der Bettler sich auch an lumpige Kleider gewöhnet.«

Hans Pflüger verstand meine Anspielung, dennoch vermied er es tunlichst, diese Zeilen laut vorzulesen. Offensichtlich hing er sehr an seinem Amt.

Mein großer Traum

Das nach und nach zerbröselnde Halle wurde schließlich mein neues Zuhause. Ulf Keyn, der Intendant des örtlichen Theaters, und mein Freund Dieter Wardetzki, mit dem ich in Erfurt schon Ende der sechziger Jahre gemeinsam gespielt hatte, hatten mich letztlich dazu überredet.

Kurz nach meinem Engagement kündigte sich Isolde Schubert, die Stadträtin für Kultur in Halle, zu einem Antrittsbesuch an. Da ich ihr unterstellt war, musste sie über meine Pläne für das Schauspiel befinden. Isolde Schubert eilte der Ruf voraus, eine sehr energische, resolute und linientreue Stadträtin zu sein, mit der nicht gut Kirschen essen sei. Daher war ich darauf gefasst, eine Spätstalinistin anzutreffen. Anfangs plauderten wir freundlich abtastend über dieses und jenes, das Hallesche Theater betreffend, bis ich sie unvermittelt fragte, welchen Traum sie habe.

Ulf Keyn rutschte augenblicklich einige Zentimeter tiefer in seinen Sessel und verdrehte angestrengt die Augen. Hatte ich jetzt etwa alles verspielt? War das eine unsittliche Frage an eine Politikerin? Isolde Schubert erbleichte. Sie sah mich an, als zweifele sie an der Ernsthaftigkeit meiner Frage und hoffe, diese werde sich sogleich verflüchtigen. Den Gefallen tat sie ihr jedoch nicht – und ich ließ ebenfalls nicht locker. Wenn sie mir ihren Traum verriet, dann wüsste ich zumindest, wie ersprießlich unsere Zusammenarbeit werden konnte.

Die Stadträtin dachte nach, sie überlegte lange. Schließlich sagte sie, dass sie gerne eine Bibliothek gründen wolle für die Menschen in Halle-Süd. Dort wurde gerade eine neue Stadt aus dem Boden geklotzt, mit zahlreichen Wohnungen für die Arbeiter von Leuna und Buna. Der Traum sei mir zu klein, erwiderte ich daraufhin vermessen, aber sie habe wenigstens einen. Die Stadträtin errötete leicht. Sie war eine sachliche, problemorientiert handelnde Frau, genau wie ihr Traum.

Wir starteten nicht gerade mit überschwänglichen Gefühlen füreinander unsere Zusammenarbeit, doch Isolde Schubert half und ermöglichte mir im Laufe der Jahre sehr viel. Meinen Traum für Halle behielt ich jedoch vorläufig für mich, denn er hätte die gute Frau gewiss übermäßig verschreckt. Ich wollte ein neues Theater bauen, eine eigene Spielstätte für das unterbeschäftigte Schauspielensemble. Es sollte ein Haus sein, wie es einst Alfred Matusche mit mir ersonnen hatte. Ein Haus, welches all die anderen überragen sollte und worin die Menschen darüber nachdachten und darüber redeten, warum, wozu, weshalb, wofür und wieso sie auf der Welt sind.

In der DDR ein neues Theater bauen zu wollen bedeutete, das Gesetz der Schwerkraft zu ignorieren. Angefangen bei den aussichtslosen Mühen, Material zu besorgen, über den hoffnungslosen Versuch, ausreichend Bauarbeiter zu engagieren, bis hin zu dem unzumutbaren Gedanken, genügend unterstützt zu werden. Die Stadträtin für Kultur verfügte über ein einziges Baugerüst für ganz Halle, welches sie darüber hinaus mit anderen Ressorts teilen musste. Wofür sollte sie das heiß begehrte Gerüst denn nun einsetzen? Für die hinfällige Altstadt oder für meinen hochfliegenden Traum?

»Seien wir realistisch, versuchen wir das Unmögliche« – mit

Che Guevaras forscher Parole im Kopf versuchte ich, das Unmögliche dennoch möglich zu machen. Ich wusste sogar schon, wie.

In der Großen Ulrichstraße stand das Kino der Deutsch-Sowjetischen Freundschaft. Trotz des verpflichtenden Namens machte das Filmtheater einen lieblosen Eindruck. Es roch modrig, und weil es nicht geheizt wurde, saßen die Besucher im Winter mit Mänteln in den Vorstellungen. Die Kinostühle knarrten derart geräuschvoll, dass sie jede Filmszene in der Lautstärke locker überboten. Es wurde behauptet, die wenigen Menschen, die sich in die Vorstellungen verliefen, kämen nur, um ungestört Händchen zu halten.

Diesen unbehaglichen Ort des verstohlenen Flirtens hatten Intendant Ulf Keyn und ich als ausbaufähigen Theaterraum ausgemacht. Warum sollte nicht anstelle eines altersschwachen Kinos hier ein Theater entstehen und ein obdachloses Schauspielensemble ein bisschen Leben in die Bude bringen? Wir wussten nicht, dass ein Lichtspielhaus in der DDR nicht so leichtfertig zu schließen war. Eine Kultureinrichtung aufzugeben, gleich welcher Art, war nämlich regelrecht untersagt. Artur Matthaes, der Chef der Bezirksfilmdirektion Halle, musste höchstselbst beim damaligen DDR-Kulturminister Hans-Joachim Hoffmann für uns vorsprechen. Am Ende schlugen sie uns einen Kompromiss vor: Das Kino wurde nur ein bisschen geschlossen. Das bedeutete, es existierte der Ordnung halber als kleineres Studiokino in einem Nebenraum weiter, und wir bekamen dafür den großen Saal zugesprochen.

Dieser Zuschlag läutete den Beginn von lang anhaltenden Bautätigkeiten ein. Knapp fünfundzwanzig Jahre meines Lebens habe ich in dieses Theater verbaut. Von 1980 bis 2005 hieß es: bauen, inszenieren und schauspielern gleichzeitig. Ich habe ziemlich schnell gelebt in diesen Jahrzehnten.

Allein die Materialbeschaffung entwickelte sich in der an

Mangel reichen DDR zum großen Abenteuer. Dass ein Theater Baustoffe wie Zement, Sand und Ziegel brauchte, war schier undenkbar und nicht einkalkuliert. Erst recht nicht in Halle, dem traurigen Sinnbild städtebaulichen Verfalls. Ausschließlich auf den behördlichen Weg zu vertrauen und auf das Material zu hoffen wäre eine Angelegenheit des Glaubens gewesen. Mit so einem Glauben allein hätte sich aber gewiss kein Theater bei laufendem Spielbetrieb bauen lassen. Also setzte ich mich eines Tages in meinen Trabant und begann, die Gegend abzufahren. Egal, ob Werksdirektoren, Betriebsleiter oder Parteisekretäre – sie alle mussten mit meinem plötzlichen Auftauchen rechnen, sobald sie über ein interessantes Sortiment an Material für unser Theater verfügten. Sie konnten gewiss sein, dass ich nicht eher wieder abrückte, bis ich meinen Willen hatte. Auf diese Weise erfuhr ich, dass mit beharrlicher Freundlichkeit in der DDR so gut wie alles zu bekommen war.

Die Arbeiter vom Hallenser Metallwarenhandel waren beispielsweise im Besitz geschätzter Winkeleisen und sonstiger nur selten aufzutreibender Eisenteile, mit denen so ein Theaterbau notwendigerweise zusammengehalten werden muss. Ich dagegen hatte im Großen und Ganzen nichts. Das war natürlich zu wenig, um für sie von Interesse zu sein. Doch dann stellte sich zu meinem Glück heraus, dass der Parteisekretär des Betriebs Sorgen hatte, die ich ihm durchaus abnehmen konnte. Die Gewerkschaftsleitung hatte in dem Glauben, eine kulturelle Wohltat zu begehen, eine seiner Brigaden verpflichtet, regelmäßig mein Theater zu besuchen. Die Arbeiter jedoch sahen einen größeren kulturellen Gewinn im Skatspiel. Um diesen Interessenkonflikt zur Zufriedenheit aller Beteiligten zu lösen, unterschrieb ich dem Parteisekretär regelmäßig Belege, aus denen hervorging, dass seine Brigade das Theater besucht hatte. Die Brigade spielte Skat, und ich kam in den Besitz von Winkeleisen. So einfach kann die Welt sein!

Einer für alle, alle für Halle und
nichts mehr für Berlin!

In jener Zeit erfand ich eine verschwörerische Formel, mit der ich in gewisser Hinsicht ein lokalpatriotisches Komplott schmiedete. Wie unter der Flagge der Viktualienbrüder sammelten sich darunter Gleichgesinnte für Halle. Die Sache wirkte Wunder und verschaffte unserem Theater so manchen Kubikmeter Holz oder Bausand, der anderswo erwartet wurde. Wir agierten nach der einfachen Parole: »Einer für alle, alle für Halle und nichts mehr für Berlin!«

Sobald ich den Satz ins Spiel brachte, wurden ungeahnte Kräfte freigesetzt. Hintergrund dieses unverblümt patriotischen Verhaltens war ein Beschluss des Politbüros der SED, der Berlin auf Jahre hinaus die Sympathien der Republik kostete. Die Herren hatten schon 1976 vereinbart, dass die Hauptstadt der DDR in neuem Glanz erstrahlen solle, und zwar bis spätestens 1990 und noch dazu so bemerkenswert, dass die Kunde davon in die Welt gelange. An diesem glänzenden Plan sollte das ganze Land selbstlos mitwirken. Bauarbeiter aus allen Teilen der Republik waren aufgefordert, sich zu beteiligen, Baugerät und Baumaterialien sollten von überall her angekarrt werden. So geschah es dann auch, und in dem Maße, wie die Provinz an Glanz verlor, erstrahlte die Hauptstadt aller Provinzen umso mehr. Das führte verständlicherweise zu einem latent gärenden Unbehagen Berlin gegenüber und bei so manch unbeherrschten Naturen zu nicht gerade geringer Feindseligkeit.

Die Zahl unserer Gönner und Unterstützer dagegen wuchs beständig. Einer von ihnen war Werner Langenhahn, ein einflussreicher Werkleiter in Halle. Er stand dem MLK vor, dem Metallleichtbaukombinat, das zu den größten Unternehmen in der DDR zählte. Langenhahn, seine Frau und auch seine Arbeiter fühlten sich im Geiste eines guten, alten, beinahe ausgestorbenen Bürgersinns der Stadt gegenüber kulturell verantwortlich. Die Eheleute waren Stammgäste im Theater der Stadt, und von dem Werkleiter bekam ich die erste größere Summe für das Bauvorhaben. Das unkonventionelle Sponsoring bedeutete 40 000 Mark für unsere Umbaumaßnahmen.

Langenhahn war, wenn man so will, ein Mäzen unter den Verhältnissen der sozialistischen Planwirtschaft. Das Geld traf übrigens auf offiziellem Weg über die Stadt bei mir ein. Davon kaufte ich dann bei Langenhahn das Material, das wir für das Theater brauchten.

Unter den Bewerbern für unser Theaterensemble hielt sich lange Zeit das Gerücht, dass ich bevorzugt Schauspieler mit einem praktischen Berufsabschluss ohne viel Federlesens engagieren würde. Sie müssten beim Vorsprechen nicht viel Brimborium veranstalten, sondern lediglich beiläufig ihren Berufsabschluss nennen, und schon seien sie so gut wie genommen. Unter ihnen seien mir Kandidaten mit bodenständigen Berufen wie Tischler, Maurer, Zimmermann, technischer Zeichner oder natürlich Werkzeugmacher am liebsten. Sozusagen Bewerber, die ihre vielseitigen Begabungen praktischerweise sowohl auf der Theaterbühne als auch in der Baugrube ausleben könnten.

Dazu muss ich sagen: Das stimmt, nur der Grund war genau genommen ein anderer. Ich fand es in der Tat nicht ganz unerheblich, dass sich meine Schauspieler nicht nur in der Gretchenfrage und der Frage nach Sein oder Nichtsein zurechtfanden, sondern ebenso spielerisch den Umgang mit Hammer, Meißel und Maurerkelle beherrschten. Ich sah es tatsächlich gerne, wenn sie sich in der Kunst des praktischen Lebens auskannten, denn ein Schauspieler steht nicht bloß mit einer Rolle vor dem Publikum, sondern mit einer Lebenshaltung.

Wir wechselten in jenen Jahren tagtäglich das Kostüm gegen den Blaumann und den Blaumann gegen das Kostüm. Wir lebten in einer ständigen Doppelrolle, abends waren wir ein Schauspielensemble, tagsüber eine Baubrigade. Die spontanen Unbilden, die uns in dem karg ausgestatteten Land außerdem noch zu schaffen machten, stellten uns fortwährend vor überraschende Herausforderungen.

Eines Winters war der Kohlenkeller des Theaters leer. Es war grimmig kalt, und wir froren wie die Schneider. Die Aussichten auf eine neue Lieferung sanken mit jedem weiteren Minusgrad. Es war auch nicht darauf zu hoffen, dass bei Kohleknappheit im Lande ausgerechnet die darstellende Kunst erwärmt würde. Überall, wo ich anrief und eine sofortige Temperaturerhöhung für unseren Arbeitsplatz verlangte, begegnete mir kühles Schweigen. Daraufhin fuhren wir eines Tages einfach zur F 6, der Fernverkehrsstraße Richtung Leipzig. Dort kamen die Kohlekipper frisch beladen aus den weitläufigen Tagebauen der Umgebung an, und Rohbraunkohle ließ sich auch verfeuern. Ich hielt kurzerhand einen LKW an, gab dem Fahrer einen rot schimmernden Fünfzigmarkschein und übernahm die Fuhre für das Theater. Damit war erst einmal für die nötige Wärme gesorgt, aber leider nur für eine recht überschaubare Dauer. Für mich war absehbar, dass ich nicht den lieben langen Winter marodierend auf der F 6 zubringen konnte.

Als der Winter kein Ende nehmen wollte, die Kohlenkipper seltener wurden oder die rot schimmernden Fünfziger aufgebraucht waren, so genau weiß ich das nicht mehr, hängte ich ein Schild an den Eingang des Theaters. Darauf war weithin sichtbar zu lesen, dass die Vorstellungen bis auf Weiteres ausfallen müssten, weil wir keine Kohlen hätten. Das Schild hing keine fünf Minuten, als das Telefon geradezu schrillte.

»Sodann, nehmen Sie sofort das Schild ab!« Die Stadtoberen waren entsetzt über mein Handeln und reagierten gereizt.

»Das werde ich nicht tun«, verkündete ich, »es bleibt so lange hängen, bis wir wieder spielen können.« Immerhin war die Botschaft auf dem Schild für die ortskundige Bevölkerung keine umwerfende Neuigkeit. Jeder wusste und erlebte am eigenen Leib, dass allenthalben Kohleknappheit herrschte. Doch für die Oberen war das öffentliche Einräumen dieser Knappheit durch unser Schild eine unsittliche Indiskretion. Ihnen waren des Kaisers neue Kleider nun mal lieber als nackte Tatsachen.

Im Laufe des Tages trafen zwei Lastwagen beladen mit Kohlen für das Theater ein. Na also, es geht doch, sagte ich mir insgeheim.

Das sollte nicht das einzige Mal bleiben, dass ich mich freiweg mit der Kraft des Faktischen gegenüber den ungelenken Verhältnissen durchsetzte. Im Jahr 1982 führten wir Goethes *Götz von Berlichingen* auf. Auf einem Transparent, das über die ganze Bühne gespannt war, stand Goethes Vorbemerkung zu diesem Stück zu lesen: »Das Herz des Volks ist in den Kot getreten und keiner edlen Begierde mehr fähig.«

Ein Zitat, das an Eindeutigkeit nichts vermissen ließ. Ich rechnete deshalb mit Schwierigkeiten, hätte mich im Notfall aber auf Goethe berufen. Wider Erwarten wurde dem Transparent weiter keine Beachtung geschenkt, und es ging anstandslos durch. Den begutachtenden Genossen von der Bezirksleitung stieß bei der Generalprobe etwas gänzlich anderes auf. Das Ende des Stückes war so inszeniert, dass Götz sein Schwert wegwarf, denn Waffengewalt ist nun mal kein brauchbares Mittel. Diese Szene hatten die Gutachter als Schwachstelle der Regie ausgemacht. Dass Götz sein Schwert einfach so achtlos fortwarf, passte den Abgesandten der Bezirksleitung nicht, daher forderten sie, er solle es in der Hand behalten. Ich fand das allerdings unsinnig, schließlich stirbt Götz am Schluss. Da ich nicht nachgeben wollte, entbrannte ein leidenschaftlicher Streit um die Frage: Schwert weg oder Schwert in der Hand?

Die heikle Angelegenheit, die die Genossen so sehr bedrückte, bestand in jenem Oktober 1982 vor allem darin, dass die unabhängige christliche Friedensbewegung in der DDR sich unter dem Motto »Schwerter zu Pflugscharen« organisierte und damit gegen Wehrerziehung und Wehrpflicht protestierte. Wollte Götz etwa einer von ihnen sein? Wollte dieser Götz von Berlichingen, indem er seine Waffe in die Kulissen schleuderte, etwa ein Zeichen im Sinne der Friedensbewegung setzen? Die Genossen beauftragten mich, allen Eventualitäten und Missverständnissen vorzubeugen, was nichts anderes hieß als: Götz sollte das Schwert in der Hand behalten. Am Ende hat er das Schwert bei der Premiere trotzdem weggeworfen. Was sollte schon dabei sein? Mir ist daraufhin jedenfalls nichts passiert, und es gab auch keinen Aufruhr. Die Angst vor der Kunst war, wie so oft, größer als ihre Wirkung.

Meine Naivität hat mir im Leben schon mehr als einmal geholfen. Ich häufe nun mal nicht erst so lange Bedenken an, bis ich hinreichend Gründe habe, etwas nicht zu tun. Von Haus aus verfüge ich über einen stabilen Eigensinn, der mir freilich mit der Zeit genügend Gelegenheit zum Scheitern eingeräumt hat.

Wer ein Theater leitet, der hat zu allen Zeiten Schwierigkeiten. Natürlich bekamen wir in der DDR am »neuen theater«, wie unser umgebautes Haus nun hieß, wegen so mancher Inszenierung politischen Ärger. Für gewöhnlich ließ der sich in etwa so zuverlässig voraussagen wie das Wetter: Manchmal traf er ein, manchmal nicht. Man konnte ihn auch genauso gut umschiffen.

Für Samuel Becketts *Warten auf Godot* galt bis zur späten DDR-Erstaufführung im Jahr 1987 lange Zeit die stillschweigende Übereinkunft, das Stück nicht zu inszenieren. Das Warten, der Stillstand der Zeit, die stagnierende Situation wären ein allzu deutliches Gleichnis für die Verhältnisse im Land gewesen. Natürlich wollten einige Regisseure dieses Stück unter allen Umständen aufführen, was erwartungsgemäß die sofortigen und in der Regel heftigen Reaktionen der Kulturfunktionäre herausforderte. Wir versuchten es damals anders. In der Weltliteratur waren einige Dramen zu finden, die ähnliche Deutungen zuließen. In Gorkis Theaterstück *Sommergäste* beispielsweise geht es im Wesentlichen auch um eine wartende, in Apathie verfallene Gesellschaft. Wir inszenierten also einfach *Sommergäste* anstatt *Warten auf Godot*.

Schließlich musste es sich auch lohnen, zu streiten und zu verzweifeln.

Erscheinen Pflicht

Das erste Angebot, als Schauspieler in einem abendfüllenden Kinofilm mitzuwirken, kam ziemlich spät. Nachdem Helene Weigel meinen ersten behutsamen Annäherungsversuch einst mit ihrem erschreckten Ausruf »Buberl, was möchtest werden, ein Tingler oder ein Schauspieler?« eindrucksvoll unterbunden hatte, ergab sich für mich und den deutschen Film bis auf Weiteres keine Gelegenheit zusammenzukommen.

Erst 1984 sollte ich mein Spielfilmdebüt geben. Der DEFA-Regisseur Helmut Dziuba engagierte mich für seinen Kinofilm *Erscheinen Pflicht*. Allein der Titel wurde als Provokation empfunden, dabei war Dziuba ein besonnener, für mich manchmal sogar zu ausgeglichener Mensch. Auf beneidenswerte, fast schon herausfordernde Art ruhte er in sich. Er war keiner, der mit einer wie auch immer gemeinten Subversivität kokettierte, sondern ein Mann, der ganz und gar seinem Gespür vertraute.

Helmut Dziuba hatte bei der Arbeit an jedem seiner Filme ein paar Geheimnisse, die er nur spärlich preisgab. Das gefiel mir. Wir verstanden uns ohne viel Aufhebens, fast wortlos lief die Arbeit zwischen uns ab. Die Dialoge im Film waren häufig zweideutig, und es kam wahrlich auf Nuancen an. Meist zeigte ich Dziuba, wie ich eine bestimmte Szene spielen würde, und sah ihn danach an. Wenn er einverstanden war, nickte er mir nur kurz zu, so lief das.

Leider war gleich mein erster Kinostreifen ein sogenannter Problemfilm. Die regierenden Genossen mochten unsere kritische Sicht darin nicht teilen und auch nicht den notwendigen Großmut aufbringen, sie gelten zu lassen. Dziuba thematisierte in *Erscheinen Pflicht* die politische Befindlichkeit der jüngeren Generation in der Auseinandersetzung mit ihren Eltern: »Wenn man's genau nimmt, haben wir von euch doch nur das Beifallklatschen und Fähnchenschwenken gelernt.«

Ich spielte den Russischlehrer Boltenhagen, einen aufrichtigen Mann, der sich nur widerwillig dem Druck des Vaters einer Schülerin beugt. Erst nach vehementem Einsatz des Funktionärs tilgt er einen Tadel mit den vieldeutig gesprochenen Worten: »Im Namen des Vaters ...«

Dziuba lag es fern, mit diesem Film kraftmeierisch die Toleranz der Autoritäten auf die Probe stellen zu wollen. Ihn interessierte es vielmehr, ein möglichst wirklichkeitsnahes Bild der DDR-Jugend zu zeichnen. Sind von den Idealen unserer Elterngeneration nur noch die Symbole geblieben, fragten sich seine jungen Helden. Ungünstigerweise wich das Bild erheblich von dem ab, das die führenden Genossen offenbar von unserem Nachwuchs hatten. Unser Film war wohl zu realistisch geraten.

Trotzdem hatte *Erscheinen Pflicht* am 16. Mai 1984 auf dem vierten Nationalen Spielfilmfestival in Karl-Marx-Stadt Premiere. Ich erhielt für meinen Part des Russischlehrers den Preis für die beste Nebenrolle. Mein erster Filmpreis. Ich war hocherfreut, dass es gleich auf Anhieb so gut geklappt hatte. Am Morgen danach aber war der Film gewissermaßen verboten.

Während einer Vorführung von *Erscheinen Pflicht* in der Parteihochschule der SED in Berlin soll ein Professor, erschüttert über das Werk, bei Familie Honecker persönlich angerufen haben. Daraufhin durfte der Film lediglich »im begrenzten Einsatz« gezeigt werden. Das klang pädagogisch umsichtig und hatte zugleich einen diskreten Charme. Es bedeutete nicht »verboten«, und so konnten die Oberen dieses aufgeregte, gleich so übergewichtig tönende Wort vermeiden. Um mir ein Bild vom Ausmaß des »begrenzten Einsatzes« zu machen, fuhr ich auf der Suche nach dem Film eigens nach Berlin. Ich musste sehr gründlich suchen, bis ich ihn endlich in einem kleinen Kino am Rande der Stadt fand. Der Film wurde noch dazu nachmittags gespielt, wenn sich eher zufällig jemand ins Kino verirrt.

Eigentlich war es merkwürdig: Die Angst vor diesem kleinen, ehrlichen Film war ungleich größer als seine tatsächliche subversive Kraft.

Eine ähnliche Maßregelung eines unliebsamen Films hatte ich davor schon einmal erlebt, wenn auch nur als unfreiwilliger Zeuge. Daran erinnerte ich mich im Augenblick des Verschwindens von *Erscheinen Pflicht* aus der Öffentlichkeit wieder.

Im Sommer 1966, ich war noch bei Helene Weigel am Berliner Ensemble angestellt, kam der Film *Spur der Steine* von Frank Beyer in die Kinos. Ich hatte den gleichnamigen Roman von Erik Neutsch gelesen, und es hieß, wer den Streifen sehen wolle, müsse sich ranhalten. Der Film handelt vom Kampf zwischen einem nicht ganz linientreuen Parteisekretär und einem anarchischen Bauarbeiter um die Macht auf der Baustelle und um die Gunst einer Frau.

Ich ging an einem Nachmittag ins Berliner Kino International, und als ich dort eintraf, standen im Foyer ein paar vereinzelte Leute herum. Die Vorstellung sei restlos ausverkauft, und es komme niemand mehr in den Film, erklärte mir die Dame am Kartenschalter unumwunden, noch ehe ich überhaupt ein Wort gesagt hatte. Doch ich ließ mich nicht abwimmeln. Mit Nachdruck baute ich mich vor ihr auf, überschüttete sie mit einem Wortschwall und erklärte ihr ausführlich, warum ausgerechnet ich diesen Film sehen müsse. Die Dame blieb stur, ausverkauft bedeute ausverkauft. Ich schwenkte um und verlegte mich nunmehr auf die unterwürfige Tour. Ein klitzekleines Plätzchen sei doch vielleicht noch frei, nur für mich, bettelte ich mit herzerweichendem Gesichtsausdruck. Genervt rückte sie schließlich noch eine Karte heraus, die sei aber nur für die erste Reihe, verkündete sie mir harsch.

Die gute Frau hatte eine eigenartige Vorstellung von einem ausverkauften Kino. Der Saal war halb leer. Die erste Reihe war voll besetzt, dahinter klaffte eine große Lücke, und in der zehnten bis vierzehnten Reihe saßen ausschließlich Männer, die aussahen, als würden sie ausnahmslos denselben Herrenausstatter nutzen. Sie trugen Jackett und hatten allesamt, offenbar modisch gut informiert, die Hemdkragen über das Jackett nach außen gelegt, was ihnen einen lässigen Ausdruck verlieh. Zufälligerweise trug ich meinen breiten Hemdkragen ebenso leger über das Jackett, wie es im Sommer 1966 nun mal Mode war. Ich hätte gut und gerne in ihren Reihen sitzen können und wäre nicht aufgefallen. Weiter hinten im Kino waren noch einmal sechs Reihen mit den entsprechenden Männern besetzt, und nach einer weiteren Lücke verteilte sich auf den letzten Plätzen eine Handvoll normales Publikum.

Mit Beginn der Filmvorführung setzte im Kino leichtes Gemurmel ein. Als die Bauarbeiter mit ihrem aufsässigen Brigadier Balla, gespielt von Manfred Krug, auf der Leinwand erschienen, steigerte sich der Unmut im Saal zu lautstarken Zwischenrufen. Unerhört, das seien ja gar nicht unsere Arbeiter, meckerte es aus den Reihen der übereinstimmend gekleideten Herren. Die Krakeeler schrien immer wieder: »Aufhören, aufhören!«

Der Film wurde tatsächlich unterbrochen. Kurz darauf trat der Vorführer vor die Leinwand und erklärte, dass er die Vorstellung beenden werde, wenn nicht sofort Ruhe sei. Jetzt wiederum verlangte der andere Teil des Publikums deutlich hörbar, dass die

Vorstellung fortgesetzt werden solle. Der Film lief weiter, doch nur kurze Zeit darauf begann das Lärmen von Neuem.

Ich fand dieses Benehmen grauenvoll und ahnte, was sich hier abspielte. Die Herrschaften waren bestellt, um den Film auszubuhen. Indem man so tat, als müsse man der Empörung der Arbeiterklasse nachgeben, würde man das Werk unverzüglich offiziell aus dem Verkehr ziehen. In mir kroch die blanke Wut hoch. Da ich nicht gewillt war, mir den Kinonachmittag vermiesen zu lassen, sprang ich kurzerhand grimmig von meinem Platz in der ersten Reihe auf die Bühne und verlangte, so durchdringend ich konnte, nach Ruhe. Zu meiner Verwunderung setzte augenblicklich Stille ein.

Liebe Herren, verkündete ich daraufhin von der Bühne, es sei ja schön und gut, dass sie sich lautstark äußerten, aber dadurch könne ich den Film leider nicht verstehen und auch nicht die Gründe für ihren Protest. Es wäre doch vernünftiger, so argumentierte ich, wenn wir gemeinsam die Vorführung in Ruhe überstehen und anschließend im »Sternchen«, einer Kneipe gleich um die Ecke, über das Gesehene diskutieren könnten. Alle seien dazu herzlich eingeladen.

Der Film lief tatsächlich ohne weitere Zwischenrufe bis zum Ende. Erst konnte ich mir die durchschlagende Wirkung meiner Worte nicht erklären, dann fiel mir aber auf, dass ich genauso gekleidet war wie die Stimmungsmacher. Sie hatten mich offenbar für einen der Ihren gehalten und gedacht, es sei eine neue Anweisung erteilt worden. Daran hatten sie sich an jenem Nachmittag folgsam gehalten. In die verabredete Kneipe ging ich übrigens nicht mehr.

Ähnlich wie damals *Spur der Steine* aufgrund von organisierten Tumulten aus der Öffentlichkeit in den Panzerschrank verbannt wurde, strich man nun *Erscheinen Pflicht* von der Leinwand. Die Abteilung Agitation und Propaganda im Zentralkomitee verlangte ausdrücklich missbilligende Besprechungen in der Presse. Naturgemäß durften daraufhin einige Kritiker ihre positiven Rezensionen für sich behalten, während das Zentralorgan der SED, das *Neue Deutschland*, die gewünschte Sichtweise vorgab: »Was sich realistisch gebärdet, offenbart sich im Grunde als Realitätsferne. Die künstlerischen Metaphern, die einen Generationskonflikt suggerieren wollen, stehen in allzu deutlichem Gegensatz zu unserer 35jährigen Wirklichkeit.«

Mit derartigen Niederlagen hatte ich leben gelernt. Der Argwohn meiner Arbeit und mir gegenüber war mir in all den Jahren ein kontinuierlicher Begleiter. Trotzdem versuchte ich, mich nicht verbittern zu lassen. Ich war nun mal nicht geeignet für die innere Emigration.

Der große Frieden

Am neuen theater in Halle inszenierte ich 1984 Volker Brauns Theaterstück *Der große Frieden*. Ich kannte Volker Braun noch aus meiner Studentenzeit in Leipzig und von der gemeinsamen Arbeit in Karl-Marx-Stadt. Dort hatten wir seinen *Hinze und Kunze* gespielt.

Seitdem waren wir befreundet. Für mich war Braun einer der besten Dramatiker, und ich wollte sein Stück *Der große Frieden* für das neue theater haben. Ich hielt es für eines der wesentlichen Theaterstücke der achtziger Jahre.

»Macht ist schön«, sagt darin der Bauer Gau Dsu, der zum Kaiser gekrönt wird. Er, der einfache Mann aus dem Volk, will endlich mit der Macht sorgfältiger umgehen als alle Mächtigen zuvor und erliegt prompt ihrem Zauber. »Macht ist schön.« Wegen dieses einen kurzen Satzes wollte ich das Stück um jeden Preis inszenieren. Der Satz bezeichnet für mich sowohl eine gefährliche Krankheit als auch eine überwältigende Erfahrung, ein erotisches Abenteuer wie auch eine besorgte Mahnung. Er beschreibt das ewige Bewegungsprinzip von Geschichte als eine Frage nach der Macht. Braun hatte nach allen Regeln der Kunst ein welthistorisches Drama geschrieben. Dabei ging es ihm in erster Linie gar nicht so sehr um die kleine DDR und ihre bleiernen Verhältnisse, er stellte vielmehr unseren angeborenen historischen Optimismus infrage.

Zu Beginn des Stückes entwirft der Philosoph Wang das Bild einer Idealgesellschaft:

»Als der Wahre Weg noch wirkte, war alles unter dem Himmel Gemeingut. Die Weisesten wurden gewählt, die Fähigsten betraut. Man sprach die Wahrheit. Es herrschte Gemeinsinn. Deshalb sah man nicht nur in den eigenen Eltern seine Eltern, nicht nur in den eigenen Kindern seine Kinder. Die Alten konnten in Ruhe sterben, die Kräftigsten nach Kräften arbeiten, die Jungen ungehindert wachsen. Alle Männer hatten ihr Land, alle Frauen ihr Haus. Man verabscheute es, brauchbare Dinge wegzuwerfen, doch darum hortete man sie nicht etwa für sich. Man verabscheute es, seine Kräfte zurückzuhalten, doch darum gebrauchte man sie nicht etwa zum eigenen Vorteil. Die Niedertracht hatte keinen Boden, Raub und Gewalt sahen kein Land. Man mußte die Tore nicht verschließen. Das hieß der große Frieden.«

Auf die Bühne gebracht, riefen diese Zeilen ein sofortiges Einverständnis beim Publikum hervor. Dennoch hütete ich mich vor einer platten Kommentierung der Wirklichkeit, ich wollte im Theater keine »verkunstete« Politbürokritik abliefern. Das wäre mir im Zusammenhang mit Brauns Stück zu kurz gegriffen, zu kleinlich erschienen. Obwohl weit in die Historie verlagert, hätte *Der große Frieden* zahlreiche Gelegenheiten für einfachste politische Anspielungen geboten. Ich versuchte, die Perspektive des Stückes nicht zu beschränken, und erklärte das auch meinen

Schauspielern. Wenn von der Impotenz der Behörden die Rede sei, dann seien damit die Behörden in jeder beliebigen Zeit gemeint, natürlich auch die unseren. Die DDR sei zwar inzwischen fünfunddreißig Jahre alt, allerdings nur rein rechnerisch. Inhaltlich dagegen sei sie das Produkt der gesamten Geschichte zuvor, denn die könne nun mal nicht ausgeblendet werden.

Die Stadtleitung der Partei in Halle befürchtete Schlimmes und versuchte, die Inszenierung zu verhindern. Es fanden mehrere Treffen statt, bei denen sie zeitraubend ihre Bedenken vortrugen. Sie waren der Ansicht, man könne zu viel falsch verstehen bei dieser Inszenierung. Allerdings waren sie längst nicht mehr in der Lage, das Stück, wie früher oft geschehen, handstreichartig zu verbieten. Volker Braun war ein anerkannter Dramatiker, die Aktion hätte zu viel Wind verursacht, und die Genossen ängstigten sich mittlerweile vor zu viel Wind.

Außerdem stand die Inszenierung unter einer ganz besonderen Obhut. Meistens war das MfS besser vorbereitet als die lokalen Behörden, und die Stasi hatte zudem Textkenntnis. Daher war ihnen auch bekannt, dass Brauns Stück gerade Premiere am Berliner Ensemble hatte und es danach nicht zu spontanen antisozialistischen Gefühlsausbrüchen gekommen war. Sie wussten auch, dass *Der große Frieden* nicht in der DDR, sondern in einem imaginären Land zu einer nicht näher benannten Zeit spielte. Und sie kannten Brauns geschichtsphilosophischen Text, aus dem man alles Mögliche herauslesen konnte, wenn man nur wollte.

Vorsichtshalber wurde dennoch Oberstleutnant Ullmann unterrichtet. Sodann erkläre zum Anliegen des Stückes, so notierte er förmlich, dass beim Aufbau einer jeden neuen Gesellschaft Fehler gemacht würden. Etwas ratlos interpretiert Ullmann weiter, dies führe nach Sodann, historisch gesehen, zu einer Kette von Fehlern, deren Resultat unsere Gegenwart sei. Sodann vertrete die Meinung, dass eine Gesellschaft, die aus etlichen Fehlern hervorgegangen sei, keine Zukunft habe.

Zum Aufdecken einer Verschwörung reichte das im Jahre 1984 nicht mehr. Die Bezirksverwaltung des MfS hielt sich in einer internen Auswertung dieses Berichts dennoch zugute, negative ideologische Tendenzen in der Inszenierung vereitelt zu haben. Offenbar wurden bei der Staatssicherheit inzwischen die Erfolge gefeiert, wie man sie brauchte.

Der große Frieden hatte jedenfalls am 27. März 1984 Premiere. Ganze vierunddreißig Tage später, am 1. Mai, zeichnete man mich für die Inszenierung als »Aktivist der sozialistischen Arbeit« aus.

Na bitte, dachte ich mir. Dass ich das noch erleben darf. Eben noch als politisch zweifelhaft beargwöhnt und im nächsten Moment schon hoch dekoriert.

Zudem wurde die Hallesche Inszenierung des *großen Friedens* zu meiner Freude zur besten Schauspielaufführung 1984 in der DDR gewählt.

Zu dieser Zeit war ich übrigens mit Katrin Sass zusammen, die ich drei Jahre zuvor nach Halle ans Theater geholt hatte. Katrin war damals gerade mit der Schauspielschule fertig, und ich war von ihrer Begabung zutiefst beeindruckt. Irgendwo hatte ich sie auf der Bühne stehen sehen und wusste augenblicklich, dass ich diese junge Schauspielerin an mein Theater holen musste. Sie war eine echte Bauchschauspielerin mit einer fabelhaften Intuition. Sie spielte wie selbstverständlich drauflos, mit einer erstaunlich einnehmenden Energie, genauso wie sie einfach draufloslebte. Ihre Spontaneität war ebenso erfrischend wie aufreibend. Der Satz von Arthur Schopenhauer »im Herzen steckt der Mensch, nicht im Kopf« passte ziemlich genau auf Katrin Sass. Sie hat in Halle fast alle größeren Rollen gespielt.

Ein Kleinbürgerschwank mit Folgen

In jenen Tagen unternahm ich einen ausgefallenen Abstecher ins Fernsehtheater Moritzburg. Wir zeichneten dort für das DDR-Fernsehen *Wand an Wand* auf, einen sozialistischen Kleinbürgerschwank, und die Begeisterung der Kollegen über diese künstlerische Herausforderung war sehr verhalten. Sie sollte jedoch erstaunlich zunehmen, nachdem ich die Verdienstmöglichkeiten bei diesem Projekt bekannt gegeben hatte. Für mich wurde diese Fernsehproduktion vor allem deshalb wegweisend und bindend, weil Cornelia Gebert die Aufnahmeleiterin war.

Eines Samstags nahm ich nach der Probe all meinen Mut zusammen und fragte sie, ob sie mit mir einmal auf die Vogelwiese gehen wolle, so nannten wir damals den Rummel. Ob Vogelwiese oder Rummel – ich hielt es für eine geeignete Gelegenheit zum Kennenlernen. Zum einen war es kein vordergründig romantischer Ort, weshalb man mir nicht unbedingt irgendwelche Absichten unterstellen konnte. Zum anderen bot er genügend Abwechslung und Amüsement, um einen annähernd lustigen Nachmittag zu verbringen. Der Rummel würde garantiert jede stumme Verlegenheit im Handumdrehen vertreiben, schließlich hat eine gute Achterbahn noch bei jeder Frau zu Gefühlsregungen geführt. Ein liebenswürdigerer Ort für einen günstigen Anfang war in meinen Augen in der ganzen Stadt nicht denkbar. Immer noch besser, als sich gegenüberzusitzen und den anderen sofort mit seiner Lebensgeschichte zu überrumpeln, dachte ich mir. Dafür würde noch genügend Zeit bleiben. Der Rummel müsste es sein, davon war ich überzeugt.

Cornelia teilte meine Überzeugung offenbar nicht, denn sie sah mich erschrocken und mit großen Augen an, wie einen Sittenstrolch. Schließlich wusste sie, dass ich mit Katrin Sass eine Liaison eingegangen war. Meine Einladung verunsicherte sie allerdings auch deshalb, weil ich bei der Produktion einen eher griesgrämigen Eindruck bei ihr hinterlassen und bisher auch nicht die geringste Spur von Interesse bekundet hatte. In der Hoffnung, ihre letzten Zweifel zu zerstreuen, sah ich sie so vertrauenerweckend an, wie es nur ging. Daraufhin beschied sie mich mit der Allerweltsantwort, sie habe keine Zeit.

Ich war ernüchtert. Vielleicht fand sie den Rummel als Ort für ein erstes Treffen doch zu abwegig. Dennoch beschloss ich insgeheim, mich nicht beirren zu lassen. Wann immer wir uns während der Arbeit sahen, suchte ich ihren Blick. Mir gefiel, wie diese zierliche Person souverän zwischen all den fordernden Menschen vermittelte. Nachdem ich mir meinen Lohn abgeholt hatte, gab ich Cornelia spontan einen Umschlag mit hundert Mark als Anerkennung für ihre hervorragende Arbeit. Wieder sah sie mich leicht zweifelnd an. Sie hatte sich anfangs, als es um die Terminabsprachen ging, vor den Telefonaten mit mir gefürchtet, weil ich zumeist abweisend geklungen hatte. Und nun diese plötzliche Verbeugung? Den kurzen Augenblick ihrer Sprachlosigkeit nutzte ich, um meinen Wunsch nach einem Treffen erneut vorzutragen. Ob ich sie vielleicht einmal zu Hause besuchen dürfe, machte ich dieses Mal einen realistischeren Vorschlag.

Ich durfte. Und so erschien ich eines Tages mit einer Flasche Wein in der Hand und einem breiten Lächeln im Gesicht vor ihrer Wohnungstür.

Viele weitere Jahre lief das so. Inzwischen hatten Katrin Sass und ich uns getrennt. Und auch meine Frau Monika und ich beschlossen, dass wir nicht mehr zusammen sein wollten. Was Cornelia anging, so gab ich nicht auf und besuchte sie immer mal wieder in größeren Abständen. Wenn sie nicht zu Hause war, hinterließ ich manchmal einen Zettel, damit sie nicht behaupten konnte, sie habe mich vergessen. Meine Methode war so einprägsam, dass Conny mich 1995 schließlich heiratete.

Vorsprechen auf die andere Art

Im Jahr 1986 erhielt ich eine Anfrage von der DEFA, die einem nicht alle Tage unterkam. Sie boten mir in einem außergewöhnlichen Filmprojekt, das die DEFA gemeinsam mit dem Westdeutschen Rundfunk in Köln plante, eine ausgesprochen anspruchsvolle Rolle an. In der Verfilmung von Alfred Anderschs Roman *Sansibar oder der letzte Grund* sollte ich den Pastor Helander spielen, einen Mann, der sich angesichts des Unrechts in Deutschland gegen die Nazis und die Untätigkeit Gottes auflehnt. Verzweifelt hadert der Pastor mit der Rechtschaffenheit Gottes, der passiv bleibt. Angstvoll beschließt er eines Tages, an dessen Stelle zu handeln, dazu notfalls mit seinem Glauben zu brechen und, wenn nötig, sogar zu töten. Dieser Helander war in seiner ganzen Zerrissenheit eine Figur, von der ich augenblicklich beeindruckt war. *Sansibar oder der letzte Grund* sollte einer meiner liebsten Filme werden.

Regie führte damals der weltbekannte Regisseur Bernhard Wicki. Bevor die Dreharbeiten begannen, bestellte Wicki alle Hauptdarsteller zu Gesprächen ein, denn er wollte sich von jedem einzelnen und dessen Befähigung für die Rolle ein Bild machen. Wicki residierte im vornehmen »Palasthotel« in Berlin-Mitte am Spreeufer, gleich neben dem Dom. Ein exquisites Haus, das für Westtouristen zur Valutabeschaffung bestimmt war und in das DDR-Bürger nur in Ausnahmefällen hineinspazierten. Ich reiste für dieses Treffen eigens aus Halle an und hatte es eilig. Am Abend war Vorstellung im neuen theater, und ich durfte einen bestimmten Zug keinesfalls verpassen. Trotz aller Eile war ich in freudiger Erwartung und neugierig auf diesen Mann, dem ein großer Ruf vorauseilte.

Bernhard Wicki saß auf der sonnigen Terrasse des Hotels in einem der stilvollen Gartenstühle. Eine beträchtliche Menschenmenge, die ihn mühelos von der Außenwelt abschirmte, umlagerte ihn. Es handelte sich um seinen Drehstab, der den Regisseur offenbar mit immer neuen Aspekten zu den bevorstehenden Dreharbeiten beschäftigte. Mein Termin war für 13.00 Uhr anberaumt, und ich traf ein wenig zu früh auf der Hotelterrasse ein. Mir blieb also noch eine angemessene Zeit, um auf die Minute pünktlich zu sein. Mit einem gezielten Blick in die Runde konnte ich jedoch ermessen, dass es mir bis dahin weder gelingen würde, mich an Wicki heranzuarbeiten, noch dass die Aufmerksamkeit zufällig auf mich fallen würde. Also ließ ich mich ebenfalls in eines der herumstehenden, ungenutzten Gartenmöbel fallen und wartete.

Bernhard Wicki hatte bereits eine bedrückende Anzahl erstklassiger Preise für sein Werk eingesammelt. Gleich sein erster Film, *Die Brücke*, die Geschichte einer Gruppe von Jungen, die in den letzten Kriegstagen zur Wehrmacht eingezogen werden und einen sinnlosen Heldentod sterben müssen, wurde ein sensationeller Erfolg. Zudem war Wicki ein hervorragender Schauspieler, den ich in einer Mischung aus Ehrfurcht und Respekt sehr schätzte. Es bestand also kein Anlass, forsch zu werden – trotz der fortschreitenden Zeit.

Inzwischen war es deutlich nach 13.00 Uhr. Der Zug, der mich pünktlich zur Abendvorstellung nach Halle zurückbringen sollte, würde gewiss ohne mich abfahren. Kurz entschlossen stellte ich meinen Stuhl ein wenig näher an Wicki heran, sozusagen an die Peripherie seiner Aufmerksamkeit, auf ungefähr zwanzig Meter Luftlinie. Von dieser Position aus starrte ich nunmehr unverwandt in seine Richtung. In der Hoffnung, er möge von meinem sonderbar starren Blick aufgeschreckt werden, fixierte ich den Regisseur so konzentriert, dass man fast schon von telepathischer Nötigung sprechen konnte. In den meisten Fällen hatte das bisher funktioniert, und ich verließ mich auf meine empirischen Erhebungen.

Doch weit gefehlt: Nichts tat sich. Die Zeit verrann, Wicki blieb für mich unerreichbar, eingehüllt in einen Schwarm geschäftiger Filmleute. Gelassen thronte der Regisseur auf der Hotelterrasse, unübersehbar, imposant und Respekt einflößend – unverkennbar ein Charaktermensch. Er war gewiss niemand, den man einfach von der Seite ansprach. Trotzdem glaubte ich, dass Wicki mich bemerkte und insgeheim musterte, wenn auch nur sehr unauffällig und mit einem leisen, geübten Blick aus den Augenwinkeln.

Irgendwann nahm ich all meinen Mut zusammen und trat wie beiläufig an ihn heran. Nach einer stilvollen Entschuldigung, wobei ich ihm erklärte, dass ich schleunigst ins Theater nach Halle zurückmüsse, erkundigte ich mich, was denn nun aus meiner Rolle in seinem Film werde. Er habe eigentlich einen langen, dünnen Darsteller für den Pastor erwartet, ich dagegen sei klein und kräftig, offenbarte Bernhard Wicki mir daraufhin. In der Tat, dieser Eindruck ließ sich nicht zerstreuen, ich war nun mal nicht lang und dünn. Ernüchtert und enttäuscht erwiderte ich, dann könne ich also gleich wieder gehen. Nein, nein, hielt mich Wicki zurück, was er sich vorgestellt habe, sei seine Sache. Vielmehr interessiere ihn, warum ich den Pastor Helander spielen wolle. Im Grunde wegen eines ganz bestimmten Satzes, antwortete ich, woraufhin Wicki mich neugierig ansah. Welcher bestimmte Satz das sei, wollte er wissen.

Im Drehbuch gab es eine Szene, in welcher der Pastor versucht, eine Skulptur von Ernst Barlach aus seiner Kirche vor dem Zugriff der Nazis zu retten. Er weiß, dass er dafür von der Gestapo verhaftet werden wird. Der Fischer Knudsen soll ihm bei der Rettung der Skulptur helfen. Knudsen fragt den Pastor, ob er Angst habe. Ja, er habe Angst, antwortet Pastor Helander in der betreffenden Szene.

Das habe mich beeindruckt, erzählte ich Wicki. Dass jemand in dieser Situation ehrlich zugebe, Angst zu haben. Ich würde genügend Filme kennen, in denen die antifaschistischen Helden in ähnlichen Momenten nie Angst zeigten, obwohl es das Normalste von der Welt wäre. Meine Erklärung muss Wicki überzeugt haben. Ich sei für die Rolle genommen, erwiderte er bestimmt.

Damit war unser Gespräch beendet, und ich erwischte sogar noch in letzter Minute meinen Zug.

Sansibar oder der letzte Grund – Drehen mit Bernhard Wicki

Beschwingt fuhr ich also zurück nach Halle und wartete auf den Drehbeginn. Gedreht wurde ausschließlich in der DDR, hauptsächlich in Wismar. Die Stadt war von Modernisierungen verschont geblieben und bot eine stilechte Kulisse für die Romanverfilmung. Sie war wie geschaffen für die im Buch geschilderte Atmosphäre vor fünfzig Jahren, so als wäre sie dafür extra in dem alten Zustand belassen worden. Dabei hatte Wismar nur dasselbe unfreiwillige Schicksal ereilt wie viele andere Städte in der DDR: Sie verfiel ungestört vor sich hin.

Bernhard Wicki standen bei der Realisierung seines Films ein bunt gemischtes Team von Schauspielern aus Westdeutschland und ein beachtliches Staraufgebot von Schauspielern der DDR zur Verfügung: Michael Gwisdek spielte den Fischer Knudsen, Ulrich Mühe einen Gestapomann, Cornelia Schmaus eine Jüdin auf der Flucht und Rolf Ludwig den Kneipenwirt, der sie beherbergt. Auf der Suche nach Darstellern für die Nebenrollen kam Wicki unversehens zu mir und fragte: »Hast du nicht noch ein paar gute Leute an deinem Theater, du musst doch Schauspieler kennen.« Es war weniger eine Frage als vielmehr eine Aufforderung. Ich sei nicht sicher, ob meine Ensemblemitglieder ihm genügen würden, gab ich zu bedenken. Ich solle mich nicht so anstellen und ihm einige gute Leute beschaffen, sagte er. So kam es, dass insgesamt zwölf Schauspieler vom neuen theater in Wickis Film mitwirkten.

Während der Dreharbeiten waren die Akteure aus dem Westen Deutschlands im noblen Hotel »Neptun« einquartiert. Uns hatte man hingegen die preisgünstigere Variante im »Interhotel« Rostock reserviert. Durch diese standesgemäße Trennung minimierte man zugleich das Risiko ungestümer Fraternisierung zwischen Ost und West über das im Drehbuch vorgesehene Maß hinaus. Ebenso deutliche Unterschiede gab es bei der Verteilung der Gage. Ich erhielt für einen Drehtag 650 Mark der DDR, das war damals enorm viel Geld, für nicht wenige Menschen sogar ein ganzes Monatsgehalt. Die Kollegen aus dem anderen Teil Deutschlands bezogen in derselben Zeit allerdings gut 2500 Westmark. Der aktuelle Kurs auf dem Schwarzmarkt lag damals bei 1 : 7. Genau genommen, so rechnete ich mir aus, verdienten sie damit ein Auto am Tag, einen Trabant oder Wartburg, je nachdem, wie sie es anstellten. Ich war beeindruckt, auch wenn die Schauspieler aus dem Westen einen Trabant sicherlich nicht im Entferntesten hätten geschenkt haben wollen.

Durch die unterschiedlich hohe Vergütung der Darsteller eröffneten sich noch ganz andere, geradezu ungeahnte Möglichkeiten. Das dachte ich zumindest und versuchte meine Idee auch gleich in die Tat umzusetzen. An unserem transportablen Küchenwagen, auch »Fresshänger« genannt, gab es unter anderem Bockwürstchen. Ich kaufte mir jeden Tag eine Bockwurst mit Senf für eine Mark Ost. Mein Westkollege, der für die Rolle des jungen Kommunisten besetzt war, entrichtete gleichfalls jeden Tag eine Mark, allerdings in Westgeld, was einen gewaltigen Unterschied darstellte. Geschäftstüchtig bot ich ihm an, für einen mir manierlich erscheinenden Umtauschkurs, hundert Westmark in fünfhundert Ostmark zu wechseln. Damit könne er sich anstelle von hundert nunmehr fünfhundert Bockwürste kaufen, während ich meine Kinder mit bunten Kaugummis aus dem Intershop beglücken würde. Der Kollege schlug den Handel selbstgefällig in den Wind und damit auch meinen, wie ich fand, zuverlässigen Vorschlag zur beiderseitig vorteilhaften Befriedigung unserer Bedürfnisse.

Die Sache hatte sich bis zum nächsten Tag verbreitet wie ein Lauffeuer, und leider schnitt ich dabei nicht gut ab. Bernhard Wicki kam zu mir und raunzte mich wütend an. Ob ich nicht mehr ganz bei Trost sei, wie könne ich nur auf die Idee kommen, dieses Arschloch von Schauspieler nach Westgeld zu fragen. Hier hätte ich hundert D-Mark, und mein Ostgeld solle ich mal schön behalten. Wicki mochte kräftige, deutliche Worte.

Ungefähr dreizehn Jahre später, als er mich 1999 zu seinem achtzigsten Geburtstag einlud, gab ich ihm dieses Geld symbolisch zurück, allerdings als ordentlich gerahmte hundert alte DDR-Mark aus dem Antiquariat, die ich für fünfundzwanzig Westmark gekauft hatte.

Bernhard Wicki war ein unerbittlicher Regisseur. Ein Berserker, der auf seinen klaren Vorstellungen von einer bestimmten Figur oder Szene beharrte. Im Rahmen der Dreharbeiten zu *Sansibar oder der letzte Grund* bedrängte die Redaktion beim WDR Wicki, eine Szene zu verändern. Anders als im Drehbuch und in der literarischen Vorlage sollte die Figur des jungen Kommunisten am Ende gemeinsam mit der Jüdin und der Skulptur von Barlach nach Dänemark flüchten. Gedacht war das Ganze als eine verborgene, äußerst sinnfällige Anspielung auf die Fluchtgedanken von DDR-Bürgern. Wicki tobte. Keineswegs werde er diesem kindischen, schwachsinnigen Ansinnen nachgeben, verkündete er mir.

Bernhard Wicki arbeitete stets kompromisslos und verlangte seinen Darstellern alles ab, und zwar unbarmherzig. Viele Schauspieler mochten ihn wegen seiner rabiaten Art nicht oder fürchteten ihn aufgrund seines aufzehrenden Perfektionismus. Mir dagegen hat das gefallen, denn es kam mir entgegen und war meinem Arbeitsstil nicht unähnlich, bis hin zum deftigen Ton.

Mir tat es nicht weh, wenn er mich beschimpfte und einmal mehr lospolterte: »Du Pfeife, was hast du denn da wieder zusammengespielt!« Nicht selten trieb er mit solchen Sätzen eher dünnhäutigen Naturen die Tränen in die Augen. Doch das war ihm egal, er war nun mal bestrebt, das Letzte aus einem herauszuholen.

So auch aus mir. Ich hatte zum Ende des Films eine besonders strapaziöse Szene zu spielen, einen langen, kräftezehrenden Monolog. Darin rechtfertigt sich Pastor Helander vor Gott, dass er sich mit der Waffe gegen seine Verhaftung durch die Gestapo wehrt. Wir drehten diese Szene über vierzig Mal. Wicki ließ sie von rechts, von links, mal nah, mal total, dann von oben und von draußen filmen. Mittendrin, nach einigen Dutzend Aufnahmen, brach ich erschöpft ab und erklärte ihm entnervt, dass er mich mal kreuzweise könne. Daraufhin lenkte er scheinbar ein, aber nur, um gleich wieder von vorn zu beginnen, nachdem sich die Aufregung gelegt hatte.

Noch heute bin ich erstaunt über die Intensität und die Tiefgründigkeit dieser Szene, und noch nie zuvor hatte mich ein Regisseur so sehr gefordert. Doch es hat sich gelohnt: Vorzügliche Schauspieler seien in diesem Film zu sehen, sogar den Pastor, die einzige bei Andersch missratene Figur, habe Peter Sodann glaubwürdig als leidenden, unfeierlichen Menschen dargestellt, wusste der damalige Kritiker der *Frankfurter Allgemeinen Zeitung*, Marcel Reich-Ranicki, in der Ausgabe vom 12. Dezember 1987 zu berichten. Auch die *Frankfurter Rundschau* vom selben Tag schwärmte: »Glaubwürdigkeit und Profil verdanken die Figuren des Films vor allem der Ausdrucksfähigkeit der Darsteller aus der DDR. Cornelia Schmaus überzeugt in der Rolle der Judith, der

Jüdin aus wohlhabender Familie, die um ihr Leben kämpfen muss, auch um den Preis der eigenen Erniedrigung. Michael Gwisdek ist der verschlossene Fischer Knudsen, dessen Gesicht dennoch ahnen lässt, welche Kämpfe hinter seiner Stirn stattfinden. Dagegen kehrt Peter Sodann als Pastor seine Gefühle nach außen: zerrissen zwischen Enttäuschung und Hoffnung fordert er in einem letzten Aufbäumen die Nazis, Gott und den Tod heraus.«

In der Bundesrepublik stieß *Sansibar oder der letzte Grund* auf großes Interesse, und zwar sowohl in den Medien als auch beim Publikum. In der DDR hingegen war der Film nicht zu sehen, weder im Fernsehen noch im Kino. Das verwunderte umso mehr, als Alfred Anderschs Roman in der DDR lieferbar war und die DEFA den Film offiziell mitproduziert hatte. Außerdem war Wicki nicht wesentlich von der literarischen Vorlage abgewichen. Man war also von Beginn an im Bilde, welche Geschichte hier erzählt werden würde. Vermutlich waren es tatsächlich simple ideologische Bedenken, die letztlich zu dem Entschluss führten, dem Publikum in der DDR den Film vorzuenthalten. Ein Pastor, der sich als Antifaschist erweist, ein Kommunist, der in Anbetracht von Todesangst nicht den Helden spielen will, Ernst Barlachs Skulptur des »Lesenden Klosterschülers« als humanistisches Symbol eines besseren Deutschlands, welches von den beiden Männern vor den Nazis gerettet wird – das war offenbar zu viel an freimütigem Gedankenspiel.

Auf die Frage eines Journalisten, wann die DDR-Bürger denn die Chance bekämen, Bernhard Wickis Film zu sehen, antwortete Rudolf Jürschik, der Programmchef der DEFA-Studios, in einem Hörfunkinterview mit Radio Bremen 1987 ausweichend, aber listig: Er gehe davon aus, dass zwei Drittel der Fernsehzuschauer in der DDR den Film am 13. Dezember um 21.00 Uhr sehen würden. Damit bezog er sich auf den Sendetermin im Westfernsehen, in der ARD.

Als ich einmal Heinrich Himmler war

Kurze Zeit später sollte ich tatsächlich im Westen drehen, und zwar in einer äußerst bizarren Rolle. Es war keine Traumrolle und auch nichts, was mich unbedingt gereizt hätte, doch mit Oslo versprach wenigstens der Drehort interessant zu sein. Das norwegische Fernsehen hatte bei der Künstleragentur der DDR erstaunlicherweise um mich ersucht und wollte mich als Darsteller in einem großen Dokudrama über den Zweiten Weltkrieg besetzen. Ich sollte ausgerechnet Heinrich Himmler spielen. Keine Ahnung, warum sie gerade auf mich verfallen waren, schließlich gab es nicht im Entferntesten eine Ähnlichkeit zwischen dem Reichsführer-SS und mir. Offensichtlich wollten sie keinem norwegischen Schauspieler die Rolle zumuten, das sollte mal schön ein Deutscher erledigen.

Für Anfang Mai 1987 war die Reise geplant. Als es so weit war, fuhr ich nach Berlin ins Kulturministerium, um meine Reiseunterlagen entgegenzunehmen und anschließend von West-Berlin nach Oslo zu fliegen. Im Ministerium musste ich sehr lange warten, da mein Reisepass noch bei der norwegischen Botschaft lag und ihn ein Bote erst am Nachmittag bringen sollte. Ich wurde allmählich unruhig, der Flug nach Oslo ging immerhin am frühen Abend. Die Tour könnte durch die lapidaren bürokratischen Unwägbarkeiten noch vereitelt werden, so befürchtete ich und beschloss daraufhin, die Sache zu beschleunigen und selbst in die Hand zu nehmen.

Ich wusste, dass sich die Botschaft Norwegens in der Nähe der Friedrichstraße befand, und machte mich auf den Weg dorthin. Zu meiner Erleichterung ließen mich die beiden Polizisten vor dem Eingang bedenkenlos passieren. Ich meldete mich an und hatte nach wenigen Minuten einen einwandfreien Reisepass, der mich zur Ausreise nach Norwegen befähigte. Zurück im Ministerium waren die zuständigen Autoritäten geradezu fassungslos über diese unkomplizierte, eigenmächtige Variante des »kleinen Dienstwegs«. Eiligst hielten sie infolgedessen eine Versammlung ab, in welcher sie mir eine Rüge aussprachen: »Was, wenn das nun jeder machen würde, Herr Sodann«, lautete die besorgte Zurechtweisung. Ich hörte gar nicht richtig hin, ich hatte den Pass in der Hand, und nur das zählte.

Über die Grenze nach West-Berlin nahm ich den berüchtigten Weg durch den Tränenpalast in der Friedrichstraße. Die vielen Männer in Uniform, die dort herumstanden, lösten bei mir sofort Unbehagen aus. Zum einen hatte ich seit meiner Zeit im Gefängnis eine spürbare Phobie entwickelt und wurde allein beim Anblick von Uniformen unvermittelt aggressiv. Zum anderen waren in meiner Schuhsohle fünfzig Westmark Taschengeld versteckt, was man mir leicht als Zoll- und Devisenvergehen hätte auslegen können. Um nicht aufzufallen, was sich für einen DDR-Bürger, der in den Westen reiste, durchaus schwierig gestaltete, zeigte ich mich gegenüber den Staatsorganen von meiner tadellosen Seite: korrekt und solide. Dabei hätte ich ganz ruhig bleiben können. Alles war nämlich längst im Vorfeld gewissenhaft geregelt, nur wusste ich davon zu diesem Zeitpunkt nichts. Was hätte schon passieren können? Schließlich hatten die Genossen der Staatssicherheit in Halle meine Reise genehmigt, nicht die Künstleragentur.

Es lägen keine Hinweise auf einen geplanten Missbrauch der vorgesehenen Reise durch den Sodann vor, notierte die Abteilung XX/7 der Bezirksverwaltung Halle bescheidwisserisch. Sodann habe nach wie vor sehr gute Bindungen zu seinen Kindern. Die Abschöpfung im Prozess der Nachkontrolle erfolge durch den IMS »Kasimir«, verabredeten die Herrschaften Geheimdienstler vorsorglich und beschlossen dann großmütig: »Der dienstlichen Ausreise des S. nach Norwegen wird zugestimmt.« Damit konnte es losgehen.

Ich landete nachts in Oslo, als kein Mensch mehr auf dem Flughafen war. Da ich weder den Namen irgendeines Hotels noch einen Ansprechpartner genannt bekommen hatte, irrte ich mit meinem Gepäck stundenlang durch das verlassene Flughafengebäude und fühlte mich merkwürdig heimatlos. Ich war im Westen und todmüde. Was sollte ich nur anstellen? Zur Polizei gehen? In die Stadt fahren und mir ein Hotelzimmer nehmen? Mit meinen fünfzig Mark aus der Schuhsohle würde ich nicht weit kommen. Plötzlich sah ich einen einsamen Mann durch die Wartehalle laufen. Sofort steuerte ich auf ihn zu und begann auf ihn einzureden. Ich sei wegen Filmaufnahmen hier, für ein großes Projekt, und offenbar vergessen worden, erklärte ich ihm, in der Hoffnung, er könne mich irgendwie verstehen. Dass ich Heinrich Himmler spielen sollte, behielt ich vorsorglich für mich. Der Mann hörte sich das alles geduldig an und sagte nach einer Weile nur: »Ach, Sie sind das.«

Wir fuhren in ein wunderschönes kleines Hotel. Er entschuldigte sich, dass kein Handgeld für mich da sei, aber ich könne nach Herzenslust essen und trinken, das norwegische Fernsehen komme selbstverständlich dafür auf. Mittlerweile war es vier Uhr nachts. Für acht Uhr früh stand ein Auto bereit, mit dem ich zum Fernsehstudio chauffiert werden sollte.

Nach einer kurzen Nacht mit wenig Schlaf machte ich mich am nächsten Morgen gespannt auf den Weg. In einem riesigen Saal saßen an der Wand gegenüber vom Eingang der für die Produktion verantwortliche Regisseur, der Kameramann, der Produzent und viele weitere Menschen. Um zu ihnen zu gelangen, musste ich gut siebzig Meter quer durch den Raum gehen, wie auf dem Laufsteg. Das verschaffte beiden Seiten ein klein wenig Zeit, sich aufeinander einzustellen. Als ich, angekündigt als der deutsche Heinrich-Himmler-Darsteller, durch die Tür trat und meinen Weg durch den Raum nahm, steckte das Regieteam erstaunt die Köpfe zusammen.

Die Überraschung war ihnen anzusehen. Wer, in Gottes Namen, hatte diesen Schauspieler verpflichtet? Der Reichsführer der SS war ein schmales, dünnes Männchen mit kleinen, kalten Augen hinter einer Nickelbrille und schütterem Haar. Sie waren extrem skeptisch, doch nachdem ich aus der Maske kam und die entsprechende Uniform trug, legte sich die Aufregung rasch wieder. Die Ähnlichkeit war geradezu gespenstisch. Mir war mein neues Aussehen vor allem eines: peinlich. Ich genierte mich fürchterlich, während der gesamten Drehzeit in Norwegen in diesem miesen Aufzug herumzulaufen. Ich rechnete sogar mit einem dummen Zufall und der Möglichkeit, dass ich wegen dieser Naziuniform auf offener Straße von empörten Norwegern eine runtergehauen bekäme.

Wir verfilmten mit der Geschichte der *Weißen Busse* ein erstaunliches Geschehen, das in Skandinavien noch heute von großer Bedeutung ist. Kurz vor Kriegsende, im März '45, handelte der Vizepräsident des Schwedischen Roten Kreuzes, Graf Folke Bernadotte, mit Heinrich Himmler aus, dass alle in deutsche Konzentrationslager deportierten norwegischen und dänischen Gefangenen nach Schweden in Sicherheit gebracht werden durften. Mit sechsunddreißig weiß angemalten Bussen wurden daraufhin ungefähr 15 000 Häftlinge aus den Lagern nach Schweden gerettet.

Da die Drehzeit sehr knapp bemessen war, standen wir jeden Tag am Set, weshalb ich von Norwegen bedauerlicherweise nichts gesehen habe.

Am letzten Drehtag kam der Chef des norwegischen Senders zu mir und bat mich aufgeregt um ein Gespräch. Mit meinem Vertrag stimme etwas nicht, erklärte er mir vorsichtig. Erschrocken erwiderte ich, dass ich mit dem Vertrag nichts zu tun hätte, dass ich das Schriftstück weder kannte noch meine Unterschrift daruntergesetzt hatte. Das sei alles nicht das Problem, beruhigte er mich, sondern meine Gage sei viel zu gering. Ich muss ganz schön entgeistert ausgesehen haben, denn nach einer Weile klopfte er mir anerkennend auf die Schulter und meinte salopp, dass er mir den ausstehenden Betrag einfach bar in die Hand drücken werde.

Selbstverständlich war ich einverstanden mit seinem großzügigen Angebot und flog am nächsten Tag mit einem Batzen Geld im Koffer nach Berlin zurück. Warum soll ich mir damit in West-Berlin nicht einen kleinen Wunsch erfüllen dürfen, der in der DDR ansonsten wenig Aussicht auf Erfüllung hat, überlegte ich noch auf dem Flughafen. Ich beschloss, mir eine schöne Lederjacke zu kaufen, und fragte den türkischen Taxifahrer, ob er mir ein Geschäft nennen könne. Der Mann versicherte mir glaubhaft, bei ihm in guten Händen zu sein, und fuhr mich geradewegs zu einem großen Kaufhaus, an dem protzig die Buchstaben »C&A« hingen.

Die entsprechende Abteilung war prall mit Jacken gefüllt. Ich sah sofort, dass ich Schwierigkeiten haben würde, mich zu entscheiden. Während ich gewohnt war, dass Hunderte potentielle Käufer auf eine Lederjacke kamen, hingen hier Hunderte Lederjacken für einen Käufer. Regelrecht bedrängt von den vielen Jacken, wandte ich mich in meiner Not an eine Verkäuferin, die gelangweilt herumstand. Ich sei wohl nicht von hier, stellte sie etwas vorlaut, aber freundlich fest. Sie komme ursprünglich auch aus der DDR, lebe jedoch inzwischen seit ein bis zwei Jahren im Westen.

Ich kaufte schließlich eine graue Lederjacke, die sie mir wärmstens empfahl. Leider stellte sich das gute Stück später als zu groß und zu grau heraus. Ich mochte die Jacke einfach nicht. Schließlich war Grau die bevorzugte Farbe der Stasi. Das hatte ich bei C&A im Eifer des Gefechts ganz vergessen.

Zurück in der DDR, machte ich mich umgehend auf den Weg zur Künstleragentur. Artig gestand ich, dass ich vom norwegischen Fernsehen zusätzlich Geld bekommen hatte und nun nicht wisse, was ich damit tun solle. Schließlich wollte ich mir nichts nachsagen lassen. Es war gut möglich, dass die Genossen eine List erdacht hatten, um meine Rechtschaffenheit auf die Probe zu stellen. Die zuständige Dame von der Agentur überlegte kurz und empfahl mir dann schlicht und einfach, das Geld zu behalten. Ich bedankte mich für den glücklichen Rat und ließ ihr etwas von meinem Verdienst zurück.

Ein halbes Jahr später entdeckte ich in meinem Briefkasten in Halle einen Scheck der norwegischen Staatsbank über 4500 Kronen. Das waren umgerechnet immerhin 1500 D-Mark, die mir als unerwartete Nachzahlung für den Film zustanden. Dieser Scheck sollte zu einer großen Bewährungsprobe werden.

In der Nähe meiner Wohnung am Hansering in Halle gab es eine Bank, von der es hieß, dass ich den Scheck dort einlösen könne. Dies sei schon möglich, sagte mir die Frau am Bankschalter, allerdings müsse sie mir das Geld in DDR-Mark auszahlen. Das sei aber nicht Sinn der Übung, gab ich ihr entgeistert zu verstehen und ging wieder. In Berlin, so hörte ich wenige Zeit danach, sollte es in einer Zweigstelle der Staatsbank möglich sein, mein Problem zu lösen. Also auf nach Berlin! Als ich vor der Angestellten stand, versicherte sie mir freundlich, dass die Kollegen in Halle den Scheck auf jeden Fall auszahlen müssten, sie werde gleich vorsorglich dort anrufen. Doch als ich bei den Kollegen in Halle nachfragte, hatte weder jemand angerufen, noch hatte sich in der Zwischenzeit irgendetwas an der Sachlage verändert. Sie verfügten keinesfalls über diese Menge Westgeld, setzte mir die Bankangestellte verzweifelt auseinander: DDR-Mark ja, D-Mark nein. Das sei ihr letztes Wort.

Ich nahm die Angelegenheit inzwischen sportlich, fuhr abermals nach Berlin und erneut erfolglos wieder zurück nach Halle. Mittlerweile waren die Damen und Herren dort auf die Idee gekommen, dass ich ja ein Westkonto eröffnen könnte. Nicht schlecht, dachte ich, dann würde ich das Geld eben vom Westkonto abheben. Nachdem ich besagtes Konto eröffnet hatte, wollte ich erfreut die eine oder andere D-Mark abheben. Das gehe leider nicht, erklärte mir die Bedienstete hinter ihrem Hallenser Bankschalter. Was mir dann das ganze Westkonto nütze, herrschte ich sie an. Falls ich einmal in den Westen fahren würde, könnte ich jederzeit Geld abheben, hielt sie freundlich die Balance zwischen uns. Um welchen Betrag es dabei eigentlich gehe, wollte ich mehr aus Neugier wissen. Einhundert D-Mark, antwortete sie korrekt und, wie ich fand, ohne jede Ironie.

Anderthalb Jahre danach kam die Wende und befreite meinen norwegischen Scheck aus diesem absurden System.

Meine »Abschöpfung im Prozeß der Nachkontrolle«, wie die Genossen von der Staatssicherheit meine Aushorchung nach der Oslo-Reise nannten, brachte für die Bezirksverwaltung Halle eher Sinnbildliches hervor. In argloser Runde trug ich meine Reiseschilderungen vor. IM »Peter Klein« meldete daraufhin in liebevoll formuliertem Ton weiter: »Wenn er aus seinem Hotelzimmer schaute«, so schrieb er, fasziniert von meinen Reiseeindrücken, »sah er vor sich lauter sauber gedeckte Dächer und eine Stadt, wo kein Krümel auf der Straße lag und freundliche Menschen leben ...« Ob es den Genossen in Halle die Tränen in die Augen getrieben hat? Gut möglich.

Die Wende

Die sauber gedeckten Dächer von Oslo ließen in Halle vorerst auf sich warten. Indessen hatten einige Schauspieler und Bühnentechniker die Geduld verloren und verließen in den letzten Jahren der DDR offiziell das Land. Ich hatte es mir angewöhnt, die ausreisenden Kollegen, mit denen ich lange Zeit zusammengearbeitet hatte, im neuen theater gebührend zu verabschieden.

Im Beisein aller Kollegen überreichte ich ihnen einen Präsentkorb aus dem Feinkostgeschäft, der mit allerlei kulinarischen Erinnerungen an die alte Heimat gefüllt war, und wünschte ihnen alles Gute für die Zukunft.

Es war eher unüblich im Land, Ausreisende offiziell zu verabschieden. Sie verschwanden meist ohne größeres Aufsehen und waren eines Tages einfach nicht mehr da. Ein paar Jahre später entdeckte ich in meinen Akten die leicht entrüstete Notiz, meinem Verhalten müsse doch einmal nachgegangen werden. Dass ich Menschen, denen man die Ausreise genehmigt hatte, am Theater offiziell verabschiedete, war allein schon delikat, dass ich ihnen aber einen Präsentkorb schenkte, der möglicherweise mit Staatsgeldern bezahlt worden war, das war nun wahrlich eine Frechheit. Oberstleutnant Gröger bat zu überprüfen, wann für den Sodann im Service des Feinkosthauses Halle Präsentkörbe bestellt worden waren und wie die Bezahlung erfolgt war.

Das schleichende Ende der DDR registrierten wir vor allem an den Bauarbeitern, die in ihrer Freizeit an unserem Theater weiterbauten. Sie kamen nach Dienstschluss vorbei und unterhielten ein zweites Arbeitsverhältnis mit uns. Trafen sie 1984 erst gegen siebzehn Uhr ein, um mit ihrer Feierabendarbeit zu beginnen, so standen sie 1988 schon morgens um elf Uhr vor der Tür. Sie hatten in ihren Betrieben einfach nichts mehr zu tun.

Im Herbst 1989 inszenierte ich Christoph Heins Theaterstück *Die Ritter der Tafelrunde*, sozusagen das Drama der Stunde. Draußen vor der Tür trainierten die Hallenser mit Kerzen in der Hand den aufrechten Gang, und im Stück klammerten sich die greisen Autoritäten kopflos an ihre brüchig gewordene Macht.

Hein hatte eine politische Parabel auf die sieche sozialistische Altmännerdiktatur der DDR entworfen und sie in die Sagenwelt von König Artus' Hof verlegt. Die Geschichte des Königs, der handlungsunfähig zusehen muss, wie seine Macht im Reich allmählich schwindet, weil seine Glücksversprechungen nicht eintreffen, faszinierte mich. »König Artus, die Menschen in unserem Lande glauben uns nicht mehr, sie lachen über uns, sie sind unser überdrüssig – sie hassen uns …« Diese Sätze beschrieben rigoros den plötzlichen Gefühlsausbruch eines ganzen Landes.

Ich hatte mich sogar um die Erstaufführungsrechte bemüht, aber das Dresdner Staatsschauspiel war mir leider zuvorgekommen. Das Stück inszenierte ich dennoch und spielte die Hauptrolle, den König Artus, selbst. Ich wollte wissen, wie traurig man wird, wenn einem die Macht allmählich aus den Händen gleitet und man nichts dagegen unternehmen kann. Wie es ist, wenn man niemanden mehr halten kann und es einsam um einen wird.

Zur Premiere am 14. Oktober 1989 kam Christoph Hein persönlich. Was sich gerade noch vor den Augen der Menschen auf der Bühne abgespielt hatte, war in der Zwischenzeit vor dem Theater zur Gewissheit geworden. Die Wirklichkeit hatte die Kunst eingeholt.

Wir hatten zuvor einen Aufruf verfasst, worin wir Meinungs- und Pressefreiheit forderten und einen ehrlichen Dialog über die Fehler der Gesellschaft. Dem Aufruf fügten wir ein Zitat von Georg Christoph Lichtenberg hinzu: »Ich kann freilich nicht sagen, ob es besser wird, wenn es anders wird; aber so viel kann ich sagen, es muss anders werden, wenn es gut werden soll.« Daran musste ich später noch oft denken, bis heute.

Ehe wir es uns versahen, löste der Staat sich auf, und seine diktatorisch postulierte Utopie von der Gerechtigkeit wurde schlicht zum Hirngespinst.

Den Tisch aus König Artus' Tafelrunde benutzten wir in der Wendezeit symbolisch als sogenannten »runden Tisch« für Kulturfragen. Es war einer jener seltenen Momente, in denen sich das Leben mit der Kunst verbrüderte. Die Situation erinnerte mich an Alfred Matusches Ideal.

Die Veränderung der Verhältnisse kam über die Menschen wie

Blitzeis. Einige verloren den Halt unter den Füßen und rutschten aus, andere wiederum hielten sich besser als je zuvor.

Ich stand in jenen Tagen mit Alfred Kolodniak auf dem Rathausbalkon in Halle. Er hatte uns beim Bau des Theaters geholfen, so gut es ihm möglich war. Kolodniak war noch immer Vorsitzender des Rates des Bezirkes, doch seine Zeit war so gut wie abgelaufen. Wir blickten vom Balkon auf den Marktplatz mit dem Händeldenkmal, und Alfred Kolodniak beobachtete nachdenklich, wie die Menschen geschäftig durch die Gegend liefen und im nächsten Moment wieder in den angrenzenden Gassen verschwanden.

»Weißt du, Peter«, sagte er traurig, den Blick nach wie vor auf den Marktplatz gerichtet, »jetzt, genau jetzt möchte ich regieren. Und jetzt darf ich's nicht mehr.« Offenbar hatten ihn die Zwänge seines Amtes vergessen lassen, wofür er einst angetreten war, und er hatte sich mit der Zeit der Wahrheit seiner Funktion untergeordnet. An jenem Tag auf dem Balkon erinnerte er sich auf einmal wieder an seine eigene Wahrheit.

In jener Zeit ging es sehr turbulent zu, und der Magistrat der Stadt hatte zum Tag der Wiedervereinigung am 3. Oktober eine tolle Idee. Ich sollte auf dem Marktplatz zu Halle Schillers berühmte Zeilen aus dem *Wilhelm Tell* feierlich vortragen:

»Wir wollen sein ein einzig Volk von Brüdern, in keiner Not uns trennen und Gefahr, wir wollen frei sein, wie die Väter waren, eher den Tod erleiden als in der Knechtschaft enden. Wir wollen trauen auf den höchsten Gott und uns nicht fürchten vor der Macht der Menschen.«

Wegen dieses Bekenntnisses war mir vor Jahren in Magdeburg die Aufführung des ganzen Stückes untersagt worden. Auch seinerzeit in Halle hatte ich es nur nach einem ausdauernden und hartnäckigen Kampf mit der Partei inszenieren dürfen. Insofern schloss sich an diesem Abend auf dem Marktplatz ein Kreis für mich. Ich kam erst ziemlich spät an die Reihe, denn vor mir hatte noch das Händel-Orchester gespielt. Als ich nun daranging, Schillers eindringliche Zeilen vorzutragen, musste ich eine Sekunde zögern. Vor mir war der Platz eindrucksvoll mit Bierbüchsen gepflastert, und viele der Umstehenden waren mittlerweile nicht mehr an Schillers Worten interessiert. Früher durfte die Zeilen keiner hören, nun wollte sie keiner mehr hören.

Zeit für große Entwürfe

Die alten Gesichter verschwanden allmählich aus ihren Ämtern, und überall herrschte Aufbruchstimmung. Genau die richtige Zeit für größere Entwürfe, befand ich und machte mich ans Träumen. Wie wäre es, nicht nur ein Theater, sondern eine ganze Kulturinsel inmitten der neu entfachten Unrast zu etablieren? Eine Insel aus Galerie, Kneipe, Puppenbühne, Literaturcafé und Theater. Ein Quartier für den heiteren, tiefsinnigen und geselligen Gedanken. Begeistert wollte ich mich sogleich daranmachen, meinen Traum von einer Kulturinsel für Halle in die Tat umzusetzen, doch so eine Insel kostete. Daher hieß es erst einmal: Geld sammeln.

Dazu bot sich mir bald schon Gelegenheit, als man mich anlässlich der Rückkehr der Deutschen Bank nach Halle zu einem Empfang einlud. Ich stand gerade mit einem Glas Sekt in der Hand in der Gegend herum, als mir Gerhard Starrermayr, der neue Finanzdezernent von der SPD, vorgestellt wurde. »Ach, Sie sind das«, rief er mir leicht aus dem Rahmen fallend zu. »Sie sind mir schon lange bekannt.« Woher, war mir zwar schleierhaft, aber wenn der Finanzchef der Stadt einen kannte, dann war das sicher von Vorteil. Ich fragte ihn direkt, ob ich ihn vielleicht mal in seinem Büro besuchen dürfe. Freilich dürfe ich das, ich solle am besten gleich am nächsten Morgen vorbeikommen.

So machte ich mich am nächsten Tag wie verabredet auf den Weg in Starrermayrs Büro. Zwei Tage zuvor hatte mir Peter Renger, der neue Oberbürgermeister von Halle, vier Millionen Mark für das Theater versprochen, nun erhoffte ich mir vom neuen Finanzdezernenten ebenfalls Unterstützung. Ich war noch nicht richtig zur Tür herein, als er mir auch schon munter entgegenrief, dass ich ganz bestimmt wegen des Geldes käme. Ich fühlte mich in gewisser Weise verraten. Nun ja, druckste ich herum, mich interessiere zunächst einmal, wie er über Kunst und Kultur denke. Ach was, unterbrach er mich zackig, es gehe immer ums Geld. Starrermayr erklärte mir, dass er vier Millionen Mark aus dem Vermögen der SED zur Verfügung habe und mir kurzerhand drei Millionen davon geben könne. Gegen diese großzügige Idee hatte ich natürlich nichts einzuwenden und verabschiedete mich freudig.

Jetzt hatte ich vier Millionen vom Oberbürgermeister, so rechnete ich, und drei Millionen vom Finanzdezernenten. Abends traf ich den Oberbürgermeister und berichtete ihm begeistert von seinem spendablen neuen Finanzchef und dessen Angebot. Daraufhin sah mich der OB verdutzt an und erklärte mir, die drei Millionen habe der gute Herr Starrermayr von ihm, allerdings seien es ursprünglich vier gewesen.

Zehn Tage später unternahm der ehrenwerte Finanzdezernent eine Dienstreise nach Zypern, wo er nach Investoren für das Spielbankgeschäft in Halle Ausschau halten wollte, und kehrte von dort nicht zurück. Er wurde auf dem Flughafen Stuttgart verhaftet, weil er 1987 einen Geschäftspartner um 200 000 D-Mark geprellt hatte und schon seit geraumer Zeit auf der Fahndungsliste von Interpol stand. Damit brauchte Halle einen neuen Finanzdezernenten und ich einen neuen Geldgeber.

Vom Froschkönig zum
Polizeikommissar

Es waren nervöse Zeiten. Die frisch installierten Gesichter in den Ämtern verschwanden schneller in der Bedeutungslosigkeit, als man sich ihre Namen merken konnte. Sobald sich eine neue Politikerin oder ein neuer Politiker auf einem Posten einrichtete, der für die Zukunft des Theaters wichtig sein konnte, musste sie oder er mit meinem Erscheinen rechnen. Bald wurde ich zu einem zuverlässigen Gast im Rathaus, umriss jedes Mal mit Begeisterung meine Vision von der Kulturinsel für Halle und warb um deren Finanzierung.

Die Verhaftung Starrermayrs war zwar nicht gerade vorteilhaft für meine Pläne, doch uns kam ein glücklicher Zufall zu Hilfe. Ich hatte nämlich 18 000 DM in einer Blechschachtel im Kohlenkeller des Theaters versteckt. Dieses Geld stammte von unserem ersten Gastspiel im Westen unmittelbar nach der Wende. Wir waren nach Tübingen eingeladen worden, und die Kollegen hatten uns klugerweise in bar ausgezahlt. Damit unsere Gage bei der übereifrigen Auflösung der DDR nicht ebenfalls aufgelöst würde, lagerte sie tief unten im Keller und überdauerte die größten Turbulenzen der Wiedervereinigung. Dieser kleine Schatz sollte nun von ungeahntem Nutzen für die Kulturinsel werden.

In direkter Nachbarschaft zum neuen theater stand ein Haus, welches wir für unsere Inselpläne brauchten. Es war damals in einem bedauernswerten Zustand und auf dem besten Wege zur Ruine. Kurz entschlossen schickten wir dem rechtmäßigen Eigentümer im Westen ein paar anschauliche Fotos seines zerfallenden Besitzes und boten uns selbstverständlich als Käufer an. Die Fotos verfehlten ihre Wirkung nicht, denn kurz darauf erschien der Herr tatsächlich in Halle, um sein Haus zu veräußern.

Wie viel er dafür haben wolle, fragte ich. Der gute Mann feilschte nicht lange herum und sagte, das Haus solle exakt 18 000 DM kosten.

Welch eine Gottesfügung, dachte ich selig, ging in den Keller und holte die Blechschachtel mit dem Geld hervor. So wurden wir unvermutet Hausbesitzer, und die Kulturinsel bekam endlich eine Heimat.

Jahre später kehrte diese Gottesfügung jedoch als administrative Lücke zu uns zurück, als das Rechnungsprüfungsamt monierte, wir hätten 18 000 DM unterschlagen. Davon hätten wir immerhin ein Haus gekauft, verteidigten wir uns, und da das neue theater eine städtische Einrichtung sei, gehöre dieses Haus letztendlich der Stadt. Dieser Fakt war für die Rechnungsprüfer wiederum so überzeugend, dass man uns riet, den Kaufbetrag von der Stadt zurückzufordern. Wir schenkten ihr allerdings das Geld.

Kurz nach der Wiedervereinigung kam mir etwas von sogenannten kulturellen Leuchttürmen zu Ohren, die im Osten der größer gewordenen Republik mit einer besonderen finanziellen Zuwendung rechnen dürften. Diese auserwählten Leuchttürme waren sozusagen Navigationshilfen in dem schier unübersichtlichen östlichen Meer an Einrichtungen, die nunmehr auf Unterstützung hofften.

Um nicht leichtfertig übersehen zu werden, fuhr ich eines Tages auf eigene Faust nach Bonn ins Innenministerium. Dort traf ich auf einen sehr aufgeschlossenen Herrn, der sich meinen flammenden Bericht von einer fernen Stadt namens Halle und einem schönen neuen Theater geduldig und interessiert anhörte. Als jener Herr Ackermann uns bald darauf besuchte, stellte er sichtlich angetan fest, dass wir hier tatsächlich mit den Jahren auferstanden aus Ruinen und der Zukunft zugewandt waren. Auf diese Weise kam unsere Kulturinsel in den Genuss einer großzügigen Unterstützung durch den Bund. Damit erfolgte die

Finanzierung des Vorhabens anteilig durch die Stadt, das Land und den Bund.

Am 13. Dezember 2003 weihten wir schließlich die Kulturinsel ein. Es war für mich, hochtrabend formuliert, die Erfüllung eines Lebenstraums. Eine Kulturinsel und damit eine Oase, allem kommenden Zeitgeist zum Trotz, auf der wir das Wesen des Menschen zu ergründen suchten. Wie wird er zu dem, was er ist – ob Schweinehund oder Opfer, in alten und in neuen Zeiten? Was befähigt ihn, Mensch zu sein, und was treibt ihn dazu, Unmensch zu werden? Ist das nicht die Aufgabe des Theaters seit Jahrtausenden?

Im Jahr 1991 traf ich eine folgenschwere Entscheidung: Ich spielte einen Schneidermeister in dem Fernsehfilm *Trutz*. Bei dieser Gelegenheit lief ich dem Regisseur Hans-Werner Honert und dem sehr jungen und guten Schauspieler Bernd Michael Lade über den Weg. Was ich damals noch nicht wusste: Lade und ich sollten die nächsten sechzehn Jahre quasi gemeinsam auf einem Revier verbringen.

In *Trutz* drehte sich zunächst erst einmal alles um Jeans. Die Geschichte spielt in einer Kleinstadt der DDR, in der sich zwei Jungen nach Jeans sehnen. Doch das Symbol westlicher Dekadenz und jugendlicher Verdorbenheit gilt als untragbar. Als einer der Jungen echte Jeans aus dem Westen geschenkt bekommt, proben die Freunde den Aufstand und zugleich die Wirkung ihrer neuen Hose. Als sie erwartungsgemäß von der Oberschule fliegen, überreden sie einen Schneidermeister, das Land nun erst recht nach Herzenslust mit selbst produzierten Jeans einzudecken. Das Unternehmen endet vor den Behörden und für die Hosen tragikomisch. Bernd Michael Lade übernahm die Rolle des Trutz, ich die des Schneidermeisters, und Honert war unser Regisseur.

Nach Drehschluss erholten wir uns regelmäßig bei dem einen oder anderen Bier und fantasierten über die Zukunft. Honert gefiel mir, denn er hatte einen offenen, wachen Humor und war nicht so verdruckst wie manch anderer. Außerdem konnten wir über dieselben Dinge lachen. Ich erzählte beiläufig, dass ich alles schon einmal gespielt hatte: vom Froschkönig über einen Kriegsverbrecher, Pastor, Russischlehrer, Schneider und Bauarbeiter bis hin zum amerikanischen General. Ich war alles schon einmal gewesen, nur kein Kriminalkommissar. Noch in derselben Nacht beschlossen wir, das zu ändern.

Zudem wollten wir nicht länger den neuen Zeiten tatenlos beim Vergehen zusehen und am Ende mit leeren Händen dastehen. Es sollte ein Krimi sein, der im Osten Deutschlands spielte und, über den Fall hinaus, von der veränderten Lebenswelt der Menschen erzählte. Honert machte sich gleich am nächsten Tag auf die Suche nach Verbündeten für unseren Plan. Er hatte als Drehbuchschreiber zahlreicher *Polizeiruf*-Episoden viel Erfahrung und versprach, für mich als Kommissar und Lade als Assistenten einen geeigneten Fall zu finden.

Es begab sich aber zu der Zeit, dass der Deutsche Fernsehfunk in Berlin-Adlershof, das ehemalige DDR-Fernsehen, aufgelöst wurde und sich die einzelnen Landesrundfunkanstalten gründeten. Dadurch stand unvermittelt eine größere Summe zur Verfügung, die für die Produktionskosten genügte. Gleichzeitig suchte der frisch entstandene Mitteldeutsche Rundfunk für sein Programm einen Kriminalfilm. Das wurde dann *Ein Fall für Ehrlicher*, mein erster *Tatort*, ausgestrahlt am 19. Januar 1992.

An jenem Sonntag trat Kommissar Bruno Ehrlicher das erste Mal in Erscheinung. Wir hatten mit Hans-Werner Honert verabredet, dass Ehrlicher nicht einfach so vom Himmel fallen, sondern ein Mann mit Vergangenheit sein sollte. Früher bei der Volkspolizei angestellt, befand er sich in den ersten Folgen unter der Obhut eines Polizeipräsidenten aus Bayern. Diesen spielte der Münchner Schauspieler Gustl Bayrhammer mit so zuvorkommender Neugier auf die neuen Landsleute im Osten, dass es schwer war, ihm mit Argwohn zu begegnen. Ehrlicher gab sich ein wenig reserviert, bisweilen widerspenstig dem neuen Chef aus dem Westen gegenüber. Diese erste Folge des *Tatorts* baute auf ein sehr behutsames, geradezu beispielgebendes Verhältnis zwischen West und Ost auf, dem großen Thema jener Tage.

Ich hatte meinem Kommissar von Anfang an eine verschlissene Aktentasche in die Hand gedrückt. Diese Tasche trug er sechzehn Jahre lang wie eine schlechte Angewohnheit durch den *Tatort*. Es sollte ein vertrautes Teil aus einer anderen Zeit sein, ein Stück Vergangenheit, das er sich trotzig weigerte abzulegen. Die Tasche war meine eigene uralte Lehrlingstasche aus den fünfziger Jahren, mit der ich schon als Werkzeugmacher zur Arbeit gegangen war. Für mich war das ein freundlicher Hinweis auf die Nähe zum Leben der Figur.

Ehrlicher war vermutlich auch der einzige Fernsehkommissar, der immer gewissenhaft sein Auto abschloss. Mir lag sehr daran, weil ich mein eigenes Auto auch immer abschloss. Ich fand das einfach eine mustergültige Geste, schließlich spielten wir die Polizei. Einigen Regisseuren war das zu schrullig und zeitraubend, für sie hatte diese Zeremonie nämlich das Action-Potenzial eines Büroalltags. Ich bestand trotzdem darauf, schließlich war dieser Hauptkommissar Ehrlicher ein Mann mit Grundsätzen. Als Sachse trank er seinen Kaffee auch niemals aus Pappbechern, denn beim Pappbecher hört für den Kaffeesachsen die Selbstachtung auf.

Zwischen Bernd Michael Lade und mir war die Frage »Wer fährt wen?«, die Grundfrage eines jeden Ermittlerteams, von Anfang an prinzipiell geklärt. Lade war es egal und mir auch. Ich wusste, dass es bei der Klärung dieses für die Dreharbeiten anstrengenden Sachverhalts bei so manchem Kollegenteam schon zu erheblichen Verstimmungen gekommen war. Wer den Wagen fährt, ist der Held. Die Filmgeschichte kennt nun mal keine Beifahrer als Heroen.

Natürlich überlegten wir anfänglich gemeinsam mit Hans-

Werner Honert, wie viel Action Bruno Ehrlicher vertragen würde. Ich freute mich sogar darauf, endlich einmal eine Autoverfolgungsjagd durch Leipzig oder Dresden machen zu können, ohne dabei gleich in eine Verkehrskontrolle zu geraten. Doch das schien uns irgendwie zu aufgesetzt und unpassend. Ehrlicher und sein Assistent Kain sollten vielmehr nach der erprobten Hase-und-Igel-Methode ermitteln, denn der Kopf wäre allemal schneller als jedes Fluchtauto.

Eine Frage musste dennoch geklärt werden, auch wenn ich dieses Thema in meinem bisherigen Dasein als nebensächlich abgetan hatte: Was, um alles in der Welt, trägt ein Kommissar bei der Arbeit? Gelegentlich hatten mich Zuschauer angesprochen und gefragt, warum ich mich denn so liederlich kleide, ich sei doch Hauptkommissar. In der Tat trug ich anfangs die Hemden eher locker und die Ärmel aufgekrempelt. Später versuchten wir es über einige Folgen hinweg mit Schlips und Sakko. Zum einen auch nicht gerade eine modische Offenbarung, zum anderen sah ich für die Umstände plötzlich viel zu feierlich aus. Am Ende entschieden wir uns für einen zweckmäßigen Kompromiss: Hemd und Sakko.

Die Ermittlungsarbeiten von Kommissar Ehrlicher hat die Kleiderfrage zum Glück nicht weiter beeinflusst.

Ausgeträumt

Kurz vor dem Ende meiner Intendanz am neuen theater in Halle erhielt ich vom Beigeordneten für Kultur im Namen der Bürgermeisterin eine bemerkenswerte Einladung zu einem Workshop. Damit verbunden war die dringliche Bitte, diesen Termin unbedingt persönlich wahrzunehmen.

Wörtlich hieß es: »Die Themen des Workshops werden sein:
— Überarbeitung der bereits formulierten strategischen Ziele des Geschäftsbereichs unter Beachtung der von der Verwaltungsspitze erarbeiteten geschäftsübergreifenden Ziele und
— Erarbeitung von Indikatoren für die strategischen Ziele des Geschäftsbereichs«.

Ich las mir das Schreiben mehrere Male durch, ehe ich beschloss zu antworten.

»Sehr geehrte Frau Oberbürgermeisterin, liebe Ingrid«, schrieb ich so verständlich wie nur möglich zurück. »Ich bitte meine Abwesenheit am Mittwoch, dem 13. Oktober, zum Workshop zu entschuldigen. Zu dem Thema ›Überarbeitung der bereits formulierten strategischen Ziele des Geschäftsbereichs unter Beachtung der von der Verwaltungsspitze erarbeiteten geschäftsübergreifenden Ziele und Erarbeitung von Indikatoren für die strategischen Ziele des Geschäftsbereichs‹ kann ich nichts sagen.«

Meine Stadt und ich, wir verstanden uns einfach nicht mehr.

Die Stadtverordneten in Halle hatten beschlossen, meinen Vertrag als Intendant des neuen theaters im Sommer 2005 auslaufen zu lassen. Das Theater wurde von mir losgesagt. Ich hatte zwar damit gerechnet, trotzdem ist man auf solche Abschiede nicht vorbereitet. Ich kannte jeden Nagel im Theater, ich hatte mich um jedes Steinchens gekümmert, ich war wegen jedes einzelnen Brettes umhergefahren. Fünfundzwanzig Jahre hatte ich in diesen Lebenstraum verbaut, und just im Moment seiner Erfüllung gab es für meine Person keinen Bedarf mehr. Ich verließ die Kulturinsel im Juli und habe das Theater seitdem nicht wieder betreten.

Das sollte nicht die einzige schwierige Situation bleiben, die ich durchleben musste. Nur wenige Tage danach fand ich mich plötzlich zwischen Lothar Bisky und Oskar Lafontaine auf einer

Pressekonferenz wieder. Man hatte mich überzeugt, als sächsischer Spitzenkandidat der Linkspartei für den Bundestag zu kandidieren. Damit verband ich die Hoffnung, vielleicht einige vernünftige Gedanken aus dem Theater auf die politische Bühne retten zu können. Auf einer groß aufgezogenen Pressekonferenz in der Berliner Parteizentrale erklärten Bisky und Lafontaine, warum ich reif für die Politik sei.

Während die beiden redeten und sich die Blitzlichter auf mich einschossen, erinnerte ich mich an eine Situation vor über dreißig Jahren. Ich lebte als junger Schauspieler in Karl-Marx-Stadt, und die Kulturabteilung der Stadt hatte mich gebeten, ein Gedicht vorzutragen. Ich sollte die Zeilen von Pablo Neruda noch am selben Tag auf einer Protestkundgebung gegen Pinochets Militärputsch in Chile rezitieren. Das sei kein Problem, bescheinigte ich der Dame von der Kulturabteilung meine Bereitschaft, allerdings könne ich das Gedicht bis dahin unmöglich auswendig lernen. Ich müsse es ablesen, sagte ich ihr einschränkend, doch das werde schon alles irgendwie gelingen.

Kurz vor meinem Auftritt überflog ich das Gedicht oberflächlich und ohne bleibenden Eindruck. Zum vereinbarten Zeitpunkt stieg ich auf die Bühne und trat ans Mikrofon. Auf dem Platz standen schätzungsweise fünfhundert Menschen, die darauf warteten, dass ich gleich etwas vortragen würde. Als ich Nerudas Verse vorzulesen begann, begriff ich auf einmal erschüttert, was dort überhaupt geschrieben stand. Es waren tieftraurige, berührend melancholische Zeilen. Im nächsten Moment versagte meine Stimme, und mir kamen die Tränen. Ohne zu denken, trat ich vom Mikrofon zurück. Die Menschen auf dem Platz wunderten sich über dieses abrupte Innehalten und sahen mir verwundert auf der Bühne beim Weinen zu. Ich versuchte, mich wieder zu fassen, was mir jedoch nicht so schnell gelang. Die Situation war mir furchtbar peinlich, ich schämte und ärgerte mich in dem Augenblick, dass ich so schlecht vorbereitet war. Das sollte mir nie wieder passieren, schwor ich mir an jenem Tag.

Nun vergoss ich, eingezwängt zwischen Bisky und Lafontaine, zwar keine Tränen, aber ich war, genau wie vor dreißig Jahren, schlecht vorbereitet. Auf einmal fühlte ich mich zwischen den beiden fehl am Platz. Das hier war nicht meine Bühne, erkannte ich mit einem Mal, und war froh, als der Auftritt vorbei war.

Die Politiker ließen mich zwei Tage mit mir und meinen aufkommenden Zweifeln allein. Letztlich hatte ich in meinem Leben bisher immer nur mir selbst angehört, und das sollte auch so bleiben. Was wollte ich also vier lange Jahre im Bundestag in Berlin anstellen? Prominent eine der Hinterbänke ausfüllen und warten, bis die Reihe vielleicht einmal an mich käme? Und nun hat Peter Sodann das Wort. Kein Mensch würde mir dann mehr Aufmerksamkeit schenken. In jenen zwei Tagen sah ich mir im Fernsehen immer wieder Bundestagsdebatten an. Mir fiel Stefan Heym ein und der Tag, an dem er seine Antrittsrede als Alterspräsident des Bundestages gehalten hatte – vor einem fast leeren Saal. Auch die anwesenden Abgeordneten hatten demonstrativ ihr Desinteresse bekundet und ihm gar nicht zugehört. Das war einem Mann und Schriftsteller wie Heym gegenüber nicht nur unanständig, es war geradezu würdelos.

Nachdem ich mich zu einer Entscheidung durchgerungen hatte, rief ich Lothar Bisky an und sagte ihm, dass ich das nicht machen könne. Er nahm es gelassen. Ich fasste meine Entscheidung mit den Worten zusammen, dass ich lieber ein politisch denkender Schauspieler als ein schauspielernder Politiker sein wolle.

Am 11. November 2007 verabschiedete sich Hauptkommissar Bruno Ehrlicher mit dem allerletzten Fall von seinem Publikum: »In ein paar Tagen biste Rentner und in einem halben Jahr haben sie dich schon vergessen. Ach scheiß drauf!«, sagt Ehrlicher in der letzten Folge in einem Anflug von drastischem Realismus zu sich selbst. Der Kommissar folgte dem Theaterintendanten in den Ruhestand.

»Schwer ist die Kunst, vergänglich ist ihr Preis,
Dem Mimen flicht die Nachwelt keine Kränze,
Drum muss er geizen mit der Gegenwart,
Den Augenblick, der sein ist, ganz erfüllen, …«

Mit diesen Zeilen Friedrich Schillers habe ich mir jene Momente des Abschieds dichterisch unterlegt. Die Abschiede lagen in den letzten Jahren eng beieinander. Natürlich weiß man, dass diese Zeit kommen wird, doch es gibt im Leben keinen geeigneten Moment dafür. Es trifft einen immer unvorbereitet. Ich mochte das Wort »Ruhestand« noch nie. Es ist bedrohlich. Das Wort klingt, als wäre die Welt fertig mit einem. Doch ich bin nicht fertig mit der Welt.

Strichetreten

Als Kind habe ich manchmal mit mir selbst ein Spiel gespielt. Dieses Spiel, so habe ich inzwischen festgestellt, muss viele heimliche Anhänger haben, Kinder wie Erwachsene. Hin und wieder beobachte ich nämlich, wie jemand in dasselbe Spiel vertieft eine Straße entlangläuft.

Ich habe es früher für mich »Strichetreten« genannt. Man kann es im Grunde auf jedem Gehweg spielen. Überall dort, wo eine Platte an eine andere stößt, bilden sich Striche. Der gesamte Weg besteht aus einem Muster aus Platten und Strichen. Geometrisch gesehen bilden die Platten richtige kleine Inseln zwischen den vielen Strichen.

Ich habe also gespielt, dass ich beim Gehen auf keinen Fall auf einen der Striche treten darf. Falls es doch einmal passierte, so redete ich mir ein, würde in nächster Zukunft etwas Schreckliches passieren. Zum Beispiel, so malte ich mir aus, würde ich dann sterben müssen. Ich redete mir diese bittere Regel so gründlich ein, dass ich alles daransetzte, nicht auf einem Strich zu landen. Natürlich funktionierte das nicht immer. Irgendwann erwischte ich den ersten Strich und stand plötzlich mitten drauf. Was jetzt? Eigentlich hätte ich nun sterben müssen. Aber ich wollte nicht. Ein einziges Mal Drauftreten wird ja wohl gestattet sein, versuchte ich mich zu beruhigen und änderte die Regel kurzerhand.

Am Ende habe ich tatsächlich überlebt.

Und wer am Ende ist, pflegte der von mir bewunderte und lebensweiseste aller Kabarettisten, Karl Valentin, zu schlussfolgern, wer am Ende ist, kann von vorn anfangen, denn das Ende ist der Anfang von der anderen Seite.

Inhalt

Andreas Schorlemmer

MANCHMAL HILFT NUR SCHWEIGEN
Meine Arbeit als Polizeipastor

208 Seiten. Gebunden mit Schutzumschlag
ISBN: 978-3-550-08695-3

Ein überzeugendes Plädoyer für das Leben

Der Unfalltod eines Kindes, das tödliche Eifersuchtsdrama
in einer Familie, die grausame Mordtat eines Jugendlichen –
der Polizeipastor Andreas Schorlemmer hat jeden Tag Tod
und Gewalt vor Augen. Er kümmert sich um Schwerverletzte,
Traumatisierte und Hinterbliebene, tröstet, ermutigt und regelt
praktische Dinge. In seinem Buch erzählt er aus dem Alltag von
Menschen, die nach schweren Lebenskrisen aus eigener Kraft
wieder zurück ins Leben gefunden haben

»Das Buch spendet Trost und gibt Mut. Es sind Geschichten
über Menschen, die in scheinbar ausweglosen Situationen die
Zuversicht nicht verlieren.«
Ostsee-Zeitung

ullstein

Frank Ochmann

DIE GEFÜHLTE MORAL
Warum wir Gut und Böse unterscheiden können

304 Seiten. Gebunden mit Schutzumschlag
ISBN: 978-3-550-08698-4

Die neue Definition von Gut und Böse

Jüngste Erkenntnisse der Neurobiologie bergen sozial Brisantes:
Moralisches Handeln ist kein Produkt des Verstandes,
sondern Teil der Evolution. Es gibt keine universelle Moral.
Was aber ist dann die Grundlage unserer Werte?
Anhand aktueller Studien beschreibt Frank Ochmann die
neurobiologische Krise der Moral und ihre Bedeutung für
Philosophie und Religion. Er zeigt, wie riskant es für eine
Gesellschaft ist, wenn die moralisch bindenden Kräfte
schwinden, und sagt, auf welche Grundlage wir unsere Werte
stellen müssen, um dieser Gefahr zu entkommen.

»Frank Ochmann führt die neuen Entdeckungen an der
Schnittstelle von Moral und Biologie zu einer durchdachten
Gesamtansicht zusammen.«
Antonio Damasio

ullstein